非物质文化遗产保护研究

——鄂伦春族田野案例

尤明慧 著

民族出版社

图书在版编目（CIP）数据

非物质文化遗产保护研究：鄂伦春族田野案例 / 尤明慧著 .
— 北京：民族出版社，2022.3
ISBN 978-7-105-16637-4

Ⅰ. ①非… Ⅱ. ①尤… Ⅲ. ①鄂伦春族—非物质文化遗产—
保护—研究—中国 Ⅳ. ① K282.4

中国版本图书馆 CIP 数据核字（2022）第 053548 号

非物质文化遗产保护研究：鄂伦春族田野案例

策划编辑：欧光明
责任编辑：刘海涛
封面设计：金　晔
出版发行：民族出版社
地　　址：北京市东城区和平里北街 14 号
邮　　编：100013
电　　话：010-64228001（汉文编辑二室）
010-64224782（发行部）
网　　址：http://www.mzpub.com
印　　刷：北京艺辉印刷有限公司
经　　销：各地新华书店
版　　次：2022 年 4 月第 1 版　2022 年 4 月北京第 1 次印刷
开　　本：787 毫米 ×1092 毫米　1/16
字　　数：235 千字
印　　张：14.25
定　　价：95.00 元
书　　号：ISBN 978-7-105-16637-4/K・2879（汉 1653）

目 录

下　篇

前　言

人们已然认识到，文化多样性是人类社会生存发展的源泉动力，能够激发人类的创造力和促进不同文化间的理解与对话，因此文化遗产及其相关传承保护工作已经成为国际社会普遍关注的事项。文化遗产是人类的宝贵财富，从存在形态上可分为物质文化遗产（有形文化遗产）和非物质文化遗产（无形文化遗产）。2003 年，联合国教科文组织通过《保护非物质文化遗产公约》，中国政府秉承国际公约关于保护非物质文化遗产的理念和原则，截至 2014 年，先后评定公布了 4 批共 1830 项国家级非物质文化遗产（包括扩展名录），其中，少数民族非物质文化遗产 431 项，占项目总数的 23.6%，少数民族非物质文化遗产是中华民族文化遗产保护的重要组成部分。我国关于非物质文化遗产的研究尚处于起步阶段，且多集中于从产业化和旅游的视角进行探讨，涉及的话题更多的是遗产的保护、利用与开发，从研究内容来看更多应用性研究，少部分的理论性研究则侧重于公约文本解读、概念谱系梳理和理论反思。就研究文献与田野案例而言，个案的选取与分析，主要集中在云南、贵州、广西等西南、西北少数民族地区，且多偏向于壮族、满族、苗族等人口较多的民族，而撒拉族、普米族、裕固族等人口较少民族的相关研究成果数量有限。

非物质文化遗产具有民族性、独特性、活态性、变异性，且以“口头”和“传承人”为其传承延续的两个根本要素。我国有些少数民族人口很少，如珞巴族（0.29 万）、高山族（0.45 万）、赫哲族（0.45 万）、塔塔尔族（0.49 万）、独龙族（0.74 万）、鄂伦春族（0.82 万）等民族人口总数都不足 1 万[①]，他们的语言和民族文化面临着更加快速消亡的危险，非物质文化遗产也随时发生着变异或消亡。可以预见，在国家新型城镇化战略背景下，现阶段以及今后一个时

① 2010 年第六次全国人口普查数据。

期，民族地区将迎来大规模城镇化建设的高峰期，这将深刻改变少数民族的社会和文化生活方式。另外，民族地区的城镇化应遵循以民族传统文化为依据的城镇化模式，尽可能地保留民族地区的民族性、地方性、历史性等特色。尤其是新型城镇化建设，不是土地的城镇化，更重要的是实现人口的城镇化，也就是人民群众带着一种怎样的精神面貌走入新城镇。在这样的社会背景下，我们来思考非物质文化遗产的保护与传承是非常重要且必要的，尤其是针对人口较少民族的调查分析显得更加紧迫而有意义。

本项研究以“非物质文化遗产”限定和概括该论域，通过细致的个案研究，深度的文化阐释，探索非物质文化遗产中所蕴含的本土经验与地方知识和当代文明对接的路径，针对人口较少民族的特殊条件和状况，提出尽可能使其非物质文化遗产积极地适应新型城镇化背景下社会发展的保护模式，同时积极促进实现民族文化自觉，最终使民族文化的传承保护从学者们的焦虑变成整个民族的情感关怀，因此关于本项研究的几点说明如下：

第一，本项研究不是针对现行制度和状况的修正补充，而是力图深入文化的内部情境进行深层的文化阐释，重视凝练非物质文化遗产的核心价值，包括生态观念、族群认同、文化创造力、社会凝聚力等与当代文明的对接。

第二，首次对人口较少民族的非物质文化遗产保护问题加以专门研究，是由人口较少民族的族群特点和非物质文化遗产自身特点决定的，他们所处的时代社会背景和所面临的相关问题更具有紧迫性、急需性和战略性，并选取人类历史上典型文化形态——狩猎文化作为本项研究的文化样本。

第三，针对学界遗产研究理论薄弱的现状进行反思和补充，对非物质文化遗产相关理论与田野实践分别进行探讨，理论内容涉及人类学学科中与非物质文化遗产联系紧密的“文化空间”“物的分类”“族群认同”“文化记忆”“地方性知识”等概念，尤其是与以“实践”“践行”“传承”“传习”为基本和基础的非物质文化遗产密切相关的“身体理论”和“身体感”的理论研究。

第四，本项研究认为，非物质文化遗产保护与非物质文化遗产传承是两个概念，指代不同行为过程，体现了两个不同层面上的问题，因此做了分别探讨，认为应该针对不同性质类型的非物质文化遗产分别给予保护和传承的界定与操作。

第五，提出了非物质文化遗产保护的“文化生态位”理念。非物质文化遗产的"文化生态位"意指非物质文化遗产生存的生态系统，以及非物质文化遗产整合利用外界资源以及适应环境发展的元素和能力。非物质文化遗产在扩展自身生态位的过程中，需要考量资源所具有的禀赋特点，所蕴含的民族智慧、地方性知识，所彰显的民族特色，可能结合的当代文化元素的融合度，借用或扩展的生态位空间适宜度，非物质文化遗产的可能受众指数，以及非物质文化遗产的生命力、传播力、影响力、传承力，总之，非物质文化遗产需要在自身的发展中，不断积累优势资源，提升文化生态位指标，增强自身生存发展能力。

本书正文分两篇，上篇由第一章至第五章构成，主要对非物质文化遗产相关理论："空间观与文化空间"理论、"身体与身体感"理论、"地方性与地方性知识"理论、"文化记忆"理论以及"物的分类与物质文化"理论进行了深入探讨和研究。下篇由第六章至第十二章构成，进行非物质文化遗产保护实践研究，在对中国人口较少的北疆民族——鄂伦春族进行长期细致的田野调查的基础上，介绍了中国人口较少民族非物质文化遗产概况；研究对象与田野点概况；鄂伦春族非物质文化遗产保护现状；鄂伦春族非物质文化遗产传承实践；非物质文化遗产传承若干问题分析等，并在此基础上探讨了非物质文化遗产保护传承模式。具体内容如下：

第一章，非物质文化遗产及其文化空间。空间为民族环境和民族文化的建构，同时也为民族的延续和文化的展演提供场所、条件和背景，良好的生存发展空间是非物质文化遗产保护传承的前提条件。本章首先对中西方学术史上的空间、空间观与文化空间理论进行了梳理，接下来阐述了与非物质文化遗产相联系的文化空间，提出了空间是地方性知识的依托，亦是地方性知识的建构。空间通过地方性知识并借助于符号，承载着一个人类群体的集体记忆和历史记忆，也体现了民族共同体的核心价值观，从非物质文化遗产的角度把握文化空间的关键点在于文化空间的地方性、民族性和整体性。

第二章，非物质文化遗产之于身体论述。从"身体"出发，可以使我们从一个新的角度来探讨非物质文化遗产价值体系，身体人类学所讨论的惯习、主体性、实践以及经验和感知，有助于我们探讨身体和文化的关系，分析非物质文化遗产的身体特性，并进而探讨其特有的属性和意义。本章节以"身体"作为理论支点来考察非物质文化遗产，根据不同文化中的田野资料来讨论当地族群的身体表达，讨论身体所附带的自然环境、文化样态、族群关系、社会组织等多元的隐喻和标识。强调在具体的文化语境中对地方知识的实践、体验、感知等具有身体经验和身体感的文化意涵。

第三章，非物质文化遗产：如何记忆。文化遗产是文化记忆和集体记忆的产物，因此遗产本身就是一种记忆，这一特征属性在非物质文化遗产中表现得更为明显。从记忆到文化记忆的理论观点将首先呈现，与此相应，遗产唤起历史记忆的媒质、手段和法则也必然是公共性的，在非物质文化遗产体系内，有大量仪式性的宗教祭祀、民族节日和庆典活动，仪式成为有效地实现族群历史与记忆相互链接的媒介，成为民族文化传承的载体。比起仪式，文字、印刷术、电子媒介则成为更为先进和便利的一种传递文化信息、保存文化记忆的载体。随着仪式一致性过渡到文本一致性，产生了全新的知识与文化的传承载体，于是遗产仿佛在被印刷、被绘制、被谱写、被建造中得到了保护和延续，所引发的遗产表述与真实性的关联问题是本章最后的关注点所在。

第四章，非物质文化遗产的地方性与地方感。非物质文化遗产与民族共同体的宇宙观、认知观、伦理观有着深厚的历史渊源，更以地方性知识得以呈现，成为建构地方社会与确定个人身份的符号和表征系统，具有地理的“地方”，人文的“地方”，认知的“地方”等多重内涵。这一章对“地方”、“地方性知识”与“地方感”等概念理论进行了阐释，在人文视角下“地方”的意义并不仅仅是地理位置或物理空间，而是会形成一套地方群体的文化惯习和知识系统，形成一种地方性的观念、认知，凝结了群体的集体记忆和情感归属。非物质文化遗产形成于特定区域，是包含场域、景观、仪式、习俗、人观等基本要素并属于特定群体的在地方化知识体系和地方感，兼具地方性与跨地方性，同时非物质文化遗产还具有特定的地方性文化传统和社会意义。

第五章，格物致知：物、博物馆与非物质文化遗产展演。本章系统阐述了人类学对于物 / 物质文化的研究从历史时空情境下的整体文明、文化的比较，逐渐转向更为具体的功能、分类、符号、象征意义和人类认知等层面研究的学术理论历程。接下来结合族群个案探讨了物的分类，人与物之间的亲密关系，探讨在主客体互化的情形下，人借助于物的自我与情感的表达及其背后的心性，透视地方性的人观。最后把关注点放在了在现代性广为渗透的文化语境中，一种深深的文化失落感，以及由此生发的保存、保护及遗产观念最终被释放于博物馆的兴起之中，其中涉及非物质文化遗产、社区和博物馆之间的关系。

第六章，人口较少民族：非物质文化遗产论述。非物质文化遗产保护实践研究部分，首先对民族与人口较少民族的内涵进行了界定，尤其对无文字民族的含义进行了分析论述。接着梳理了非物质文化遗产的文化历史脉络，从人类学视角对非物质文化遗产的概念进行界定和特点分析。最后介绍了人口较少民族非物质文化遗产概况，从少数民族非物质文化遗产的地方性、生存状态、民间传承等方面论述其特点和价值。指出了人口较少民族以及无文字族群世代传承和保存的浩瀚史诗、传说等口传历史资料以及丰富的语言、文学、音乐、舞蹈、游戏、神话、礼仪、习惯、手工艺、建筑及其他艺术等民族传统文化形式，共同构成、丰富和完善着中华民族“多元一体”格局，特别是这些民族文化遗产构成了世界文化的多样性并加强了文化的多重性。

第七章，田野案例：鄂伦春族历史与文化。当下西方比较流行的是本土遗产（indigenous heritage）的研究，强调的是遗产与所在社区的原生关系，将非物质文化遗产纳入民族文化的整体框架下讨论，由此对本项研究样本民族——鄂伦春族传统文化进行全观性了解不无必要。本章具体介绍了鄂伦春族的民族概况、生态环境、历史起源、社会经济、生活习俗、文化艺术和宗教信仰等，在特定的自然生态和环境中，按照非物质文化遗产资源的种类、数量、生存环境、分布状况，分别探求它们的生成机制，找出它们的个体生态位和生存条件，另外还对本项研究主要田野点和访谈对象进行了介绍。

第八章，现代化与民族传统文化。现代化浪潮几乎席卷了世界范围内的每一个民族，他们的生态环境遭到破坏，传统文化瓦解。在对鄂伦春族现代化体系与过程进行详尽阐述之后，分析了现代化对民族传统文化以及民族社会产生的深远影响。在今天这样一个渴求新的能源、矿产资源和农业资源的时代，由于对自然资源的不断开发，许多民族世代赖以生存的自然环境遭到了严重的破坏。当非物质文化遗产遭遇现代化，所面临的问题和困境愈显突出和紧迫。

第九章，鄂伦春族非物质文化遗产保护现状。本章首先对国际和国内关于非物质文化遗产保护的提出与实施过程进行梳理与分析，指出了非物质文化遗产“保护”的全面意涵。接着对鄂伦春族非物质文化遗产进行了概要介绍，包括桦树皮制作技艺、鄂伦春族摩苏昆、古伦木沓节、鄂伦春族赞达仁、狍皮制作技艺。从中可以窥见包括满族、赫哲族、鄂伦春族、鄂温克族、达斡尔族诸民族，在北半球的寒带和寒温带区域内，沿着西伯利亚远东地区、日本北海道和我国黑龙江、内蒙古的北部、东北部，直至欧亚大陆北部和美洲北部形成的“次北极圈渔猎文化带”，在世界文化版图上占有重要的位置并具有很强的典型性。最后从主体、内容、形式等方面论述了鄂伦春族非物质文化遗产保护现状。

第十章，鄂伦春族非物质文化遗产传承实践。通过与文化、非物质文化遗产相关联的视角阐释了“传承”这一概念的意义与文化价值，它不仅代表着传承的事象本身，而且代表着一种文化过程。接着对“口承”与“书承”不同传承方式进行了界定，突出了口承在非物质文化遗产研究领域的特殊意义。非物质文化遗产的传承具有多样性，因地区、因民族的不同而不同，详细解读了鄂伦春族文化的传统传承方式，包括家族内部世袭传承、萨满传承、族群集体传承，继而结合田野调查呈现了鄂伦春族非物质文化遗产传承实践典型案例。

第十一章，非物质文化遗产传承若干问题分析。非物质文化遗产的传承主体问题、传承环境问题、传承价值问题是本章探讨的主要内容。传承主体是非物质文化遗产的创造者、持有者，也是传播者和继承者，因此传承主体问题是非物质文化遗产存续的根本。非物质文化遗产是有生命的，它的传承环境也就是其生存的文化环境，包括自然环境和社会环境，文化的传承与保护需要文化持有者在特定的环境条件中实现，因此，文化保护的切入点应该在生态环境系统与文化系统的契合中寻找。非物质文化遗产中蕴含着丰富的具有普遍意义的价值，我们必须深入挖掘这些传统文化所体现的现代价值，探索其向现代意义转换的途径。

第十二章，非物质文化遗产保护模式探讨。从联合国教科文组织关于遗产概念引入到中国的遗产实践，面对非物质文化遗产的保护与承继，社会各界做了很多努力和尝试，总体来说是非常及时且必要的，更重要的是引发了人们对遗产、对传统、对民族文化的关注、了解、实践和反思。非物质文化遗产已经形成了一系列保护模式，“博物馆模式”和“产业化模式”是最为突出和普遍的两种模式，本章将分别对其进行详细论述和分析，在此基础上探索非物质文化遗产的核心价值和再创造性与当代民族社会文化元素建设的系统工程相对接保护模式。在现代文化语境下，基于生态位理论，非物质文化遗产只有提升和丰富自身的文化资源内涵，拓展生态位空间，建构新的生存机制，才能够获得新的生存发展空间和可能。

本项研究以“文化人类学”学科理论为主要理论视域，以“非物质文化遗产”为研究对象，选取的田野案例是对人口较少民族——鄂伦春族的非物质文化遗产的保护传承进行调查和实证评估。根据鄂伦春族非物质文化遗产的空间分布特征，以民族村寨为基本单元，对其文化生态环境和文化历史语境进行全面考察。深入探讨鄂伦春族非物质文化的结构与内涵，在文字文本之外寻找重新进入民族文化观的新途径和新视角，全面呈现民族本土智慧和文化价值。并将它们与经济发展中的资源配置作综合性的比较与阐释，以期在此基础上与当代城镇化背景进行对接，探索出一套适应社会发展又符合民族特有状况的非物质文化遗产保护模式。

因此，本项研究呈现的学术价值和现实意义如下：

（1）根据联合国教科文组织有关人类口传与非物质文化遗产等基本要求和指标进行调查和研究，将当代人类学研究中的相关理论与研究方法和解决非物质文化遗产的当下问题结合起来，针对非物质文化遗产的发展 / 保持、开发 / 传承等现代性课题提出独特的见解；

（2）集中对一个人口较少民族的非物质文化遗产资源进行调查、分类、评估并寻求指导性保护发展的途径，在城镇化和非物质文化遗产保护之间寻求良性互动关系，使之成为一个可资借鉴的样本，同时也为我国非物质文化遗产保护，特别是少数民族非物质文化遗产保护提供一个案例和范式；

（3）本项研究的研究对象——鄂伦春族所持有的狩猎文化是具有世界区域特征的古老文化，因此本项研究对于进一步深入全面地对世界北半球各地、各民族的文化样态进行调查分析、比较探讨，对于认识和了解世界区域内这一文化传统的渊源关系，探索远古人类的洲际迁徙，甚至与其他类型文化之间的关系等许多问题都将不无裨益；

（4）世界上还有不少人口较少的民族或族群，本项研究对于边缘文化的关注，是当下国际社会重构现代伦理文化生活，对抗文化霸权，保持文化多样性的必然需要。

上　篇

第一章　非物质文化遗产及其文化空间①

人类总是需要在特定的时空中存在，因此时间与空间可以说是人类存在的基本要素，除了自然科学以外，社会科学也对“空间”给予了诸多关注，更被学者们提出来当作重要的研究课题。探究其原因，大概是现代科学一直在探寻具体与抽象、主观与客观、先验与经验之间的结构关联。空间不仅仅是建构学或地理学上的概念意义，而是可以在此基础上与人类社会的生存环境、文化形态、生活习俗、价值观念发生互动影响的重要元素，同时对人类社会文化形态产生了广泛深刻的影响。因此，空间可被视为进行人类社会文化研究的独立视角，分析其在特定族群中的文化意义及透过空间来探讨民族社会的建构过程。本项研究中所指的文化空间是与非物质文化遗产相联系的文化空间，在此语境下，“文化空间”一词首先表述在联合国教科文组织1998年宣布的《宣布人类口头和非物质遗产代表作条例》之中，被作为非物质文化遗产的两大类型提出，即“文化表现形式”和“文化空间”，此处的“文化空间”沿用的是人类学学科上的概念，指传统的或民间的文化表达方式有规律性进行的地方或一系列地方，寓意一个特定的地域或地方而又并非一般意义上的空间概念或一种具体表现，是特定活动方式和共同文化的形式及氛围，兼具时间性、空间性和文化性，是非物质文化遗产衍生、传承、发展、变迁的物质文化空间。从非物质文化遗产角度窥探，把握“文化空间”的关键点在于文化空间的整体性、原真性、活态性和本土性。

① 本章内容由拙作《空间观与文化空间意义探讨——兼论鄂伦春人空间逻辑的文化养成》（载《怀化学院学报》2020年第6期）扩充、修改。

第一节　空间观与文化空间理论

"时间"与"空间"概念常常被人们看作是社会现象中最普遍的基本要素，除了从天文学、地理学或建筑学研究视角外，近代以来"空间"也成了人文社会科学领域讨论的一个主题。在人们的认知体系里，"空间"常常被用来指涉与"区域""范围""规模"等相关意涵的表达。据《说文解字》记载：空，孔穴。字形采用"穴"作偏旁部首，采用"工"作声旁。本义是名词，用来指人工建造的居所。"间"，缝隙。字形采用"门 / 月"会意。本义：动词，入夜后在屋内休闲、歇息。被阐释为"与时间相对的一种物质客观存在形式，由长度、宽度、高度、大小表现出来。通常指四方（方向）上下。"与"空间"相对应的西方语义词汇是" space"，源于拉丁文，被阐释为" sth measurable in length, width, or depth, distance, area, or volume that can be used or filled by a physical object, room"，基本都是指向物质的存在维度，也就是物理学意义上的"处所""形状""距离"等，总体上的内涵特征表达的是抽象的狭义空间概念。美国社会学家沃勒斯坦（Immanuel Wallerstein）在《开放的社会科学》（斯坦福大学出版社，1996 年）中提出了空间并不限于"区域""环境""场地"或者"容量"，空间在某种意义上实际是社会的产物。时间和空间不仅是社会发展的变量，而且是社会科学发展的变量。[①] 由此可见，沃勒斯坦是在突破了传统上人们对狭义空间的认识的基础上提出了一种广义的空间观，广义的空间则更为具体，英文中对应的词汇是"处所"（place）一词，相接近的词汇还包括"位置"（position）、地点（site）、场所（locate）等，这些词汇在社会学意义上更多的是指某种经验的建构，因此广义的"空间"概念更具有开放性和实践性。

在广义的空间意识基础上产生的空间理论思维模式，主要是将事物置于空间背景下探讨其在场性、构成性及其文化功能，且多在人文社会科学视域下被讨论。"空间"的现代意义被阐释为是与环境，与地域，与物质，与时间，以

① 景天魁、何健、邓万春等：《时空社会学：理论和方法》，38 页，北京，北京师范大学出版社，2012。

及与人类相互建构，相互影响的各种关系，这些关系在人文活动中都被统一在“空间”概念之中。总体来讲“空间”概念大致包括以下几种不同的含义：一是由物质本身或物质所建构出来的，是自然的地理形式或建构的环境区域；二是指涉物理方位关系，包括位置和方向；还有一种则指人在空间中的活动而能造成空间性质改变的文化惯习，包括文化观念与社会实践。“空间”是有着自身内在逻辑的独立运行的系统，但其不只自成体系，更与许多社会文化现象或要素相互作用结合运作。

不同的空间建构是由人的活动与物质文化相互结合运作的结果，只有将地理学或物理学意义上的空间概念与人类活动相结合产生的各种具有文化意义的空间内涵，才呈现出上述多元“空间”概念。换言之，物质空间与人的活动共同构成空间的本体论基础与性质，而特定的空间建构则由历史过程中特定的相互结合运作途径所产生。当特定的空间状态或社会环境发生改变时，不但会引起既定的社会秩序发生改变，空间秩序也会经历调整与重建，这些改变往往是空间以外的因素造成的。空间的秩序与社会的秩序某种程度上具有一定的同构性，空间的发展过程便是社会的建构过程，由此可见空间是社会文化现象不可或缺的基本要素而又有其独立性和内在逻辑性，因此对它的认识必定会增强对社会文化现象的了解。

人们对“空间”的认识是通过对自然或物体对象的具体定位而形成的一种对空间认识的直接经验，而并不是从这种直接经验中抽象出来的理论体系。如早在上古时代，中国人就在“日出而作，日落而息”的生活常态中，形成了由“东”和“西”构成的最早的“二方位”空间认识。其后人们又逐渐形成了由“东”“南”“西”“北”构成的“四方位”空间认识，这些空间理念在甲骨文中的相关记载中都有体现，如在早期人们的祭祀仪式中所指的“四方”“四风”等。人们在生产生活的实践过程中又进一步丰富了对空间的认识，如《周易·系辞传》记载：“易有太极，是生两仪，两仪生四象，四象生八卦。”[①] 此时人们已由“四方位”的空间意识发展成了“八方位”体系。在人们的空间概念里，除了体现“方向”“位置”“顺序”“关系”等意涵外，还与“宇宙”“自

① （商）姬昌著，宋祚胤注译：《周易》，315页，长沙，岳麓书社，2000。

然”“地理”“天地”“方圆”等关键词关联起来，如“奄有四海，为天下君”。[①]此处的“天下”在古时多指君王统治范围内的所有土地。在《淮南子·原道训》中有“横四维而含阴阳，紘宇宙而章三光。”[②]东汉高诱注：“四方上下曰宇，古往今来曰宙，以喻天地。”这里的“宇”可以理解为无限空间，而“宙”则是指无限时间，包含了宇宙间一切物质及其存在形式的总体。《庄子·齐物论》中也有关于天地四方、宇宙空间的记载：“六合之外，圣人存而不论；六合之内，圣人论而不议。”[③]《管子·五行》中记载：“昔者皇帝得蚩尤而明于天道；得大常而察于地利；得屠龙而辨于东方；得祝融而辨于南方；得大封而辨于西方；得后土而辨于北方。皇帝得六相而天地治，神明至。”[④]此处的“六相”即是包括了天与地更深层次的空间意识。

中国古代先民是在与环境，与自然互动的过程中形成对万事万物的认知体系的。古人认为自然蕴含着无限能量，这些能量是应运着规律进行运转的，体现在时间上就是“天时”，周而复始，不竭不休，因此古人用“天圆”来描述时间的特点，而描述空间则用“地方”，来自于“四面八方”的空间观，因此“天圆地方”就是讲时间和空间，体现了中国人早期原初的时空观念。空间与时间的概念形成于古代人们的生产实践过程中，人们根据这些概念来组织物质实践，帮助人们确定社会秩序，同时空间与时间也是社会变迁的重要部分。人类的大多数社会都建构了独特的时空概念，给予空间与时间特殊的呈现方式，以符合物质与社会在生产上的需求与目的，对于适当地理解社会过程和社会事象具有重要意义。在人们对空间的不断认识中，人类的自身意识逐渐觉醒，并将自身加入到这个立体的空间维度里，强调了人的空间本体地位性。如《诗经》中有“普天之下，莫非王土；率土之滨，莫非王臣。”[⑤]的记载，将空间概念和君主的统治上的地域范围进行了关联。贾谊在《过秦论》中曾提出“席卷天下，包举宇内，囊括四海，并吞八荒”的政治思想。[⑥]这种空间观更多强调土地空间与帝

① （春秋）孔子著，周秉钧注译：《尚书》，15页，长沙，岳麓书社，2001。
② （汉）刘安等著，（汉）高诱注：《淮南子》，5页，上海，上海古籍出版社，1989。
③ （战国）庄周：《庄子》，67页，上海，上海古籍出版社，2015。
④ （唐）房玄龄注，（明）刘绩补注，刘晓艺校点：《管子》，298页，上海，上海古籍出版社，2015。
⑤ 华夏出版社：《诗经》，221页，北京，华夏出版社，2006。
⑥ 谢纳：《空间生产与文化表征：空间转向视阈中的文学研究》，95页，北京，中国人民大学出版社，2010。

王权力之间的关系，并逐渐形塑了中国天下中心的思维。天朝帝国式的宇宙空间模型所建立的天下观就是中国中心论，即中国是世界的中心，“就空间观念来看，中国古人眼里的世界也是一个自我中心主义的空间：汉族居天下之中，周边则是种族与文化上的蛮夷”。① 直到近现代史的开端，国人才逐渐接受以“地球说”为中心的西方地理空间观，打开全球空间视阈。可以说，中国传统空间裂变与现代空间重构主要表现为从“天下观”到“世界观”，从“疆域空间”到“领土空间”的嬗变过程。

“空间”一直以来都是哲学反思的命题，人们也是从哲学开始真正意义上的认识“空间”，古希腊哲学对本体论的问题颇感兴趣，擅长探讨各类“存在”问题，而“存在”则是以某一具体空间范围为前提的。空间究竟是什么？在哲学视域内，“空间”与“时间”一起构成运动着的物质存在的两种基本形式，具体指涉物质存在的广延性及一定范围，早期哲学家都对此类问题进行过相关阐述。德谟克利特（Demokritos）认为：“一切事物的始基是原子和虚空，原子是不可再分的最小物质微粒，虚空是原子运动的场所，存在并不比非存在更实在，因此空间首先是相对的。”他还认为：“由于原子和虚空都是无限的，因而空间也不是创造出来的。”② 马丁·海德格尔（Martin Heidegger）在《形而上学导论》中指出：“古希腊的‘空间’是从‘处所’引申来的，并不存在‘空间’一词。但古希腊的‘处所’并不是近代空间意义中的‘处所’，而是以作为事物本质的接纳者和塑形者而存在的。”③ 柏拉图（Plato，Πλάτεων）在《蒂迈欧篇》中讨论宇宙的本源问题时，将宇宙的本源归类为“理性原型、可感事物或载体”④ 三种类型，其中的“载体”就是所谓的“空间”，柏拉图将对空间的理解表述为：“不朽而永恒，并作为一切生成物运动变化的场所；感觉无法认识，而只能依靠一种不纯粹的理性推理来认识。”⑤ 亚里士多德（Aristoteles）则认为：“空间是事物的直接包围者，而又不是该事物的部分；直接空间不大于也不小于内容物；空

① 周传斌：《概念与范式：中国民族理论一百年》，163 页，北京，民族出版社，2008。
② 赵敦华：《西方哲学简史》，28 页，北京，北京大学出版社，2001。
③ ［德］马丁·海德格尔著，王庆节译：《形而上学导论》，76 页，北京，商务印书馆，2015。
④ ［古希腊］柏拉图著，谢文郁译：《蒂迈欧篇》，35 页，上海，上海人民出版社，2005。
⑤ ［古希腊］柏拉图著，谢文郁译：《蒂迈欧篇》，36 页，上海，上海人民出版社，2005。

间可以在内容事物离开后留下来，是可分离的；整个空间有上下之分。”[①] 亚里士多德将空间与事物的本体分别开来，并对它们之间联系与区别进行了说明，阐发了空间的相对性与有限性，可以说是把原始性实用空间加以体系化的初步尝试。[②] 在人类时空认识史上，亚里士多德的相关阐述可以称得上是第一个较科学的理论，奠定了近现代时空理论的基础。

法国哲学家笛卡尔（Rene Descartes）认为："在我们感觉什么也没有的空间充满着一些物质，这些物质与我们所能感觉到的物体中的物质是相同的，起码前一空间与后一物体所占据的空间饱含着同样多的这种物质。”[③] 笛卡尔探讨了空间与物质的关系问题，他认为空间是物质的空间，而物质是以存在于一定的空间为前提的。德国哲学家康德（Immanuel Kant）在《导论》中将空间阐述为："一种仅仅是直观的普遍形式，就是可以规定个别客体的一切直观的基体，它当然具有这些直观的可能性和多样性的条件。但是客体的统一性纯粹是由理智按照它本身的性质所包含的条件规定的。”[④] 康德将空间看作是事物存在的直观的普遍的形式，而理智则是自然界的普通秩序的来源，人类认识的一切事物都必然受理智的法则支配。黑格尔（Georg Wilhelm Friedrich Hegel）提出，人们决不能指出任何空间是独立不依地存在的空间，相反，空间总是充实的空间，决不能和充实于其中的东西分离开；时间并不像一个容器，事物本身就是时间性的东西，空间和时间都属于运动，运动是空间和时间的直接统一。[⑤] 黑格尔将空间与对时间的认识进行了结合阐述，体现了他对事物存在方式的某些合理论断。古代先哲们对于空间的思考和论说形成了林林总总的关于“空间”的概念和理论，奠定了我们通过空间的概念认识和理解世界的认识论基础。

当代空间理论伴随着西方社会文化思想理论的转向与变迁得以诞生，开启了西方哲学的实践论转向，强调人类生存实践的重要性，认为空间在本质上是实践的，是人类社会实践的创造物，提出了空间具有物质性、社会性与历史性，并通过人类实践完成了此三者的统一。1974 年，亨利·列斐伏尔（Henri

① 赵敦华：《西方哲学简史》，28 页，北京，北京大学出版社，2001。
② 詹和平：《高等学校艺术设计学科教材·空间》，10 页，南京，东南大学出版社，2006。
③ ［法］笛卡尔著，江文编译：《笛卡尔文集》，29 页，北京，中国戏剧出版社，2008。
④ ［德］康德著，庞景仁译：《导论》，96 页，北京，商务印书馆，1978。
⑤ 詹和平：《高等学校艺术设计学科教材·空间》，10 页，南京，东南大学出版社，2006。

Lefebvre）的《空间的生产》以及米歇尔·福柯（Michel Foucault）的《权力的地理学》的出版，开启了当代空间理论研究的新篇章。当代空间理论弥补了传统空间理论经验直观或超验抽象的缺陷，具有建构性与整合性，成为当代学术思想界备受关注的热点题域，为当代人文社会科学的反思提供了新的向度，给人文社会科学带来整体学术范型的变革，人们将其称之为“空间转向”（spatial turn）。列斐伏尔的空间学说主要体现在他的《空间的生产》一书中，其中他着重阐述了马克思的生产理论，并以此为基础提出了应当将空间理解为人类生产实践的产物，同时列斐伏尔提出了一个他的理论研究核心概念，即“空间生产”（production of space）。[①] 在此基础上，列斐伏尔又陆续提出了“空间实践”（spatial practices）、“空间表征”（representation of space）“表征空间”（representational space）等空间概念和逻辑构成，在理论上实现了历史性、社会性与空间性的统一。继而，列斐伏尔又将对空间的讨论延伸到了政治学领域，开创了“空间政治学”。列斐伏尔在提出一系列空间概念的同时，着重于对空间问题的哲学反思，为空间转向提供了系统化的理论知识。与列斐伏尔相比，福柯更为关注的是空间与权力之间的关系，倾力于对历史建构的空间场域进行知识考古学的探查，以揭示空间、知识与权力之间的内在关联。福柯认为空间是知识话语与权力运作的具体场所，权力的空间化是现代社会规训操控的基本策略和方式，依此建构出关于权力的空间理论。[②] 继列斐伏尔、福柯之后，空间问题开始引起人们的普遍关注，美国后现代地理学家爱德华·索亚（Edward W. Soja）继承发展了列斐伏尔的空间生产理论，将这种多重辩证的实践性空间思考称为“第三空间”，洞察到空间的表现下隐藏的各种基本的社会关系，形成“第三空间”理论。[③] 关于空间问题的思考从传统地理学层面提升到哲学社会学高度，空间作为当代人文社会科学反思的基本向度，成为当代学术思想“面向生活世界”的在场之域，“存在与空间”的哲学运思取代了“存在与时间”的传统命题。20 世纪中后期，“空间转向”促成了当代学术思想范式的转型，它颠覆了传统思想理论

---

① Henri Lefebvre. *The Production of Space*. Oxford: Blackwell Ltd, 1991, p.190.

② ［法］福柯：《不同空间的正文与上下文》，见包亚明：《后现代性与地理学的政治》，18 页，上海，上海教育出版社，2001。

③ ［美］索亚著，李钧译：《后大都市：城市和区域的批判性研究》，9 页，上海，上海教育出版社，2006。

中时间性的权威垄断地位，提升了空间维的地位，为当代哲学、社会学、地理学、文学与文化学等诸多学科建构起一种全新的“空间化”理论视域，关于空间的理论思考也成为当代西方学术研究的热点话题。

“空间”问题也引起了众多人类学者的关注和探讨，美国人类学家克拉克洪（Kluckhohn）和凯利（Kelly）把文化空间阐释为：“一种渊源于历史的生活结构的体系，包括语言、传统、习惯、制度，以及有促动作用的思想、信仰和价值。”[①] 古典进化论派代表人物摩尔根（L.H.Morgan）在对美国印第安人进行深入观察思考后，探讨了空间与人类的亲属结构和社会结构的关系，对于之后文化功能论的研究及其家屋空间的探讨奠定了民族志基础。功能主义学派马林诺夫斯基（Malinowski，Bronislaw Kaspar）很早就认识到了空间的文化性，进而提出了人类的活动体系及对物质文化的应用都是有组织的，并得到了完善配置，也就是说一切空间构成都有其文化上的需要，试图探索不同的空间现象和空间建构的文化机制或象征意义。社会学派涂尔干（Emile Durkheim）将空间视为基本的分类概念之一，是了解自然、社会及人类思想精神等问题起源的基础，空间范畴是一种社会性形成，与社会分类之间密切相关，空间概念是了解人类社会结构和文化逻辑的媒介载体，人类是经由空间概念了解、阐释和重塑社会结构与文化观念的。结构主义人类学家列维 – 施特劳斯（Claude Lévi–Strauss）认为：“原始的野性思维知识和现代科学知识尽管长期分离，但终将在一定时空中汇合：要么通过通信活动迂回到物理世界，要么通过物理学迂回到通信世界。”[②] 他在讨论“时间的可逆性”时已在事实上论述了空间作为时间运动的前提。格奥尔格 · 齐美尔（Georg Simmel）借助于对“桥”“门”“都市”等的细腻描写，揭示出空间的社会属性（独占、分隔、固定、距离和运动等）及其在形塑不同环境中生活的人的个性特点所赖以建立的心理基础。葛兰言（Marcel Granet）从上古时期中国的仪式集会入手，认为空间（包括山川地带、节庆集会）完全是人类的性质，人们正是通过空间（节庆、祭祀等仪式）来确定和谐的空间秩序的。

在诸多人类学派相关学说的影响下，空间逐渐被视为如同时间、逻辑、因果等文化经验存在的基本分类，对于这些基本分类的认知是对一个文化进行深

① 黄应贵主编：《空间、力与社会》，73 页，台北，“中央”研究院，1995。

② 景天魁、冯波：《时空社会学 · 记忆和认同》，45 页，北京，中国传媒大学出版社，2012。

入了解所不可少的，因此，空间乃成了当前人类学研究的重要课题之一。虽然不同学派的人类学家对空间问题的探讨不尽相同，但人类学空间研究的历程却始终贯穿着一个理论观点，即空间是社会和文化的建构，各社会文化可建构不同的空间结构与秩序，但在不同的空间结构与秩序中，却存在许多相当普遍的空间概念，这些空间概念用来建构各种社会文化特殊的空间分类与结构，乃至空间的象征系统，也因不同人的实际使用产生不同的实际意义。近年来在人类学范畴，更多地使用“文化空间”概念，这个概念沿用地理学的“空间”概念，寓意一个特定的地域或地方而又并非一般意义上的空间概念或一种具体表现，是特定活动方式和共同文化的形式及氛围，兼具时间性、空间性和文化性，是民族社会衍生、传承、发展、变迁的文化空间，用来指传统的或民间的文化表达方式有规律性进行的地方或一系列地方。

第二节 非物质文化遗产：文化空间的表述

“文化空间”也称为“文化场所”，是对“ the Culture Space”的不同译法，“文化空间”这一概念首先是亨利·列斐伏尔在《空间的生产》一书中提出的，列斐伏尔在这本著作中主要是为了探求精神（哲学）空间与现实（物理）空间的关系，同时列举出诸如绝对空间、共享空间、抽象空间、具体空间、文化空间、差异空间、生活空间、精神空间、想象空间、表征空间、身体空间、社会空间、国家空间、统治空间等诸多空间分类概念。①继亨利·列斐伏尔之后，联合国教科文组织在保护非物质文化遗产时提出了“文化空间”并将其界定为人类学概念，在 2001 年发表的《人类口头和非物质遗产代表作宣言》中，表述为：“ cultural spaces–a place where popular and traditional cultural activities take place in a concentrated manner (sites for story–telling, rituals, marketplaces, festivals etc.) or the time for a regularly occurring event (daily rituals, annual processions,

① Henri Lefebvre. *The Production of Space*. London: Blackwell Ltd, 1991, p.67.

regular performances).”① 即“一个集中了传统文化活动的地点，但也被确定为一般以某一周期（周期、季节、日程表等）或是一事件为特点的一段时间。这段时间和这一地点的存在取决于按传统方式进行的文化活动本身的存在，按照民间约定俗成的古老习惯确定的时间和固定的场所举行传统的大型综合性的民族、民间文化活动，就是非物质文化遗产的文化空间形式。”② 2003 年在《保护非物质文化遗产公约》中，联合国教科文组织对“非物质文化遗产”“文化空间”等概念做了进一步解释说明：“指被各群体、团体，有时为个人视为其文化遗产的各种实践、表演、表现形式、知识和技能，及其有关的工具、实物、工艺品以及文化空间。”③“宣布人类口头和非物质遗产代表作针对的是非物质文化遗产的两种表现形式：一种表现于有规可循的文化表现形式，如音乐或戏剧表演，传统习俗或各类节庆仪式；另一种表现为一种文化空间，这种空间可确定为民间或传统文化活动的集中地域，但也可确定为具有周期性或事件性的特定时间；这种具有时间和实体的空间之所以能存在，是因为它是文化表现活动的传统表现场所。”④

在大多数情况下，联合国教科文组织将“文化空间”作为非物质文化遗产的一种表现形式，指人类口头和非物质文化遗产代表作的形态或样式。我国在《国家级非物质文化遗产代表作申报评定暂行办法》中提出：“非物质文化遗产指各族人民世代相承的、与群众生活密切相关的各种传统文化表现形式（如民俗活动、表演艺术、传统知识和技能，以及与之相关的器具、实物、手工制品等）和文化空间。”同时将文化空间定义为：“定期举行传统文化活动或集中展现传统文化表现形式的场所，兼具空间性和时间性。”⑤ 由此可见，这里的“文化空间”不仅涵盖了自然地理或物理学意义上的空间，而且结合了特定人群的文化传统、文化形式、文化活动，因此是文化与空间的结合体，是一个具有文化意义的“隐喻性空间”（metaphoricals paces），也是人类文化行为存在、传播

① UNESCO. *Proclamation of Masterpieces of the Oral and Intangible Heritage of Humanity* [18–05–2001].

② 乌丙安：《民俗文化空间：中国非物质文化遗产保护的重中之重》，载《民间文化论坛》，2007（1）。

③ 参见文化部对外文化联络局：《联合国教科文组织〈保护非物质文化遗产公约〉基础文件汇编》，北京，外文出版社，2012。

④ 参见联合国教科文组织：《人类口头和非物质遗产代表作》，第二十五届会议，1989。

⑤ 参见国务院办公厅 2005 年发布的《国家级非物质文化遗产代表作申报评定暂行办法》。

和记忆的载体。关于文化空间的阐释，大体有以下几种：“凡是按照民间约定俗成的古老习惯确定的时间和固定的场所举行传统的大型综合性民族、民间文化活动都是非物质文化的文化空间形式，遍布在我国各地各民族的传统节庆活动、庙会、歌会（或花儿会、歌圩、赶坳之类）、集市（巴扎）等，都是最典型的具有各民族特色的文化空间。”①“泛指传统文化从产生到发展都离不开的具体自然环境与人文环境，这个环境就是文化空间。”“在一般文化遗产研究中，文化空间还作为一种表述遗产传承空间的特殊概念，可以用于任何一种遗产类型所处规定空间范围、结构、环境、变迁、保护等方面的，因而具有更为广泛的学术内涵。”②

也有学者认为“文化空间”不仅具有历史性、风土性、地域性、民族性等特征，而且囊括了现有时空中实际生活运行的状态，“文化时空”（cultural space and time）似乎在语义学上比“文化空间”更为合适，因为文化本身是纵横交织在时间领域（纵向性、历史性）和空间领域（横向性、地域性）之内的，任何事物的空间和时间都是一体的，文化也是如此。③由此，“文化空间”应该是综合了时间与空间两大要素，涵盖了某一时间段与某一地域范围内的所有传统文化表现形式，包括人、物质、环境、信仰观念等。总体而言，学术界对“文化空间”的阐释主要有以下几个表述要点：文化空间具有时间上的延续性，人类的文化行为如仪式、活动、聚会、演示等的周期性、时令性、季节性的展演，这种传统习俗依靠族群代际传承于文化传统或有关民族文化历史之中；其次，文化空间是一个独特的文化场域，是一个族群的文化习俗与其传统生存环境混融为一体的；而就其表现形态而言，文化空间可以为古村落、庙宇等文化场所，这一场所所表现的民间和传统文化活动是某族群的独特文化传统且具有典型代表意义。可以概括地说，文化空间是由场所、意义符号和价值载体共同构成的表意系统和具有象征意义的主体行为叙事空间；是结合生态环境、历史传承、季节流转、岁时传统、价值认知、生命智慧的人类行为的文化场和自然场，这一概念蕴涵着丰富的历史和人文意义。

① 乌丙安：《民俗文化空间：中国非物质文化保护的重中之重》，载《民间文化论坛》，2007（1）。
② 单霁翔：《民俗博物馆建设与非物质遗产保护》，载《民俗研究》，2014（1）。
③ 陈虹：《试谈文化空间的概念与内涵》，载《文化研究》，2006（6）。

第三节　空间：从文化生产到意义诠释

正如列斐伏尔所认为的，空间是民族环境和民族文化的建构，同时空间也为民族的延续和文化的展演提供场所、条件和背景。[①]因此，从某种意义上来说，“空间”生产出了诸如象征、符号、价值观、叙事行为、集体记忆等文化要素，并为这些要素实现其文化功能及其相互之间进行关联提供可能性，使得这些文化要素成为文化空间得以生存与传承的重要条件。鄂伦春人居住的大、小兴安岭，具有独特的地理环境，这里峰峦叠嶂，江河纵横，森林茂密，林中栖息着各种珍禽异兽，野生动物，这些都是鄂伦春民族赖以生存的空间环境和衣食之源。我们将试图通过探讨鄂伦春族狩猎文化的空间养成及蕴含在其中深刻的文化空间意义，来深入剖析鄂伦春族传统文化和非物质文化遗产所富有的意义和内涵。

通常情况下，人类为地方命名会涉及对地方的人文与地理空间的认知和理解。鄂伦春人常以某地方的山势、河流的自然特征，野生动植物或民族历史上的某次事件作为命名的依据，建立对此区域的理解和认同，同时承载历史记忆。以野生动植物命名的地名在鄂伦春语地名中为数最多，以沿河岸和山上的动植物命名，这是由于鄂伦春人生存的空间环境与动植物息息相关所致。如“查拉班河”，意为河边多白桦树；“依沙溪河”，意为河道弯曲像动物的肩胛骨；“吴家碑泥河”，意为野兽脚印多；“麻林那山”，意为山上蛇多。以地理方位命名的地名在鄂伦春语地名中也具有一定代表性，如“干玛山”（在小河口下游）、“多鲁果阿鲁干河”（位于中间平缓流动的河等）。鄂伦春人在狩猎活动中常翻山越岭，涉水过河，也留下一些与其相关的地名，如“塔河”系鄂伦春语“塔哈勒恩河”的简称，意为“阻挡”或“堵住”通道；“沙拉根河”则意为可抄近道走的地方；“二根坎河”意为骑马难行的地方。以鄂伦春人名命名地名是鄂伦春语地名特点之一，如“蒙克山”是鄂伦春猎人“孟克”的名字转译，“里格布

① Henri Lefebvre. *The Production of Space*. London: Blackwell Ltd, 1991, p.67.

山”“红布耶河”“多布库尔河”分别以猎人的名字命名，这些名字往往源于远古时代的神话传说，同某个英雄猎人的事迹相关联。“多布库尔河”是大兴安岭伊勒呼里山脚下的一条河，它的源头是由两条小溪汇成的。关于这条河的成因及名字的来源，就流传着一则充满神幻情节的美丽传说：

多布库尔河的源头是由两条小溪汇成的，两条小溪是由哥哥多布和弟弟库尔死后化成的。兄弟俩原是两名猎手，一天见一头青狼在追逐雪兔，便一箭射死青狼，救下雪兔。傍晚，仙女乘彩云飘来向他们致谢，说明她就是那只雪兔，是恩都力的小女儿，而追逐她的青狼则是蟒猊的化身。猎手们虽然射杀了蟒猊的化身，但真的蟒猊却并没有被杀死，它仍想要复仇，仙女还答应在他们遇到危难的时候来救助。第二天清早，果然有个火球突然朝多布袭来，被他躲过，撞到一株老樟松树上，轰的一声便把树烧着了。大火连成一片，把多布和库尔围困在其中，眼看有被烧死的危险，他们连忙向雪兔呼救。仙女告诉他们，这是蟒猊放的大火，只有挖出蟒猊的眼珠子来才能把大火扑灭，于是她把一把宝刀交给多布和库尔，指点他们奔嘎仙洞去找正在睡觉的蟒猊。多布和库尔顺利地挖出蟒猊的眼珠，老蟒猊口吐大火要想烧死两兄弟，被手疾眼快的多布一刀捅死。他们飞快地跑回伊勒呼里山脚下，把蟒猊的两颗眼珠埋到地里，于是从埋眼珠的地方立即涌出两注清泉，流成两条小溪，又汇成一条大河，大河拦住了大火的蔓延，火势由盛转衰，逐渐熄灭，可是多布和库尔两兄弟却因劳累过度倒下，再也没有站起来。从此以后，猎人们把西边的小溪叫多布河，东边的小溪叫库尔河，那条大河则叫做多布库尔河。①

又以一则鄂伦春族中流传极广的《嘎仙洞和奇奇岭的传说》为例：

在大兴安岭鄂伦春自治旗境内阿里河镇西北方向十多华里的嘎仙

① 本书编委会：《中华民间故事大系（第十五卷）：德昂族·保安族·裕固族·京族·塔塔尔族·独龙族·鄂伦春族》，842 页，上海，上海文艺出版社，1995。

山上，半山腰有一个极为高敞广阔的山洞，就是嘎仙洞。在阿里河镇东南方向三十多华里的地方有一座山岭与嘎仙洞遥遥相对，这就是奇奇岭，因岭上有一大石砬子，上有一大窟窿，故又名窟窿山，关于此洞此岭和带窟窿的石砬子传说是依据这实际存在的自然环境而创造出来的。据传说，远古时候这一带原是一片汪洋大海，大兴安岭就是一个岛屿，嘎仙山的山谷是一条海峡，而嘎仙洞则是一个海眼。小龙王住在这里兴风作浪。这时多亏有了一个名叫柯阿汗的英雄猎手射跑了小龙王，水才退去，露出了嘎仙洞，鄂伦春人就住在洞里，过着美好的生活。有一年柯阿汗远征出猎，一群蟒猊霸占了山洞，到处抓鄂伦春人吃，柯阿汗闻讯赶回，要保护乡亲除去蟒猊。他与蟒猊约定比武，先比摔跤，不分胜负；又比扔嘎仙洞门巨石，蟒猊举起巨石运足了劲儿，使劲一扔，才扔到甘河边上，柯阿汗把那块巨石托起来，一挥手，就扔到甘河对岸那座山岭上；最后比射箭，蟒猊三箭均未射中，柯阿汗一箭就把洞门巨石射了个大窟窿。柯阿汗赶跑了蟒猊，人民又过上了太平日子。①

在传统生存环境里，山林是鄂伦春人活动的场域，他们长期使用这片土地，饮用山林里的溪水，明了山势脉络、河流走向和自然界的生态变化，这里不止是他们狩猎的场域，更是他们生活的地方，因此当我们处在山林环境里，和猎人在山里的感受是截然不同的。猎人视山峰、溪谷、岩壁为能见的天然界线，虽然口语上惯用行政地域的指称，但不全然与地图上的行政界线相符，他们在这里生活，守护这块土地，使用这里的一切。笔者曾经采访过一位80多岁的老猎人，他非常熟悉关于山林的一切，他以河流作为方向的基础，能够画出整个河流和支流，标出各山脉的名称，并且告诉我，河流在哪里有拐弯，哪里有分支。他们能准确记着河流蜿蜒的方向和位置，根据流水声以及山形坡度判断方向，山脉、河流的走向和命名以及动植物的分类背后有着深层的文化意义，这些意义代表着民族文化实践的功能，甚至是其与传统社会制度及仪式间的互动，

① 本书编委会:《中华民间故事大系（第十五卷）：德昂族·保安族·裕固族·京族·塔塔尔族·独龙族·鄂伦春族》，836页，上海，上海文艺出版社，1995。

进而形塑了鄂伦春人的宇宙观与价值观。如大兴安岭嘎仙山上的嘎仙洞、甘河对岸的奇奇岭、哈达罕大石砬子、伊勒呼里山、图库里山，小兴安岭的大青山、姐妹山、马鞍山、磨石山、药泉山、蒙克山等，每座山每座岭在传说中都有着一段自己神奇的、独特的、脍炙人口的传奇故事。从呼玛河、多布库尔河、甘河、沾河到达尔滨湖，四平山上的天池、图库里山上的药泉，几乎每条河、每座湖都有一段美丽动人的传说故事。它们在鄂伦春人民中世代相传，成为民间异常丰富的地理百科全书，然而这些传说的意义还远不仅于此，当这些传说以深厚的民族感情被传扬的时候，在一个没有文字的民族中它们显然起着道德、伦理、历史、地理、生产经验、社会生活、审美习惯等诸多方面教科书的作用，传承一种关于文化信仰与行为规范的观念，民族的风俗、信仰、习惯、民族性格就在一代又一代人中形成了民族共同体的集体记忆与文化认同。

我们再来分析鄂伦春族猎人传统的特质，鄂伦春族男孩通常从十几岁起就跟随长辈或者族人出猎，对山林地理环境、动植物的习性特点认识了解。一个合格的猎人必须能够辨认各种动物的声音、习性，认识各种动物的脚印，从中分辨公母、重量，他们还要训练个人的体力、耐力与技艺，培养对大山信仰、敬畏的情感。猎人大多是不善言辞，不喜吹嘘的，他们就在山林大地之间，和自然对话，和山林共处，和动物赛跑。猎人总喜欢坐在帷帐前，双眼凝视着山峦，手抚摸着刀或枪，思考着大地，他们相信山林会赐予他们一切猎物，他们对山林表现的敬畏与虔敬会指引他们找到猎物，因此他们谨守勿语，上山不能开玩笑，更不能有任何污秽或亵渎的语言。猎人狩猎的时间有时是两三天，有时也可能一两个月，要依据猎物的情况而定。当猎人下山与族人分享猎物的时候，是他们的狂欢时光，在他们享用过丰美的晚饭后，就一起围坐在篝火边，诉说上山行猎的区域，分享山林遇到的状况。通常在这个时候，大家也会容易谈起过往事情，讲故事或者表演民族音乐、舞蹈、摩苏昆、赞达仁等，他们的话题往往围绕着英雄或祖先，或者部落大事、历史。当鄂伦春人参与其中的时候，他们的神情表达出了对祖先和传统生活的景仰和认同，与平日随意开玩笑的态度截然不同，他们想象着祖先的生活，与长辈共同感受火的灼热、背后的寒风、星光的明晕以及动物的声音。猎人讲述着故事，怀念着自己的祖先，他们将自身和这些故事融入进这个地方空间里，亲临此地的氛围，成了开启猎人记忆的钥匙，让他们不由自主地回想和思念自己的祖先和历史。狩猎是猎人与山林最直接的交往方式，也是族人缅怀祖先的途径，猎人依着地方文化的脉络，经由独一无二的身体经验，透过空间的氛围唤起记忆，以最贴近的方式为地方建立意义。

从以上诸多狩猎经验中可以发现，鄂伦春人的狩猎文化深具空间意义。在每次狩猎过程中，猎人经由真实的身体经验与实质的地理空间形成地方感，同时形成对地方的认知和理解。因此，当检视鄂伦春人的狩猎文化时，狩猎活动发生的场域，诸如山林、溪谷、猎场等空间概念，文化、社会的意涵均在其中刻上了深刻的痕迹。鄂伦春人对于部落、山林及猎场的传说、禁忌与经验，均能反映出文化的意涵，鄂伦春人的信仰、家族观念与世界观都可以从中窥见。随着社会变迁，当传统文化空间、环境资源经历国家政策调整，猎人的猎场面对国家公园、环境保护论述、文化产业开发，鄂伦春人传统的空间意义势必会发生转换，当狩猎空间发生转变，狩猎实践必然受到影响，反之亦然，若狩猎文化面临转变，也会影响到鄂伦春人的生存与文化空间的样态，可见，空间的论述在当代民族相关问题研究中应是极为重要的一个视角。

第四节　文化空间的地方性与价值体系

“地方”是一系列特定历史和地理条件下的产物，是族群在漫长的历史过程中，通过人群与土地，人群与人群之间长期互动形成的。在一个可以称为“地方”的区域内，其中的成员分享共同的历史过程，分享生产实践经验，也分享人与人之间的合作、竞争与冲突，因此，一个“地方”对于其在地人群来说是生命历程的舞台，也是生命意义之所在。“地方”的存在是借助于“空间”的维度来呈现的，所谓“空间”亦是“地方”的行政单位，是以自然的地理环境以及人文环境为其基本要素的。鄂伦春人生活的地理区位、自然生态、社会结构、组织方式、生产活动等构成了“地方”意义上的空间维度，地缘与人群的结合由此构成民族共同体的界限，展现人群聚落的地方形态。而空间则是行为和意图的中心，在这里人们体验着各种事件，这些事件受到地方特性的影响，只有在当地的背景下才有意义，即具有“地方性”的特质，由此文化空间则具有地方性。“地方”亦是我们行为和意图的中心，在这里，我们体验着各种事件，这些事件受到地方特性的影响，只有在当地的背景下才有意义。鄂伦春人狩猎文化的操演，首先便是确立空间区位，具有地方认同性和排斥性；其次是相信自然神灵具有神奇超凡的威力，会庇佑后代并与之沟通互感；最后形成一套地方群体的共同体认、文化惯习和知识系统，产生共同体的“地方意识”。狩猎文化空间借助山林、树木、猎物、器具等一系列公共象征符号及围绕符号展开的祭祀、庆典等仪式活动形成了地方普遍、基本且重要的社会组织，构成社群文化活动主体和特定群体的在地化知识体系：狩猎的方式与技巧；猎人的培养；故事、歌曲、舞蹈的传承；山神的祭拜及祭品的供奉；猎物的分享；节日的欢庆以及许多事件合成一个鄂伦春人的地方性文化系统，具有系统化的符号与程序，表达着人群聚落的地方意识。空间不只是地理形式或建构的环境而已，更是人们在其中进行活动而相互结合运作，建构出社会关系、组织方式、文化习惯、意识形态等地方体系。这些不同的空间建构，不但可以相互结合运作，更与社会生活的多层面结合而有其深度及广泛性，因此，可以透过空间来探讨族群地方性知识的建构过程。

空间是地方性知识的依托，亦是地方性知识的建构，而地方性知识大多需要借助符号在特定的空间里传递文化信息，彰显文化意义，记录社会变迁，形成象征系统，由此空间成为文化内涵的重要载体和形式。在此种意义上，文化空间又可以看作是由形形色色的符号组成的，图腾、服饰、建筑、饮食、器具、观念、歌舞等符号，这些符号在构筑空间的同时又形成于空间，因此可以说文化符号是空间和地方性知识最直接的表现形式。[①] 符号具有指代功能、表义功能、自律功能、显示功能、认识功能和交流功能，培养民族共同体相似的情感，形成一个人类共同体的集体记忆和历史记忆，从而保证了一个民族文化文脉的繁衍生息，文化空间则承载着一个民族的集体记忆。人类文明依赖于集体记忆进行传承，集体记忆构成了民族共同体自我认同的基础，其内涵、意义与价值又进而形成了一个民族的精神素质，即民族性。一个族体文化的延续与传承也与集体记忆有着极为密切的关系，历史记忆承载着一个民族源远流长的文化，文

---

① 参见杨振之：《旅游的“符号化”和符号化旅游——对旅游及旅游开发的符号学审视》，载《旅游学刊》，2006（5）。

化空间是历史记忆形成延续的文化元素和环境依托，强化着民族的集体记忆和历史记忆，它们以其自身的文化结构和文化功能对民族历史进行着叙述和记忆。现代社会背景下，民族文化空间的转变，集体记忆就没有继续生存的环境和条件，而集体记忆的断裂，不仅是过去的遗失，更是民族未来的空缺，文化空间若缺失了历史记忆，也将失去其原真文化的特质。正如列斐伏尔所认为的，空间是民族环境和民族文化的建构，同时空间也为民族的延续和文化的展演提供场所、条件和背景。[①]因此，从某种意义上来说，"空间"生产出了诸如象征、符号、价值观、叙事行为、集体记忆等文化要素，并为这些要素实现其文化功能及其相互之间进行关联提供可能性，使得这些文化要素成为文化空间得以生存与传承的重要条件。

空间意义也体现了民族共同体的核心价值观，核心价值观涵盖了一个民族的精神创造和文明积淀。对于鄂伦春人而言，他们不仅将狩猎山林看成是一种自然资源，一种生产资源，广博深厚，滋养万物，而且把它视为生命最初的源头，它哺育、支撑和执掌着人类的生命，人类来源于自然，是大自然生命体的一部分，本能地同自然有一种亲近感与和谐一致性，狩猎空间将有机物与无机物、人类与自然界联结为一个整体，应和着"天人合一"的道理。鄂伦春人的"地方"认知性建立的是宇宙、天地与人的认知模式，是自然与人，社会与人的互动关系，明确了人类在宇宙中，个体在社会中的地位，促进宇宙、社会和个人的相互混融，人类行为与宇宙天地相一致，社会生活与自然节律相协调的状态，是超自然关系和超社会力量的集中体现。在鄂伦春人的文化空间中，尽管行为叙事多种多样，诸如狩猎、采摘、制作、祭祀、聚会、分食等，都具有历史延续久远，且行为叙事具有多层次、多角度的认同特点，这种延续和认同来自于鄂伦春族共同的价值观：天人合一、人神共处、重义轻利、集体意识、吃苦耐劳。狩猎文化空间作为一种地方性的观念、认知，凝结了群体的集体记忆和情感归属，而这一空间的社会边界比自然边界更为重要，它是一个历史的、变化的、过程化的空间体系以及据此形成的一种认知方式、群体记忆和地方认同，是某一地方的人群共同体共同拥有的知识体系和价值取向。[②]

---

① Henri Lefebvre. *The Production of Space*. London: Blackwell Ltd, 1991, p.67.

② 尤明慧：《"祖"文化之于"地方感"与"超越性"的表达范式》，载《天府新论》，2015（1）。

第二章　非物质文化遗产之于身体论述[1]

人类学家马塞尔·莫斯（Marcel Mauss）在讨论“身体技术”的概念时指出：“身体是人首要的与最自然的工具。或者更准确地说，不用说工具，人首要的与最自然的技术对象与技术手段就是他的身体。”[2]莫斯将身体看作是工具亦或是一种技术，因此可以说身体是社会性的产物，是具有文化性的，是一种同时包含自然性和文化性的存在。非物质文化遗产借助于身体、实践、行为、技艺等要义，以人为本体、为载体、为传承，是具有生命力的、鲜活的、生动的叙事和展演的身体遗产。身体是非物质文化遗产的一个重要支点，从“身体”出发有助于我们探讨身体和文化的关系，分析非物质文化遗产的身体特性，并进而探讨其特有的属性和意义。本章节以“身体”作为理论支点来考察非物质文化遗产，根据特定族群文化中的田野经验来讨论他们的身体表达，讨论身体所附带的自然环境、文化样态、族群关系、社会组织等多元的隐喻和标识，强调在具体的文化语境中对地方知识的实践、体验、感知等具有身体经验和身体感的文化意涵。

第一节　身体与身体感：从文本到认知

在古代汉语中，“身体”并不是一个常用词，从字源上来看，“身”与“孕”本同源，后来产生分化。身，甲骨文记为“”，像一个人挺着肚子，因此

① 本章内容由拙作《身体与文化制造：实践、经验与感知》（载《内蒙古民族大学学报》2018年第6期）扩充、修改。

② ［法］马塞尔·莫斯著，余碧平译：《社会学与人类学》，301页，上海，上海译文出版社，2003。

"身"的造字本义应为：动词，妇女腹部隆起，怀胎孕子。《诗经》记载："大任有身，生此文王。""身"的本义后来被"孕"所代替。许慎在《说文解字》中的相关注解是："身，躳也。象人之身。从人，厂聲。凡身之屬皆从身。躳也。象人之形。"段玉裁标注为："躬谓身之躯，主于脊骨也。"至此，"身"的意涵已经主要指向人的身体。如："吾日三省吾身"（《论语·学而》）及"饿其体肤，空乏其身"（《孟子》）。另外，"身"还有指事物的主体部分之意，如《尔雅·释木》记载："枞，松叶柏身；桧，柏叶松身。"及"亥有二首六身"（《左传·襄公三十年》）。"体"是会意字，从"人"，从"本"，意思是人的根本。"体"的繁体为"體"，《说文解字》记载："體，緫十二屬也。从骨，豊聲。"即"体，总括人身十二部分。字形采用'骨'作边旁，采用'豊'作声旁。本义为：名词，骨腔和内脏组成的躯干。"因此"体"的造字本义为：骨腔和诸多内脏组成的躯干。可见于："体，身也。"及"体恭敬而心忠信，术礼义而情爱人"（《荀子·修身第二》）另有"手脚，四肢"之意，见于《孟子》："犹其有四体也，谓二手二足。"通过上述的词语溯源，可以见得"身"和"体"的意涵所指大体一致。中国古人在表达"身体"意识的时候，一般只用"身"字，如"老身""有身"等，分别用来指"自己"或"腹中的胎儿"。《孟子·尽心上》中就有记载："尧、舜，性之也。汤、武，身之也。五霸，假之也。"意思是尧、舜的事功完全出于他们的本性，汤、武的行为是以身效法，而五霸的做法只不过是假借仁义之名罢了。另有《礼记·中庸》中记载"力行近乎仁"，后来便构成了"身体力行"这个成语。查阅早期的诸子著作，很多著作中都出现了"身体"这个词，如："君之在国都也，若心之在身体也。"（《管子》）"昔吾先君桓公身体惰懈，辞令不给，则隰朋昵侍……"（《晏子春秋》）及"故圣人之为衣服，适身体、和肌肤而足矣，非荣耳目而观愚民也。"（《墨子》）根据古代书籍记载，"身体"一词刚开始出现，主要是和中医或养生内容相关连使用，如"四七，筋骨坚，发长极，身体盛壮。"（《黄帝内经·素问·上古天真论》）及"身体不异，血气不殊。"（《论衡·气寿》）由此可以推测，"身体"一词最初可能只是个医学专用术语，后来的使用范围才逐渐扩展得普遍和广泛了。

在中国历史上，最早对"身体"进行辩证思考的是道家，老子是具有鲜明身体意识的思想家，他提出了"宠辱若惊，贵大患若身"。（《道德经》）意思是：得到荣宠和受到屈辱都担惊受怕，把它们看得太过于重要了，重要到和自己的身体一般。老子还提出："是以圣人之治，虚其心，实其腹，弱其志，强其骨，常使民无知无欲，使夫智者不敢为也。"（《道德经》）老子认为，要净化人民的心智，满足他们的温饱需求，削弱他们的欲望，强壮他们的筋骨，令人民没有奸诈的想法和非分的欲求，让聪明人也不敢胡作非为。如此，天下才会太平。老子将修身与治国理念相结合来谈，体现了一定的哲学思想。有关身体的本源问题，管子认为："凡人之生也，天出其精，地出其形，合此以为人。"（《管子·内业篇》）管子意识到了人与天、地之间的关系，认为人的身体来自于自然精华的孕育。庄子也认为："人之生，气之聚也。聚则为生，散则为死。"（《庄子·知北游》）将人的身体，生命的本源归结为精气的聚合。儒家则提出了："古之欲明明德于天下者，先治其国；欲治其国者，先齐其家；欲齐其家者，先修其身；欲修其身者，先正其心；欲正其心者，先诚其意；欲诚其意者，先致其知，致知在格物。物格而后知至，知至而后意诚，意诚而后心正，心正而后身修，身修而后家齐，家齐而后国治，国治而后天下平。"（《礼记·大学》）儒家的修身首先强调的是修养自身的品性，按照孔子的观点，修身并非人生的最终目的，而是实现人生价值的手段，即所谓齐家、治国、平天下。尽管儒家思想中单纯论述身体的词句并不多见，大多侧重于精神修为的层面，主要是因为儒家强调仁义比生命更重要："志士仁人，无求生以害仁，有杀身以成仁。"（《论语·卫灵公》）孟子也提出了："生，亦我所欲也；义，亦我所欲也。二者不可得兼，舍生而取义者也。"（《孟子·告子上》）儒家倡导"仁"和"礼"的道德伦理思想，同时强调通过自身的身体行为来修炼和体现内心修养，以达到个人思想和行为的和谐统一。

在西方社会文化背景下，身体被视为是欲望和原罪的根源和载体，因此是与理性或思想相对立的肉体，成为人们抨击和斗争的焦点。从基督教神学到笛卡尔（Rene Descartes）的身 / 心二元论，人们认为身体是感性的、不确定的，常常成为罪恶的根源，而精神则象征着理性，是客观的、正确的和可相信的。笛卡尔的身 / 心二元论提出了身体和心灵的根本对立，二者之间不存在统一和相互影响作用，笛卡尔的思想对学界产生了普遍的影响，并导致了自然科学和社会科学对于身体研究的分野。马克斯·韦伯（Max Weber）在有关适宜的科学方法的辩论中又进一步发展了笛卡尔的理论。[①] 也有一些学者对二元论提出了质疑，认为人的身体和精神 / 肉体和心灵并非绝对对立，而是一个整体，二者之间存在着同一性。其实在《圣经》的故事里，上帝所创造的人就等同于身体，如："通过耶和华的嘴，两者都被创造出来，通过他嘴中呼出的气，众人被创造出来……他说了，事情就这样成了；他命令了，一切都诞生了。"可见身体即人本身，来自于宇宙，是与宇宙万物平等的。希伯来语中的"心灵"或"身体"都指代同一实体，即"人本体"或"活着的人"。非西方文化对身体的认识具有一定的整体性、广延性和同一性，他们常常将其与天、地、自然或精神、理性相结合进行讨论。及至当代，人们仍在进行着关于身体的探讨，还有一些学者关注到了身体的感觉，德国社会学家格奥尔格·齐美尔（Georg Simmel）就创立了感觉社会学。[②] 可以说，每个族群在其文化传统和价值体系里都形成了一套关于身体的认识见解：身体的存在、身体的构成、身体的属性、身体的功能等等。

人类学领域所讨论的"身体"是什么？总体来说，身体人类学的兴起主要受到知觉现象学、空间理论、人文地理学的具地体（emplacement）以及实验民族志的反思性（reflexive）等理论的影响，也得益于女权主义理论在身体的性别、性征等问题关注上的推动作用。具体而言，则直接受到法国哲学家梅洛 – 庞蒂（Maurice Merleau–Ponty）的知觉现象学的具身体现、多感官同一性等思想的启发，在梅洛 – 庞蒂看来，知觉综合依靠的是身体图式的前逻辑统一性，因为我们经验的身体既不是笛卡尔二元论意义上的身体，也不是先验意义上的纯粹意识，而是具有双重特性的身体。这种特异性在于它既能感觉外界刺激，又能做出敏感的反应，并赋予刺激以意义，所以，身体是具有生存意向性的身体，在生存的意向上，我们的身体系统和活动图式最初已经是结合于世界的认知系统了。[③] 梅洛 – 庞蒂的身体现象学触发了文化人类学关于身体的两个基本命题：第一，由于客观世界作用于我们的身体，我们在世界中的存在经验影响并塑造了我们所感知的现象；第二，我们并不是以被动的身体去观察和理解外在的客观世界，有关世界的所有经验都是以我们对它的感知为中介的，通过生物的、心

① 参见汪民安、陈永国：《后身体、文化、权力和生命政治学》，3 页，长春，吉林人民出版社，2011。

② 参见［法］大卫·勒布雷东著，王圆圆译：《人类身体史和现代性》，2 页，上海，上海文艺出版社，2010。

③ 李恒威、盛晓明：《认知的具身化》，载《科学学研究》，2006（2）。

理的和精神的机制或感官，因此，具体的个人（身体）、社会文化和自然世界之间有着持续不断的相互作用。① 梅洛－庞蒂突破了哲学领域对“身体”的传统认知，从形而下的逻辑视角探讨了身体的存在、身体的感觉、身体的经验等一系列问题，从而揭开了现象学发展史上的“身体现象学”时代。② 人类学学者关于“身体”的研究超越了哲学范畴意义上的“自然—文化”或“思想—身体”等二元对立的概念，是以身体为核心，根据不同文化中的田野资料来讨论当地族群的身体表达。1977 年，人类学家布莱金（Jhon Blacking）出版了《身体人类学》，布莱金提出的身体人类学除了关注生理学、生物学意义上的身体，更多的是分析探讨身体所具有的文化属性和社会属性。正如布莱金所言：“我们主要关注的是，在各种变化的社会互动的背景中，那些成为文化的过程与产物的身体的外在化的延伸。” ③ 人类学者已然认识到，身体是在历史、文化、社会中被建构起来的，研究身体除了研究其生理性的肉体与心理性的意识、情感外，还要研究身体生成过程中所涉及到的社会族群与历史文化等，因此讨论它所附带的自然环境、文化样态、族群关系、社会组织等的多元的隐喻和标识。发展至今，身体人类学研究的议题主要涉及身体政治、身体表达、身体话语、身体文化、身体感觉等诸多方面，成为人类学领域重要的表述话题。④

较早在人类学学科领域讨论身体问题的是马塞尔·莫斯（Marcel Mauss）、玛丽·道格拉斯（Mary Tew Douglas）等人类学者，其后约翰·布莱金（John Blacking）、安德鲁·斯特拉斯恩（Andrew Strathern）、维克多·特纳（Victor Turne）、詹姆斯·费尔南德斯（James Fernandez）、托马斯·詹姆斯（Thomas James）、米歇尔·福柯（Michel Foucaul）、皮埃尔·布迪厄（Pierre Bourdieu）与安东尼·吉登斯（Anthony Giddens）等都从不同的视角对身体及其相关问题进行了讨论。马塞尔·莫斯身体研究的首要关注点是“身体的技术”，莫斯认为：“身体是人首要的和最自然的工具，或者，更准确地说，人首要的和最自然的技

① 章力明：《中国身体研究及其人类学转向》，载《广西民族研究》，2008（2）。

② Raymond W. Jr. Gibbs, *Embodimentand Cognitive Science*, New York: Cambridge University Press, 2006, p.6.

③ John Blacking. *The Anthropology of Body*, London: Academic Press, 1977, p.2.

④ Thomas J. The Body's Career in Anthropology, in Henrietta L. Moore (ed.), *Anthropological Theory Today*, Cambridge: Polity, 1999, p.172.

术对象与技术手段就是他的身体。我们打交道的是各种身体技术，身体技术指人们在不同的社会中，根据传统了解使用他们身体的各种方式。”[①] 莫斯讨论的身体技术是建立在身体功能基础上的，更强调身体的社会建构与文化培养，在特定的社会环境背景下，身体的实践行为会形成一定模式，以特定的方式行动，是因为身体受到了文化的制约，其中包括信仰、价值观、礼仪、风俗等，莫斯还指出身体的行为方式不是一成不变的，而是会受到社会变革和文化变迁的影响的。对身体人类学做出较多研究的学者是玛丽·道格拉斯，道格拉斯提出了“物理的身体”和“社会的身体”两个概念，她认为：“物理身体和社会身体是作为一个整体同时并存的，物理身体是基础，是被社会力量所塑造的，社会身体是本质，制约着我们对物理身体的理解，在两种身体经验之间，存在着意义的不断转换，两种身体之间的相互影响和转换主要是通过赋予物理身体充满社会意义的象征而实现的。”[②] 道格拉斯把人的身体分为物理的身体和社会的身体，她认为社会的身体限制了物理的身体被感知的方式，意在强调身体是一种象征系统。在《洁净与危险》一书中，她以《圣经》中规定的食物分类规则概括了以色列人文化分类的著名论断，阐明了社会控制系统有助于社会与个人身体经历之间的和谐一致。道格拉斯还详细论述了人体被用于社会和宗教象征的各种方式，意在探寻社会危险与身体象征之间的隐喻意义，她指出：“身体是个复杂的结构，它的不同部分的功能及相互联系，为其他复杂的系统提供了象征的源泉，如果我们不是将身体看作社会的象征，看作微缩地再现于人体结构所面临的力量与危险，我们也就难以解释关于排泄物、母乳、流涎等的仪式。”[③]

虽然道格拉斯在其早期作品中认为，物理的身体本身是社会象征的自然基础，但到后来她更倾向于认为物理的身体根本不存在，因为它早已被社会建构了，文化中的主要规则、等级制度甚至形而上学的信念都记录在这个表面，身体的肉体构造和体现这种构造的方式、行为、举止同时进入了身体的素养之中，

① ［法］马塞尔·莫斯著，佘碧平译：《社会学与人类学》，306页，上海，上海译文出版社，2003。

② M. Douglas. *The Two Bodies in Natural Symbols: Explorations in Cosmology*, N.Y.: Pantheon, 1970, p.93.

③ Mary Douglas. *Purity and Danger: An Analysis of Concepts of Pollution and Taboo*, Landon and Henler: t Routledge and Kegan Paul, 1976, p.115.

于是身体的素养就被认为按照肉体和精神对应的公设，[1]基于此，身体和象征之间的文化隐喻才会成为可能。道格拉斯使身体的社会生产和身体的社会象征成为人类学身体理论的一个中心议题，“身体”首次作为人类学研究的明确主题出现。她的身体观是自我和社会的一体论范式，她的言论开始表现出对人的自然属性与文化属性二元对立范式的批判，也为反思身体与文化之间的关系提供了理论基础。约翰·布莱金（John Blacking）则对身体与文化之间的关系进行了学术意义上的反思，布莱金认为，在人类学传统的民族志和文化表述中，身体常常被当作一个客体，因而往往与象征、意义、知识、实践、传统或特征这样一些词汇相联系。随着文化理论中对身体问题的关注，许多研究不再关注身体本身的变化，而是认为文化和自我应在涉身性（embodiment）的立场上理解为一个存在的环境，在这个环境中，身体是主观资源或者是主体间经验的基础。布莱金主要关注于在各种社会互动的情形下，身体的外化和延伸过程的生产形式，他认为身体与文化之间是一致的，文化塑造着物理上的身体。布莱金认为身体人类学的研究应该存在以下几个前提：第一，社会身体的隐喻，社会是一个动力系统，在这个系统里身体不仅是一个生物学意义上的组织，也是一种社会建构的产物，是文化进化过程的产物；第二，身体是有共同心理基础的文本，在此意义上所有人都拥有共同的身体状态，随着意识能力的不同，认知功能的差异而改变；第三，身体是非语言交流的基础，所以应将人类活动的空间关系和人体动作的微观分析与宏观分析结合起来理解身体；最后，一个方面内容是心智不能与身体分开。[2]由此，布莱金为身体人类学提供了一个研究前提和框架，他最后强调，相比身体对社会进步的反映而言，研究者要更多关注身体本身对社会进步的贡献，然后去讨论身体和文化之间的关系。

此后的身体人类学研究形成了“社会—文化”范式，这种研究态势直接体现在后期各类人类学家的著作中，同时出现了一些较有代表性的著述。安德鲁·斯特拉斯恩（Andrew Strathern）进行了关于新几内亚人传统身体装饰的研究，通过对“涉身性”涵义的界定和身体的本性来展开相关论述。维克多·特

① ［法］皮埃尔·布迪厄著，刘晖译：《男性统治》，88 页，深圳，海天出版社，2010。

② John Blacking. *The Anthropology of Body*, London: Academic Press, 1977, p.2.

纳（Victor Turne）则在 1980 年发表了一篇关于亚马逊河流域原住民身体装饰的论文。随着"涉身性"理论的发展，身体研究转向了更广泛的"涉身性"领域，这种现象在后期人类学思想史上表现得非常普遍。詹姆斯·费尔南德斯（James Fernandez）研究了加蓬芳族人的宗教仪式，讨论了芳族人表达宗教仪式的隐喻和身体象征意义，后来他又将注意力转向了芳族人身体表达的方式上。此外，托马斯·詹姆斯（Thomas James）以北美教堂基督教为例探讨了身体的仪式建构和文化意义。在前期诸多研究成果和观点的推动下，身体人类学开始突破"社会—身体""文化—身体"范式，研究视角向着更广泛更多元化拓展并延伸到该学科的次级领域。米歇尔·福柯（Michel Foucaul）用他独特的思想史研究的形而下视角，对秩序化身体的社会建构论进行了分析，他认为人的身体特征是政治、规训和话语等方面规制生产和调控的客观对象。在《疯癫与文明》、《规训与惩罚》和《性的经验史》等一系列著作中，福柯阐释了国家强权、来自社会与个人的微观权力是如何规训、惩罚、宰制身体的，权力关系总是直接控制它、干预它，给它打上标记，训练它、折磨它，强迫它完成某些任务，表现某些仪式和发出某些信号。[①] 福柯为身体研究提出了别具匠心的视角和观点，身体生成史研究成为新文化史或社会文化史的一个重要组成部分，它包括：姿态史、性史以及情感史，特别是恐惧史和幽默史。[②] 皮埃尔·布迪厄（Pierre Bourdieu）与安东尼·吉登斯（Anthony Giddens）则在结构化的理论中提出了身体观念，其基本预设是社会结构与行动具有互相构成的性质，身体既是社会实践的被动接受者，也是所处环境的积极创造者。用布迪厄的话来说："身体是社会控制的直接的中心所在，文化制造了身体，文化通常通过就餐礼仪、排便习惯和看似无足轻重的惯例、规则与实践，把身体活动转变为理所当然、习惯性的活动，照此说来，它超出了意识的控制，是主动、故意的改变。"[③] 布迪厄较注重对于个人的身体实践和训练的讨论，他认为个体的习性就是通过身体的不断反复实践和训练而内化形成的，因此，从这个意义上讲，习性不仅是身体性的，同时也是以认知的形式出现的。

---

① ［法］米歇尔·福柯著，刘北成等译：《规训与惩罚》，27 页，北京，生活·读书·新知三联书店，1999。

② ［法］彼得·伯克著，刘华译：《西方新社会文化史》，载《历史教学问题》，2000（4）。

③ ［法］皮埃尔·布迪厄著，蒋梓骅译：《实践感》，101 页，南京，译林出版社，2003。

随着社会结构中的“身体”转到体验中的“身体”，身体感官研究也日益成为人文社会科学关注的新焦点之一，这就是克里斯·希林（Chris Shilling）所探讨的“第三类身体”，即“生命态身体（lived body)”的现象学思路，这一趋势被加拿大人类学家大卫·汉斯（David Hoes）视为“感官转向”（sensorial turn），即从“身体观”转向到“身体感”。[1]与传统民族志的研究内容（亲属制度、社会组织、宗教信仰等）不同，感官民族志（sensory ethnography）具有直觉性、即时性、情境性等特征。传统民族志表征的主要目的是展示异文化，并努力进行理论建构，而感官民族志意在表征具身的体验与感受，民族志者通过介入异文化，借助身体的实践行动，获得感官体验，进而创造和形成身体感官知识的过程，其目的不仅是以学术规范的形式表征他者的世界，更重要的是通过对身体习性和实践的研究，探求文化的舆情性和文化通感。在身体感官研究视域下，学者们对身体实践、身体知觉、身体体验、身体获知等现象问题进行了广泛讨论并逐渐形塑和呈现了感官民族志田野工作的规范路径，发展出一系列理论概念，如感官人类学、感官地志学、感官社会学，等等。20 世纪 90 年代，人类学者将身体研究推向了多元化领域，如对身体消费、身体与空间关系的研究，关于身体的讨论也开始延伸到医学人类学、暴力人类学等学科。随着研究的拓展与推进，出现了大量理论与实践经验成果，同时学者们也在对身体人类学研究进行着反思。1980 年代以降，随着国际社会人口老龄化问题加剧，女性主义运动的高涨以及福柯（Michel Foucaul）对权力通过各种规训手段渗透到社会各个层面的揭露和批判，“身体”引起了更多西方学者的关注。但是在东方世界特别是在儒教传统的汉文化背景下，关于“身体”的研究还处在萌芽状态，有些学者分析阐述为“主要是因为过去的认知积习依旧主宰整个学术研究领域，这个状态使身体研究迟迟无法成为一个检视历史走向和观察人身价值的着力焦点。”[2]

① D. Howes. *Sensual Relations: Engaging the Senses in Culture and Social Theory*, Ann Arbor, MI: The University Michigan Press, 2003, p.12.

② 黄金麟：《身体、历史、国家：近代中国的身体形成》，2 页，北京，新星出版社，2006。

第二节　身体与文化制造

在不同的文化模式里，人们的身体行为、身体图式、身体意识、身体技艺、身体经验、身体记忆等都呈现出不同的文化图景，他们身体的动作、展演、表现力也都呈现出不同的特征，这是民族文化的养成和体现。非物质文化遗产形成于特定的社会文化环境里，文化传承者拥有的身体技艺、技能是与其生存环境互动的结果，不同的文化环境模塑了不同的身体惯习，形成了不同的身体感觉。身体人类学所讨论的惯习、主体性、实践以及经验和感知，可以使我们从一个新的角度来探讨鄂伦春人的狩猎文化价值体系，鄂伦春人作为狩猎民族的一支，在长期缺乏文字记载的社会环境中，建构了相应的生活方式和文化传统。他们所有的生存经验、知识、习惯等都通过生产生活方式、宗教仪式以及各种实践活动传承了下来，在这个过程中，身体扮演了重要角色。身体不仅是文化传承的重要载体，也是民族信仰、社会制度和经济行为的写照。在诸多身体文化中，狩猎生产活动不但是其自身体能与技术的展现，更是一种与自然环境互动的关系，其中蕴含了鄂伦春人深刻的文化思维和宇宙观，更是创造包括非物质文化遗产在内的身体技艺、文化表达的源泉和基础。

早在17世纪中叶以前，鄂伦春人就在贝加尔湖以东，黑龙江以北，直到库页岛广大地区的崇山峻岭之间从事狩猎、渔捞、采集等活动，与山林的自然生态环境共同建构了自身的社会和文化系统。鄂伦春人狩猎知识的传授主要是采取口头教习和亲身实践相结合的方法，例如什么样的山川地形中有着什么样的野兽，怎样寻找野兽踪迹并跟踪野兽，怎样沉着冷静地射击和应对猛兽的反扑，以及打到野兽如何扒皮、开膛等。打猎的技术并不是一下就学会的，而是在长期的实践过程中摸索出来的，有文献记载：“鄂伦春人，凡儿童七岁以后，其父兄即教以打猎之技艺，教之之法，先令以枪自击灰鼠，击必中其头，如击而不中，或中而伤皮，则夏楚随之矣，如此终岁练习，必至纯熟而后已，及十岁左右则得心应手，枪无虚发矣。"[1]猎人除了自幼学习骑马、射击，还要学会制作子弹，修理枪支，打到野兽后剥皮开膛。[2]日本学者浅川四郎曾到鄂伦春族社会调查，就对鄂伦春猎手精湛的狩猎技能赞不绝口，他写道："鄂伦春人自幼学习射击，日积月累的练就出一个个狩猎能手，他们视力极好，听觉灵敏，动作敏捷。他们的视力胜过双筒望远镜，其行动之敏捷，走路之快，简直到了令人感叹都来不及的程度。"[3]

鄂伦春人传统的狩猎方法根据季节有所不同，夏天主要就是在夜里蹲碱场或蹲泡子。动物每天都会来河边饮水，猎人白天就顺着河边、水泡子仔细找野兽的足迹，猎人会根据动物脚印的形状、大小、深浅，甚至味道，辨别动物的种类，猎人能轻易辨识各种动物，公的母的或老的小的。猎人穿越山林时，身体前倾，双手同时拨开眼前的花草树枝，尽可能不影响原来的样貌，他们知道如果地貌改变太大，动物将有一段时间不经过。到了夜里，动物常到水泡子里吃草喝水，猎人看好了如果是新脚印，脚印又多了，晚上就可以来蹲了。蹲泡子和蹲碱场的方法一样，泡子边犴多鹿少，碱场上则鹿多犴少，猎人会背着枪和行李在附近找个高地蹲着，选择地势需要先判明风向，人必须要在下风向的位置，以免动物闻到人的气味。动物要来的时候，蚊子小咬就会多起来，这时候，猎人的注意力一定要集中，时刻警惕，趴低了听动静，如果是大动物，老远就有动静，咵、咵、咵，走走停停，一边吃一边走，抬头的时候，甩着脑袋，卟噜卟噜的。猎人等着的时候就得顶上子弹，保险打开，枪架好，打的距离越近越好。猎人认为枪机很重要，猎人的枪法都是练出来的，掌握打枪要领，端起来钩机，三点成一线，端得要稳，打得才稳，憋住一口气，老猎民常说"枪打一口气"。为了能在夜间看清楚，猎人会在枪背上绑一块纸，枪的准心那搁一块白的，瞄准容易瞄，打枪往低了打，能打到心脏的地方，如果平着瞄容易打高，听枪声就知道是否打中了，动静发闷就是打中了。鄂伦春人冬季出猎主要是在白天，天不亮时就上山去找，根据野兽留在雪地上的脚印追踪，

① 程廷恒、张家墦：《呼伦贝尔志略》，147页，呼伦贝尔督办公署铅印，1923。

② 内蒙古少数民族社会历史调查组：《黑龙江省呼玛县十八站鄂伦春民族乡情况》，49页，呼和浩特，内蒙古人民出版社，1959。

③ ［日］浅川四郎、永田珍馨著，赵复兴译：《兴安岭之王　使马鄂伦春》，23页，呼伦贝尔，内蒙古文化出版社，1995。

日落以后回来，有时需要连续追几天，而且冬季的枪声在空旷的山林中会传得很远，容易惊动野兽，所以一般情况下，冬天出猎要比夏天走的路多，自然也比较辛苦。

猎人在上交猎枪以后，打猎主要靠下套子，由于猎场距离更远了，所以猎人都是骑摩托车或者开车，带套子、猎刀、斧子、锅、碗、粮食、盐、烟和狍皮被子。常跑山（打猎）的人都知道每一种动物的生活习性和规律，熟悉它们什么时候交配、产子，什么季节在什么地方栖息，什么时候在什么地方找食，在哪儿避风，在哪儿躲雨。上山了也不能随便走，要沿着河边走，看动物脚印多不多，脚印多就是富山，脚印少就是穷山，穷山没有那么多猎物。选定猎场后，就在附近找一个背风的、离河不远的地方，搭一个帐篷或者斜仁柱作为临时住处。如果是冬天，就挖一个地窖子，上面用树叶盖上，再用土压上，搭一个小炉子和搁东西的地方，总共两平方米就够用，这样的地窖子半小时就能做好，住上十天半个月的，逮的猎物够了，就打电话叫人开车拉回去。猎人常年和野兽打交道，知道怎么下套，下在什么地方，套子都是用铁丝做的，有小拇指那么粗，下在动物经常走的道上，最好是下在横木两侧的地方，动物踩进套内就会套住脚。下套之前先看动物脚印判断是什么动物，不同动物用大小不同的套，放的位置高低也不同。

在狩猎文化和狩猎过程中，每个猎人都有自己的主观知觉和感受，身体因此成为获取讯息和认知的媒介。猎人必须亲自借由身体的感官知觉来认识狩猎文化中的各种事物，也因此参与到狩猎文化中来，再由此衍生出意义和记忆，形塑人们的文化惯习，成为鄂伦春人想象为共同体的依据，这种被想象成共同的观点形成集体的价值与信仰，进而形成具集体性的地方知识和地方感。

第三节　文化的实践：身体经验与身体感

布迪厄（Pierre Bourdieu）的实践理论认为“地方感”是某种惯习（habitus），它形成于经验和惯习的相互作用与影响，人在实践中，惯习支持着经验的发生，而反复的经验又成为惯习的元素。[①] 他因此提出，惯习一方面具有个人性，一方面具有文化、社会以及结构性。根据布迪厄的阐述，人们可以通过惯习形成身体经验，也会在实践的身体经验中表现出自身的身体感。鄂伦春族猎人在狩猎过程中，行走在山林里，通过树木、溪水和地形的情况知晓猎场的好坏；通过皮肤的触觉感受风向和风力；通过动物的脚印判断动物的种类、年龄及行径方向；通过动物的叫声或行动的声音识别动物的性别、数量和距离的远近。猎人用眼睛进行狩猎瞄准的方向和定位；用肢体把持枪支的稳定性和射击的力度；用耳朵判断子弹射出的距离和是否射中猎物，甚至能够判断出射中了猎物身体的什么部位。当猎人听到或嗅到动物的声音或味道时，便是他们的感官接收到了讯息，猎人的感官接收到这些讯息后，便会通过记忆立即产生出场景和图像，从知觉感受中判断猎物的存在情形，他们不需要经过思考过程，而是惯用固有的身体技术，以非意识的过程，使用自身所养成的技能判断出动物的讯息。这些经验和感受必须经由猎人的长期身体经验才能获得和产生，此种知识和技能俨然要与身体合一，生成为身体固有的技术。从人类学的角度看，身体仿佛被“文化—纹画—文划”装裱过；身体表述中的“感官—感觉—感受—感知”也由此成为人类学重要的表述话题，不同的文化群体有不同的身体表达。[②]

人类的身体在物理空间占据有位置，必然产生身体与外部的接触，身体在空间中运作，空间的结构、设置是对身体行动的具体规则与限制，身体的意义也在特定的环境中被建造，于是身体被建构成社会、文化的“身体”。经验则是感觉、知识和观念的全部，是感觉外在世界和思考外在世界之综合；人通过自身的知觉（视觉、嗅觉、听觉、触觉）才能感受到世界的存在，也才有理解世界的可能。感官人类学家提姆·英戈尔德（Tim Ingold）在《环境的感知》一书中，描述了自己作为一名新猎手向老猎手学习打猎的过程，老猎手带着他在森林里行走，指导他辨识猎物信息，英戈尔德在打猎过程中逐渐体验到了感官知识与作为猎手之间的关联和必要性。[③] 鄂伦春族猎人经过长时间的狩猎实践，学习狩猎技术技能，从而来理解和建构自身的文化。猎人在狩猎环境中实践，在

---

① ［法］皮埃尔·布迪厄著，蒋梓骅译：《实践感》，85 页，南京，译林出版社，2003。

② 彭兆荣：《人类学专题：身体理论》，载《百色学院学报》，2014（5）。

③ Tim Ingold. *The Perception of the Environment: Essays on Livelihood, Dwelling and Skill*, London and New York: Routledge, 2000.

山林里感受到动物样态、动物声音、动物气味，他们知道如何去听、去看、去闻、去判断，身体动作与各感官之间协调起来，此种即我们谈论的身体感，是我们以身体作为经验的主体来感知内在与外在的世界与环境。猎人通过各种感官经验建构一个对狩猎环境的体验与认知，经验是个人产生的各种感觉、情绪与认知的基础，知觉（perception）是重要的身体经验，人凭借知觉感受外界环境。猎人并不是以被动的身体去观察和理解外在的客观世界，有关世界的所有经验都是以他们对环境的感知为媒介的，客观世界作用于他们的身体，他们在世界中的存在经验影响并塑造了他们所感知的现象，经验与感官形成交互关系，猎人在相同的地域环境形成的身体感，又会藉由共同体的想象过程，形成集体性的地方知识与地方感。猎人在特定环境下获得各种感官经验，而各种相关的感官经验汇聚成一种认知，并以一种较具统一性的身体感呈现，此种身体感，又指导自身对于文化的行为，影响到每次的身体经验。因此，具体的个人（身体）、社会文化和自然世界之间有着持续不断的相互作用。①

鄂伦春人身处狩猎环境，通过自身的狩猎经验学习文化讯息，也必然获得了感知和解释文化的方式。每位猎人在相同、相近的地域空间、自然环境、社会制度、生产生活中长期实践、感受和记忆，形成了类似的经验和文化价值观念。猎人相近的经验将内化于身体之中，建构类似的文化元素和文化模式，产生相似的身体感，狩猎人群形成相仿的身体感。虽然没有狩猎经验的研究者也许能够清楚地说明狩猎方式、制度或仪式，却无法达到与猎人相近的体验，无法产生相近的体悟，更不可能有相同的体现，甚至会有不适应的感受，例如疲累、厌恶、恐惧、排斥等，换言之，人们即使意识上能够认识异文化，身体却不可能产生相同的体悟。鄂伦春人身处狩猎文化中，通过自身的实际经验获取文化讯息，学习文化技能，形成感知文化和解释文化的方式。经验则意味着直接的接触与互动，若失去这种最真实的经验，地方和个人将不会产生联系和意义，文化与个人便毫无相关性，由此可见，个人的经验方法是浸濡在文化中的实践结果，是文化的构成部分，也是形成文化的过程。文化成员必须亲自藉由身体感官和知觉体验，来获取和认知地方的各种物质和事件，才会与当地文化发生联系，而各种感官即身体是获取讯息的直接媒介。这些实践行为虽然要求

① 章力明：《中国身体研究及其人类学转向》，载《广西民族研究》，2008（2）。

有一个感官性基础，但是官能的潜力得以发挥则需要一个文化语境。身体之所以只能以特定的方式活动，是因为它受到文化的严密调节，文化模式将自己施加在身体上，限制身体的技术、技能、方式、水平。莫斯（Marcel Mauss）在谈论身体技术时说，虽然身体是依赖一个共同的器官基础，但它既是一种个人培养，也是一种文化培养。因为每个社会都有着自身的习惯，这些习惯不仅因个人及其模仿而变化，而且还特别因社会、教育、礼节、方式与威望的不同而变化。① 由此看来，不同人群拥有独特的理解和使用身体的方式，是因为人身处于文化之中，如同猎人在山林中穿行，触觉、嗅觉和听觉能力被突出和强调，在长期的经验中累积知识，拥有特殊的身体技术和构成文化特质。由此表明身体并非仅具有生理特质，还具有社会意涵，个人的身体被文化所定义和模塑，因此会体现出某种文化特质和社会环境的规范与意涵。布迪厄（Pierre Bourdieu）极其重视个人的身体实践和训练，认为正是这一反复的实践逐渐内化进身体中并养成习性，因此，这个习性不仅仅是身体性的，它也以认知的形式出现。② 用布迪厄的话来说，身体是社会控制的直接的中心所在，文化制造了身体。

第四节　非物质文化遗产的身体意义

身体和文化的身体以及身体的文化在人类社会里呈现出一幅波澜壮阔的文化图景：热莱德口头遗产；奥鲁罗狂欢节；宫廷宗庙祭祀礼乐；塔格巴纳的横吹喇叭音乐及文化空间；梅拉镇孔果圣灵兄弟会文化空间；埃尔切神秘剧；格鲁吉亚复调演唱；尼亚加索拉的索索·巴拉文化空间；鸠提耶耽梵剧；西西里木偶剧；能乐；立陶宛十字架雕刻及其象征；吉马·埃尔弗纳广场的文化空间；伊夫高族群的哈德哈德圣歌；塞梅斯基的文化空间与口头文化；博逊地区的文化空间；扎巴拉人的口头遗产与文化活动，以及中国的昆曲；蚕桑丝织技艺；福建南音；南京云锦；安徽宣纸；贵州侗族大歌；广东粤剧；《格萨尔》史诗；

① ［法］马塞尔·莫斯著，佘碧平译：《社会学与人类学》，306 页，上海，上海译文出版社，2003。
② ［法］皮埃尔·布迪厄著，刘晖译：《男性统治》，16 页，深圳，海天出版社，2010。

浙江龙泉青瓷；青海热贡艺术；藏戏；新疆《玛纳斯》史诗；蒙古族呼麦；西北地区的花儿；西安鼓乐；朝鲜族农乐舞；书法；篆刻；剪纸；雕版印刷；传统木结构营造技艺；端午节；妈祖信俗，等等。人类创造并展现了丰富、生动的口头文学、语言；传统美术、书法、音乐、舞蹈、戏剧、曲艺和杂技；传统技艺、医药和历法；礼仪、节庆等民俗；传统体育和游艺。在缺乏文字、文本记录的族群社会里，知识体系的学习和传承需要个人的亲身体验和参与，因此身体实践显得尤为重要。身体的触碰和感知，身体的直接介入和经验的积累，使身体逐渐成为口传记忆的实践和应用环节，通过手位、眼神、姿态、体式、动作、步法进行身体的说唱、操演。身体不仅能将文化内化为“身体技术”“身体知识”“身体感觉”，也能通过对各种器物的制造和活用使之转化为文化之物，一定意义上也成为传承人思想和情感的延伸。非物质文化遗产的传承主体，通过身体的实践感知，获得了经验知识和文化技能，通过身体的在场和身体的行动，表达和体现文化内涵。

正是由于身体性，非物质文化遗产才具有了活态性与创造性，所以，对非物质文化遗产的真正领悟与把握就在于对在场中的身体的认知与理解。在鄂伦春族的古伦木沓节上，所有族人都要参加神灵和祖先祭祀，进行舞蹈和各种竞技活动，他们从小耳濡目染学会并掌握民族文化知识，经年累月、世代相传，形成自己的经验和技能。对他们而言，这不仅是习得的一项技艺，也是学习如何在社群的协作性实践中成为民族共同体的一员，即如何成为鄂伦春人的过程。此外，鄂伦春人的各种民间技艺、技能，如桦树皮、狍皮等制作技艺的传承，均需举行正式的拜师仪式。① 师与徒在族人的见证下，在神灵面前缔结师承关系，这一行为不仅意味着某项技艺的“传”与“承”具备了合法性，而且也是对民族传统理念中关于神与人、人与人之间的秩序规范与关系的再确认。鄂伦春人在进行身体的表演和行动的过程中，是在用身体与祖先和神灵进行沟通，因此可以跨越时间让他们回到久远的过去。他们的身体里蕴涵着对远古神灵的感应、珍藏着民族英雄人物的历史记忆和对仪式风俗的认知。在鄂伦春人的文化体系中，他们的身体与物、神话、信仰、艺术、仪式等都发生了联系，自然的身体

① “桦树皮制作技艺”于2006年6月2日入选第一批国家级非物质文化遗产名录；“鄂伦春族狍皮制作技艺”于2008年6月7日入选第二批国家级非物质文化遗产名录。

转化成了文化的身体，身体由此成了一种文化符号和文化象征物，文化塑造了身体。

居住在台湾、福建和浙江等地的高山族人，每年农历八月丰收后的月圆日，男女老少都会盛装打扮，妇女们头戴鲜花、佩戴银饰、手铃；成年男子也要在头上插饰羽翎或戴羽冠、腰间挂铜铃及脚铃，参加被称为“马力库拉”的拉手舞歌舞活动。[①] 1000 多年前在《北史·流球传》中就有关于拉手舞的记载：“歌呼踏蹄，一人唱，众人相合，音颇哀怨，扶女子上膊，摇手而舞。”跳拉手舞的人数有 3 ~ 5 人的，也有几十上百人参加的，舞蹈中通常由一位歌舞能手担任领唱，跳舞时参加者围成一圈或数圈，多沿着圆圈或面向圆心进退，此外还有单排、双排、螺旋、龙摆尾等队形。拉手的方式可分为两种，一是与两旁人相拉，通常称为“小拉手”，其中又有手拉手及以小拇指互相勾连等不同方式；二是隔一人相拉，形成互相交叉的连臂拉手，通常称为“大拉手”。“小拉手”时，双臂可前后、上下大幅度甩动，也可屈于身体两旁，“大拉手”则不便甩动手臂，而是侧重脚步的变化。步法有“左右悠抬”“上步后撤”“单脚左跳”“双脚跳跃”“全蹲跃起”等。拉手舞的动作主要由上步、撤步、抬腿、踏脚等步法组成，男子还有大幅度向前跳跃、全蹲继而直立等较激烈的动作，节奏与组合的变化使舞步变得十分丰富，这种身体行为的装饰、动作与展演都与高山族族群文化一脉相承，身体文化符号成为特定族群身份感的重要标示，以身体为本的非物质文化遗产中附带着身体作为惯习性的实践与传承，身体作为工具性的载体与技能以及身体作为社会性的标识与认同。

非物质文化遗产都产生、形成于现代社会出现以前的工具使用阶段，即原始社会和农业社会，发展出各种成熟的行业，如陶瓷业、制笔业、酿造业、戏曲杂技等等，形成一套完整而独特的社会文化体系。机械、自动化机器以及电子媒介的出现使人们将主观创造力转向了造型设计，身体也越来越脱离客体制造物。在这个过程中，由他们设计、由机器生产出来的产品虽然保留了传统技艺的特色和内涵，但并不能认为由机器批量生产的技艺是非物质文化遗产。我们所指的非物质文化遗产，是以最根本最初始的媒介——身体作为载体的，虽然一些手工艺制作，如绘画、雕刻、剪纸等需要借助工具完成，但所借助的工

① “高山族拉手舞”于 2008 年 6 月 7 日入选第二批国家级非物质文化遗产名录。

具也可被视为身体某个部分的延伸，从这个角度看非物质文化遗产也并没有脱离人的身体，因此，身体必须在场才能成其为非物质文化遗产，同时非物质文化遗产只有借助身体才能实现代际传承。在现代社会里我们越来越多地看到，在脱离身体的情况下，人类的创造思维和技艺直接与机器生产相结合制作的产品，如雕塑、印染、刺绣、编织、陶器等正在替代传统手工技艺，成为流水线批量化生产的商品，其结果是很多手工艺品都不再是手工的产物，不再是“身体”的产物，在产品制作方式转换的过程中，身体的技艺和以身体为媒介的文化传承方式正在走向消亡。人们在旅游景点、遗产地甚或市场上购买的很多手工艺品都是现代化机器作业的产物，已经失去了其本身的民族性、艺术性和文化价值，也完全脱离了非物质文化遗产的本质界定。在面临现代生产方式和生产技术挑战时，民族传统技艺如何能够得到本真性传承是个需要思考和应对的问题。

非物质文化遗产的传承是建立在身体丰富多样的感觉（视觉、听觉、触觉、味觉、肤觉、嗅觉等）基础上的，是由感官（器官、肢体、身体、躯体等）所承载、演示、生发，又在感官技术中将身体从客体转化为主体。概而言之，非物质文化遗产的身体性首先体现为身体具有主体性，身体的主体性主要表现为身体具有自我意识和自我感知的功能，并能够形成自我惯习和自我记忆；其次，身体具有载体性，非物质文化遗产作为一种“活态文化”，口头传统与表达、歌唱、舞蹈、仪式、技艺等都需要借助身体进行实践与传承，因此身体的在场是非物质文化遗产存在和展现的前提和基础，群体传承的非物质文化遗产则需要群体的在场。身体性决定和规定着非物质文化遗产在本质上是具有活态性、在场性、当下性、即时性的遗产。“保护和传承非物质文化遗产不仅是保存一种文化形态或一种文化类别，更是保护人类自身，是保护我们的身体，保护我们身心自处的经验、技术、方法，保护个体与群体、主体与客体、主体与本体沟通统一的身体功能和身体理想。”① 如果我们不能深刻洞察和理解此中所蕴含的身体价值和身体意义，看不到其中的身体性，就不可能真正把握非物质文化遗产的精神和精髓。布迪厄认为，地方性知识内在于负载它的身体，世代传承的知识

① 向云驹：《论非物质文化遗产的身体性——关于非物质文化遗产的若干哲学问题之三》，载《中央民族大学学报（哲学社会科学版）》，2010。

只有在“身体化”的状态下才能得以存留，因为技术已经内化入身体，成为“身体技术”，它要得到再现，就只有借助一种用来展示知识的体操，即实践模仿。[1]身体在社会化的过程中受到了规训，因此，在任何一个文化模式里，每个人都知道如何学习和在各种条件下的应对。在这个意义上，非物质文化遗产的传承也是一种文化传统的习得，同时也是社会成员形成和加入民族共同体的过程。

① ［法］布迪厄著，蒋梓骅译·《实践感》，113页，南京，译林出版社，2003。

第三章　非物质文化遗产：如何记忆

文化遗产是文化意义的表达，是一个文化进程，它的保护不是静态的遗址或物质保存，而是记录和传播文化，因此它与记忆活动相关，也可以进一步认为，文化遗产本身就是一种记忆，是历史记忆和族群记忆的产物。正因为如此，联合国教科文组织在保护人类口头和非物质遗产的进程中特别强调了文化记忆的价值：记忆对创造力来说是极端重要的，对个人和各民族都极为重要。各民族在他们的遗产中发现了自然和文化的遗产，有形和无形的遗产，这是找到他们自身和灵感源泉的钥匙。关于遗产的记忆属性在非物质文化遗产中得到了更为突出的体现，非物质文化遗产是与特定的历史时期、生活环境和社会生产相互观照而产生的，是人类创造性活动的产物，且经特定社会群体享有并传承的文化传统。非物质文化遗产表达的是一种历史性、地方性、族群性和连续性，与地方社会共同体的环境、文化、历史、生活、习俗和价值观，尤其是精神生命和情感记忆紧密相关。因此，非物质文化遗产都含有特定的历史记忆因素，承载了文化持有者的集体记忆和自我表述，人类的民族共同体必须经过不断的追溯与回忆，非物质文化遗产才能够被感知，并在集体记忆与集体表述中得到呈现与传承。

第一节　从“记忆”到“文化记忆”

从词源上讲，“文”的早期含义表示画在人身上的纹理交错的线条，即甲骨文中的“”。中华民族的远古祖先在易于长期保存的岩壁或龟甲兽骨上，刻画能表现事物形象特征的线条、图案等能够传达信息的图画性符号，用来记录战

争、天象、祭祀等历史事件和重要的生活经验，以便传诸后世。在其后演进过程中，“文”又衍生出“修养”“教养”等内涵意义，如《论语·雍也》中记载：“质胜文则野，文胜质则史。文质彬彬，然后君子。”[①]至于“化”字，则含有某种事物生成的意义。化，甲骨文“”=“”（一个头朝上站立的“人”）+“”（一个头朝下入土的“人”），表示由生到死的改变。《说文解字》记载：“化，教行也。”注曰：“教行于上，则化成于下。”[②]“文化”乃是“人文化成”一语的缩写，此语出自《易经》贲卦彖辞：“刚柔交错，天文也；文明以止，人文也。观乎天文，以察时变，观乎人文，以化成天下。”[③]所谓人文，就是指人类社会的各种文化现象，既包含了人文活动本身，又指一切人文活动的结果。人类需要运用经验知识生存下去并进行代际传递，就需要保存记忆，因此记忆与人类历史同时产生，早在远古时期，人们要熟悉生存的环境，辨认动植物种类、习性，学会猎取食物的方法以及应付危险或灾害的经验。据记载，新西兰毛利族的首领卡马塔那能背诵全族长达千年包括45代人的历史，这些内容足足够他背上三天三夜，而他却从不看笔记之类的东西。[④]倘若人类自身及所有经验知识遭受毁灭性危险的时候，就需要尽一切努力去恢复已经失去的经验知识，所以增强记忆力也是人类社会重要的能力，从古希腊、古罗马时期的记忆术（memorativa）到古代中国的易经八卦、阴阳五行中都包含着远古先贤对记忆规律的探索与应用。

古希腊人擅长雄辩术和逻辑，这是他们熟谙记忆术的结果，也促进了他们的记忆能力。古希腊人的记忆术最早是在公元前6世纪由西蒙尼德（Simonides）提出的，这种记忆术把被记忆的事件置于具体的环境，或者与印象深刻的象征物相联系，或者与一连串意象相连接，不仅方便和强化人们的记忆，而且使他们能够有次序、有条理地进行各项活动。[⑤]一百年后，古希腊人迪奥泽尼提出了不同的观点，他认为，人的记忆是由身体内的气体保持一定的分布而形成的，规则的气体分布形成记忆，而一旦体内的平衡遭到破坏，遗忘的现象就会出

① （春秋）孔丘原著，孙健筠、杨林译注：《论语》，60页，长春，吉林人民出版社，2005。

② （汉）许慎撰：《说文解字》，383页，上海，上海古籍出版社，2007。

③ 于春海译评：《易经》，119页，长春，吉林文史出版社，2014。

④ 杨道金：《研究人类思想的理论专著·思想通鉴》，40页，北京，九州出版社，2014。

⑤ J. Assmann. Kulturclle Texteim Spannungsreldvon Mundlichkeitund Schriftlichkeit: in: A. Poliermann (ed.), Literaturkanon–Afedienereignis–Kultureller Text. Formeninrerkrdrureller Kommunikation und Ubersetzung. Berlin: E. Schmidt, 1995, p.270.

现。[1] 尽管西蒙尼德和迪奥泽尼关于记忆的探讨缺乏现代意义上的科学和理性思考，但是最早关注人类的“记忆”问题。公元前 4 世纪，古希腊伟大哲学家柏拉图（Plato，Πλάτεων）提出了：“人对事物获得印象，就象有棱角的硬物放在蜡版上所留下的印记一样。人对事物获得了印象之后，随着时间的推移该印象将缓慢的淡薄下去乃至完全消失，这就象蜡版表面逐渐恢复了光滑一样，所谓‘光滑的蜡版’相当于完全遗忘。”[2] 柏拉图关于“记忆”的讨论被称之为“蜡版假说”，尽管还缺乏深入的结构和功能分析，却影响了很多人对于“记忆”的认识和讨论。柏拉图的弟子亚里士多德（Aristoteles）则认为记忆是以血液流动为基础的，遗忘的发生主要是血液流动减缓所致，亚里士多德在记忆研究领域提出了联想法则，直到现在，有些联想法则还在影响着我们。古罗马人将记忆术归为修辞学的五个组成部分之一，生活于公元前 1 世纪的古罗马政治家西塞罗在其著作《修辞学》中区分了“自然的”和“人为的”记忆，记忆术是“人为”记忆的基础，个人可以借助它储备大量的知识以供日后使用，比如用来进行辩论。[3] 古罗马人在记忆方法上使用的“罗马家居法”和“直接联想法”一直沿用到今天，现代社会的很多快速记忆方法都受到了这两种方法的影响。[4] 古代以色列人也创造了自己特殊的记忆模式，它表现出两个明显的特征：一是记忆以长辈向晚辈口头叙述故事的形式得以呈现，从远古的创世到祖辈的功绩，从人类的堕落到先知的救赎活动，所有这些以往的人和事都可以一代一代地被追溯；二是记忆借助于宗教的影响力和感召力形成了极其固定的格式并拥有了神圣的意义。[5] 对于古代以色列人来说，记忆是人类意识的原始形式，具有神圣的意义，

① ［德］赫尔曼·艾宾浩斯著，常春藤国际教育联盟译：《记忆力心理学》，20 页，北京，现代出版社，2017。

② ［苏］米丁·易希金柯著，平生、执之、乃刚、麦园译：《辩证法唯物论辞典》，360 页，北京，生活·读书·新知三联书店，1949。

③ 王小朝译：《西塞罗全集·修辞学卷》，354 页，北京，人民出版社，2007。

④ 罗马家居法：罗马人注意到自己家里的物品摆设、家具还有许多器皿一般是固定在一个地方不动的，如果以它们为媒介，把需要记忆的内容与每样物品进行想象，那么只要想起物件不就可以想起所记忆的内容了吗？另外，因为是自己的家，物品摆放自己很熟悉，顺序不会搞乱，那么只要按照顺序回想，记忆内容的顺序同样也不会搞乱. 这样即解决了能“记”，而且还解决了能“按顺序记”的双重问题，一举两得！直接联想法：古希腊人认为提高记忆力的方法的基本原理就是，你要记住某件东西，就把它同你已知的或固定的东西联系在一起，并且要依靠你的想象力。这说的其实就是我们今天说的“联想”，而在他们那时更多是叫“想象”。

⑤ 陈新、彭刚主编：《评述扬·阿斯曼的文化记忆理论：文化记忆与历史主义》，27 页，杭州，浙江大学出版社，2014。

它明显有别于现代人的历史意识。中国古人发明的易经八卦、阴阳五行学说揭示了世界万物都是有规律可循的，只有找到和掌握了事物的规律，才能找到记忆的方法，才能提升学习和记忆的能力，这是人类最早的自然科学，充满了智慧和哲理，可以说是中国文化的源头和基底。总之，记忆不失为包括希腊、罗马、中国在内的古代先民确定和强化知识体系的重要方式。

在文艺复兴和启蒙运动时期，西方先哲们开始关注到记忆与个体和集体身份之间的关系。英国学者哈夫洛克（E.A. Havelock）提出了世上没有独立存在的身份，它必须借助记忆不断地加以建构和重构。① 在他看来，人首先要弄清楚自己的过去，并把过去的自我与现在的自我相连接，不仅如此，过去的一切也不是一成不变的，而是需要不断地重构和展现。② 德国著名心理学家赫尔曼·艾宾浩斯（H.Ebbinghaus）从心理学视角对记忆进行了系统实验和严格数量化的测定，对记忆的保持规律作了重要研究并绘制出了著名的“艾宾浩斯记忆遗忘曲线”。③ 艾宾浩斯记忆遗忘曲线描述了人体大脑对事物遗忘的规律，对后来的记忆认知研究产生了重大影响，1885 年艾宾浩斯出版了《论记忆》一书，使记忆成了心理学研究的重要领域。现代记忆研究可以追溯到 19 世纪末 20 世纪初的西格蒙德·弗洛伊德（Sigmund Freud）、亨利·柏格森（Henri Bergson）等人，他们主要关注的是个人记忆，同时也有一些学者开始强调记忆对一个民族、一个国家的重要性。1902 年，胡戈·冯·霍夫曼斯塔尔（Hugo von Hofmannsthal）首次使用了“集体记忆”（collective memory）这一术语的表述：“我们身上积蓄的来自神秘祖先的力量，以及积聚的集体记忆的层层叠加。”④ 法国社会心理学家莫里斯·哈布瓦赫（Maurice Halbwachs）将“集体记忆”这一概念引入了学术领域，哈布瓦赫认为：“集体记忆就是一个群体内的所有成员共享的、有关过去的表述，记忆产生于集体，个体只有在他所属的集体中通过与其他成员的交往

① J. Assmann. F–unl' Wege zum Kanon. Tradirion und Schriftkultur im al Len Israel und fruhen Judentum. in: Ch. Nyiri (ed.). Tradition. Proceedings of Ani, Ucrnational Research Workshop at IFK. P7 enna. 10–12 Jnrte, 1994.

② 陈新、彭刚主编：《文化记忆与历史主义》，28 页，杭州，浙江大学出版社，2014。

③ ［德］赫尔曼·艾宾浩斯著，常春藤国际教育联盟译：《记忆力心理学·揭秘人类记忆与遗忘的奥秘》，12 页，北京，现代出版社，2016。

④ 张晓锋、骆正林：《求真传媒论坛》，171 页，南京，南京师范大学出版社，2018。

才有可能获得属于自己的记忆并进行回忆，集体记忆决定着这一集体对自身的认知，同时它又是可以被重构的。”①哈布瓦赫还阐述了“历史”与“集体记忆”之间的联系区别，哈布瓦赫认为：“历史并不是集体记忆，历史是‘死’的、抽象的、整体化的；集体记忆则是‘活’的、充满意义的、有特性的。哈布瓦赫理解的记忆是实际确实发生过的事情，而历史则是历史学家对认为值得记忆的事件的主观再现。但是另一方面历史和集体记忆也是有联系的，历史和集体记忆连接构建了人类过去与今天的联系，历史作为被动的过去与今人没有‘有机的联系’，而集体记忆是积极的过去，它能塑造人的身份，集体记忆的本身又是‘借助于今天的数据对过去的重新建构’。”②哈布瓦赫在对“集体记忆”进行研究的过程中从马克思那里接受了一种批判精神，他对“记忆”(gedchtnis）和“回忆”（erinnerung）的区分是对社会记忆研究的又一个重要贡献，哈布瓦赫认为：“记忆是结果，回忆是过程。从整个社会层面来说，回忆自始至终是有选择地进行的，人们的回忆就是这样因为社会需要而重新构建。”③哈布瓦赫将记忆这个概念首次赋予了社会学的内涵，说明了个体的记忆是受社会环境条件制约的，从而强调了记忆的社会性，奠定了社会记忆的理论基础。

德国艺术史学家阿拜·瓦尔伯尔格（Aby Warburg）于1923年提出了“社会记忆”这一概念，瓦尔伯尔格认为，记忆作为艺术性地塑造过去的过程，是可见也是可读的，他在《记忆女神图片地图册》中尝试着以记忆女神为起点，提出了在文艺复兴时期为何会有如此辉煌的古典图像复原的问题，并努力寻找其答案，他断定在艺术里面有一种唤起记忆的力量。④英国心理学家费雷德里克·巴尔特雷特（Frederick Bartlett）在1932年发表的关于记忆的专著里指出“人类的记忆过程实际上是对过去进行总结和重新梳理的过程，一个人首先要收集已经发生的事件，然后重组自己的记忆，在重组记忆的过程中，他往往会增

① ［法］莫里斯·哈布瓦赫著，毕然、郭金华译：《论集体记忆》，65页，上海，上海人民出版社，2002。

② Maurice Halbwachs. Das Ged chtnis und seine sozialen Bedingungen, Berlin, Neuwied: Luchterhand, 1966, p.40.

③ Martin Zierold. Gesellschaftliche Erinnerung–Eine medienkulturwissenschaftliche Perspektive, Berlin & New York: Walter de Gruyter, 2006, p.66.

④ Stephanie Himmel. Von der “bonne Lorraine” zum globalen “magical girl”, Güttien: V & Runipress, 2007, P.34.

加或改变某些细节。”① 在上述学者的努力推动下，记忆研究从原有的心理学领域转向了更为广阔的社会学和文化学领域。20 世纪 80 年代以降，“集体记忆”在新兴的文化历史研究领域中成为重要的概念之一，研究论著逐渐增多。法国历史学家皮埃尔·诺拉（Pierre Nora）凭借对记忆和历史关系的重新审视，提出了“记忆场”的概念：“记忆场，它未必是一个实际存在的事物或一个具体的场所，而是任何能在集体层面与过去和民族身份联系起来的文化现象。这种文化现象可以唤起这个民族的集体记忆，使人们获得民族认同感，并以此延续着文化在后世的传承。”② 从他的阐述，可以看出诺拉的“记忆场”兼具实体性和精神性，具体包括：“档案馆、教堂、宫殿、公墓、纪念碑等场所；概念和实践，诸如纪念品、生活在不同年代的人、格言以及各种仪式；物品，诸如文物、纪念碑、手册指南、象征标志、基础文本和符号象征等在内的 130 个文化记忆场。”③ 与此同时，英国社会人类学家保罗·康纳顿（Paul Connerton）在《社会如何记忆》中提出：“一个群体通过各种仪式塑造的共同记忆，并不仅是每一个群体成员的私人记忆相加的产物，更是属于这个群体自身的。”④ 后来保罗·康纳顿又指出了权力的等级对控制一个社会的记忆的决定作用，从而将权力话语引入社会记忆的讨论当中。记忆研究因其研究方法上的跨学科和范围上的跨文化特性而得到了长足的发展。

20 世纪 90 年代，德国古埃及学者扬·阿斯曼（Jan Assmann）和英美文学学者爱蕾达·阿斯曼（Aleida Assmann）在“集体记忆”理论的基础上提出了“文化记忆”（Kulturelles Gedächtnis）概念，成为记忆研究新时期的代表人物，并推动了相关理论的蓬勃发展。扬·阿斯曼在其著作《文化记忆》中对这一概念进行了阐述：“文化记忆是关于一个社会的全部知识的概念，在特定的互动框架之内，这些知识驾驭着人的行为与体验，并需要人们一代一代反复了解和熟练掌握才能获得。”⑤ 在扬·阿斯曼看来，文化记忆的核心是记忆，体现的是记忆的

① See Frederick C. *Bartlett, Remembering Study in Experimental and Social Psychology*, Cambridge: Cambridge University Press, 1932.

② Pierre Nora. *Erinnerungsorte Frankreichs*. Mttnchen: C.H. Beck 2005.

③ 张灵：《社会身份：关于社会记忆的研究》，学位论文数据库，2011。

④ ［美］保罗·唐纳顿著，纳日碧力戈译：《社会如何记忆》，1 页，上海，上海人民出版社，2000。

⑤ J. Assmann. Das kulturelle Gedachtnis und das Unbewusste: in: M. Buchholz. G. GOdde (eds.). Dus Onhewussre in akruellen DLVkursen. Giesscn: Psychosozialvcrlag. 2005, p.126.

过程和结果，是对过去，对历史的记忆以及保存、传承，也是被回忆，被发现或被重新建构的结果。在这个过程体系内，社会成员通过回忆、记忆创造了一个共享的过去，这种共享性使他们获得了集体身份和集体意识。因此“文化记忆以文化体系作为记忆的主体，是超越个人的，文化记忆是一个集体概念，它指所有通过一个社会的互动框架指导行为和经验的知识，都是在反复进行的社会实践中一代代地获得的知识”。[①] 文化记忆的内容通常是一个社会群体共同拥有的过去，其中既包括神话传说，也包括有据可查的信史，既存在于语言与文本中，还存在于各种文化载体当中，比如博物馆、纪念碑、文化遗迹、歌曲以及公共节日和仪式等。阿斯曼认为，记忆是与特定的时间和地点相关联的，节日和仪式是文化记忆最重要的传承和演示方式，人们为了庆祝或者纪念节日需要共同度过一定的时间，而房子、村庄、坡地、山峰、河流、城镇及其附属物共同构成了支撑和激发人们记忆的空间，这些物质世界被打上了深深的社会烙印，它们具有特定的社会象征意义。如果一群人想成为一个固定的群体并保持这种集体关系，那么他们就不仅需要一个相互交往的空间，而且要用各种象征符号充实这个空间，以便使他们的身份凸显出来，他们此后的记忆也便有了立足之地！[②]

哈布瓦赫在其研究中将记忆分为“个人记忆”和“集体记忆”，扬·阿斯曼则将“集体记忆”进一步区分为“交流记忆”（kommunikatives gedachtnis）和“文化记忆”（kulrurelles gedachtnis）。交流记忆与文化记忆之间最根本的区别在于它们各自不同的存续时间，交流记忆是短暂的，可以被称为短时记忆，因为交流记忆的承载者是仍然活着的见证人，交流记忆所借助的媒介是对话即交流，只要一个基于共同经历的集体内的成员之间进行沟通，那么这个交流记忆就会存在，交流记忆属于日常生活的范畴，因而不断地变化，相比之下，文化记忆的特点是其恒久性，因此可以被称为长时记忆。扬·阿斯曼的文化记忆理论为研究文化的内部传承与交流方式提供了一个基本的理论构架，也为我们带来了一系列值得深入探讨的议题：在不同的文化形式和实践中过去的再现；文化记忆在信仰、意识形态和身份构造中的角色与作用；记忆与全球化或本土化

① 郭胜溶、单旭东、赵局建：《档案记忆观理论探究：档案文化记忆的固化与被固化的逻辑思考》，载《档案与建设》，2018（1）。

② J. Assruann. Dus kultureIU Gedachtnis: Schrjt. Erinnerung und politische ldenritat in friihcn Hochkzdturen. MLinchen: Beck. 1992. p.71.

之间的关系；记忆和空间或记忆场所的关系；文化记忆和记忆危机等问题。[①] 爱蕾达·阿斯曼（Aleida Assmann）在扬·阿斯曼理论框架范围内，对文化记忆作了一个更细微的分类，她认为，随着文字的出现，社会记忆的选择性以及偶然性日趋明显，这样文化记忆本身两种不同功能也体现出来，第一个功能被她称之为“存蓄式记忆”（speicherged chtnis），第二个则叫作“功能性记忆”（funktionsged chtnis）。“存蓄式记忆”指的是迄今为止所有关于历史的传述的记载，它与人们的“今天”并非有直接的联系，但它以档案、文献、图片或其他形式存在着，这些资料并非人们日常所需，但一旦需要时，就可以随时随地获取它们。[②] 与此相反，功能记忆则不是静态的，而是跟今天和将来有着密切的联系。

“文化记忆”理论是一个综合性的文化理论，从文化传承方式的角度解释了人类文明的发展规律，也从一个新的视角为许多传统史学无法解决的问题提供了答案，为民族传统文化的传承和创新提供了新的理论视角。在随后的几十年里，“文化”和“记忆”这两个术语在西方学术界频频被提及，近年来，对记忆的研究渗透到人类学、社会学、文化学、信息学、历史学甚至地理学等学科领域。东西方学者们就文化记忆的概念含义、特征属性、功能方式及其与文化空间，与身份建构，与民族认同等论题的相互关联性进行了广泛探讨。基于对文化记忆的广泛性理解，它可以指各种社会文化语境中现在与过去的相互作用，涵盖了文化记忆研究领域内的各种社会、文化活动，现象及其文本。我们从文化记忆的视角出发，在前人相关学术理论背景下，可以对文化领域内的非物质文化遗产获得一个独特的认识。

第二节　仪式：人类的体化记忆

文化存在于文化持有主体人群共同体的集体记忆中，并通过“物质化”形式表现出来，外显于人们的日常生活之中，借助世代的口传身授进行传承，其

① 赵静蓉：《文化记忆与身份认同》，16 页，北京，生活·读书·新知三联书店，2015。

② Aleida Assmann, Erinnerungsrume. Formen und Wandlungen des kulturellen Gedchtnisses, München: C.H. Beck, 1999, p.130.

传承的载体既包括和体现为语言、歌曲、文本，也可以是博物馆、纪念碑、文化遗迹以及节日庆典和仪式等，法国学者诺拉（Pierre Nora）将这些能够传承文化记忆的载体称为“记忆的场”，通过这些文化载体，一个民族、一种文化才能将传统代代延续下来。[①] 在早期人类社会，文化记忆的形式以集体庆典仪式为主，尤其在无文字的社会里，文化记忆主要依靠仪式行为，在文字成为知识的主要传播载体之后，仪式作为记忆媒介的功能逐渐被文字和文本所代替。因此可以认为文字把人类历史分成两个截然不同的阶段：以仪式为基础不断重复的阶段和基于文本进行解释的阶段，与此相对应，文化的传承方式也可分为“与仪式相关的”（rituelle kohärenz）和“与文字相关的”（schriftliche kohärenz）两大类别。[②] 在汉语文化语境下，“仪”指“法度”，造字本义是按程序进行的、有象征意义的场面、程序；“式”则指“法则”“程序”，造字本义为工具、武器的使用套路，由此，“仪式”是指举行典礼的程序、形式。仪式与典章制度、传统和风俗习惯相关，强调仪礼和仪容的规制和范式。如：“度之于轨仪。”[③]“设仪立度，可以为法则。”[④]“仪式”的英文对照词是“ritual”，其含义通常被阐释为：（1）any customary observance or practice ;（2）the prescribed procedure for conducting religious ceremonies ;（3）stereotyped behavior。总体来讲可以理解为涉及动作、话语、对象等按部就班的一系列活动，一般会在一个相对隔离的地点举行，大都会希望借助超自然的力量实现参与者的目的利益。在西方传统中，关于仪式的早期研究大多限定在宗教学视野范围内，因此学术著作中多见“rite”一词，被阐释为“a prescribed form or manner governing the words or actions for a ceremony”或“a ceremonial act or action”，包含“仪式”“典礼”“礼仪”“基督教的礼拜式”“习惯”“风俗”等含义。仪式通常需要遵守一定的社会规则，具有传统性、规范性、表演性和象征性等特点，大体包括宗教意义上的仪式和日常生活中的礼俗，不仅涉及各种宗教礼拜圣礼、赎罪仪式、奉献仪式，还包括各种文化形态中的过渡礼、洁净礼、加冕礼，总统就职典礼、婚礼、葬礼、学

---

① Pierre Nora. Erinnerungsorte Frankreichs. Mttnchen: C.H. Beck, 2005.

② ［德］扬·阿斯曼著，金寿福、黄晓晨译：《文化记忆·早期高级文化中的文字、回忆和政治身份》，85 页，北京，北京大学出版社，2015。

③（春秋）左丘明撰，鲍思陶点校：《国语》，10 页，济南，齐鲁书社，2005。

④（汉）刘安等著，（汉）高诱注：《淮南子》，208 页，上海，上海古籍出版社，1989。

校的毕业典礼、俱乐部聚会、运动赛事、阅兵典礼，等等。人类学家多关注日常生活中的仪规、礼俗、程序，即世俗仪式，将其界定为一种社会行为，分析仪式行为的展演过程和内在结构，探讨其在社会文化的功能机制中所发生的作用，正如维克多·特纳（Victor Turnur）所阐释的："仪式不是一种天生的、人类与生俱来的普遍特征，仪式是一种历史与文化的建构，仪式也是一种看待世界和组织世界的方式；仪式是一种传统、特殊情况和自我表达的媒体，传递了一种态度和信息，甚至是被选择来作为获得权力、权威和价值的一种中介。"① 文化记忆理论体系中涉及的"仪式"大多指向公共的庆典活动（ceremony or festival），在此意义上，仪式是现场的、直接的，且受到时间、空间的限制，需要通过人们亲身参与才能重现过去，以及延续族群的历史、文化和社会认同，在无文字社会里，个体主要借助节日和仪式进行文化记忆。

人类社会存在大量仪式性的宗教祭祀活动、民族节日庆典等活动，这些仪式活动被一代一代传承下来，社会成员才能够延续他们的传统，保持着与他们祖先的联系和关于过去生活的历史记录，使其成为民族记忆的一部分，而这种传承方式正是庆典活动对文化记忆的延续方式，也是仪式对文化记忆的延续方式。在早期人类社会里，文化记忆的形式多以集体庆典为主，古埃及法老终年不断地在王国境内巡行，每到一处都要举行隆重的庆典；古玛雅人在一些重要的聚居地兴建规模宏大的祭祀中心，在发生重大事件和重要节日时举行大型庆典或祭祀活动；中国古代君王每年都要亲自主持祭祀天地和祖先的仪式活动。这些被制度化、程序化的活动体系由特定人员定期在特定场合举行，在特定活动场景下，民族的历史和神话故事被重复叙述，将源自于过去的记忆和形象在当下显现，人们在吟唱、歌舞、祭礼等操演活动中集体唤醒身体记忆和文化记忆并将其继续保持和传承下去，仪式和庆典通过扩张性的情境进行了文化意义的传播，从这个意义上看，仪式成为有效地实现族群历史与记忆相互链接的媒介以及民族文化传承的载体。祭祀仪式，是一种信仰活动，源于天地和谐共生的信仰理念。据现代人类学、考古学的研究成果表明，人类最原始的两种信仰：一是天地信仰，二是祖先信仰。天地信仰和祖先信仰产生于人类初期对自然界

① Victor W. Turner. *The Ritual Process: Structure and Anti-Structure, Fore-word by Alfred Harris*. Chicago: Aldine, 1969.

以及祖先的崇拜，由此产生了各种崇拜祭祀活动。春节、端午节、清明节、重阳节等是由原始信仰形成祭祀天地神灵、祖先的节日。在以自然崇拜为民族信仰的传统鄂伦春族社会里，祭祀仪式便是他们与神灵和祖先进行交流与沟通的方式，“古伦木沓节”是鄂伦春族最具代表性的祭祀仪式，在民族史学家撰写的相关史料以及以“古伦木沓节”为题材创作的诗歌、散文、小说、绘画作品，甚至在一些纪念性的建筑物上都有相关的记载。[①]“古伦木沓”为鄂伦春语，意为祭祀火神，仪式的起源与鄂伦春人的原始信仰和神话传说是分不开的：

> 很早以前，有一个妇女早晨起床烤火，火星迸到她身上，她一生气，把火乱捣动了一阵，这之后，她把火熄灭，就搬家了。可是搬到别处，她想生火，却怎么也生不起来了。她到邻居家去寻火种，走到半路，看见一个老太婆在那里坐着，这个老太婆的一只眼睛是好的，另一只眼睛则淌着鲜血。她问老太婆怎么了？老太婆气冲冲地说：“还不是由于你方才乱捣火，才把我的眼睛戳瞎了一只！”这个妇女一听知道是自己触怒了火神，当时吓得就跪了下来，哀求老太婆宽恕她的过错。老太婆告诫说：“回去点火去吧，今后再不要那样乱捣火了。”这个妇女回家后再点火时，火就着起来了。[②]

“火”在鄂伦春人心目中占据着重要地位，他们将“火”人格化并加以崇拜，后来又赋予“火”民族祖先的特殊身份。鄂伦春人对“火”的祭祀，不仅是对神灵的祭祀，也代表着对自己祖先的祭祀，因此鄂伦春人对火非常崇敬，平时严禁向火上泼水或在烤肉时用刀子去叉，免得触怒火神。每年除夕晚上，在斜仁柱（民族传统居住场所）南面，距离二十米远的地方，一左、一右燃烧起两堆篝火，斜仁柱内的篝火也要燃烧得格外旺。午夜时分，全家人都要分别面向东边、西边和斜仁柱内的篝火祭拜火神，同时还要往篝火里扔些兽肉、洒些烧酒，以示对火神的敬献，以此祈求火神的庇佑，初一、初二人们互相拜年

① 鄂伦春族“古伦木沓节”于2006年入选第一批国家级非物质文化遗产名录。

② 《中国少数民族》修订编辑委员会：《中国少数民族》，134页，北京，民族出版社，2009。

时也要先拜火神，然后才拜人。[①] 火不仅成了鄂伦春人的圣物，更成了神与鄂伦春人之间最为直接的联系，自古以来，鄂伦春人每到年节或吉日，家家户户都要在自家门前燃起篝火，并焚香跪拜祷告，以求火神保佑平安，饭前还要向火塘洒酒抛肉，以示供奉，长此以往，形成了一种世代传承的民间习俗活动——古伦木沓节。“节日庆祝活动通常在每年的春季举行，届时人们身着传统民族服饰，带着好酒好肉及帐篷等物，举家骑马到预定地点参加活动。节日期间，活动内容丰富多彩，白天举行射箭、赛马、玩木牌等活动；夜间笼上篝火，请萨满跳神，祭神祭祖。”[②] 在祭祀仪式过程中人们共同回忆起存在于过去的民族神话传说，所使用的篝火、祭坛、祭品、祭语以及赛马、射箭、射击、摔跤和唱歌、跳舞等活动的服装、器具，举行仪式的规程与禁忌等都是祖先流传下来的，皆是蕴含着丰富文化信息的记忆符号和构筑民族文化认同的载体，其所蕴含的文化意义，通过象征的祭祀内容和具体的祭祀活动在一次次被提及、一次次仪式的举行中不断延续下来，文化记忆因此保持着稳定性和持续性，亦具有很强的文化认同性和传承性。无文字社会的文化记忆主要依靠仪式行为，个体借助节日和仪式进行文化记忆，无文字的民族社会由此被描述为“庆祝式”的社会，从这个意义上看，仪式成为有效实现族群历史与记忆相互链接的媒介以及民族文化传承的载体。鄂伦春族的古伦木沓节在文化记忆功能上已经超越了传统节日的概念，在集体无意识中起到了强化人们的根基性情感联系、社会统合与民族认同的作用，凸显了民族共同体的在场，成为鄂伦春民族共同体的文化记忆。

扬·阿斯曼强调，要实现仪式的文化记忆功能，必须有两个不可或缺的环节：一是集团成员的全部到场和亲自参与；二是对集团历史的上演和重新收录。[③] 仪式的操演需要确定的空间场域、人群器物以及遵照特定的程序规定来进行，涉及一个社区群体的宗教习俗、道德信仰、价值观念、生活方式等地方性知识。个体社会成员需要亲身参与仪式的过程进行地方性知识的学习，借助于身体的实践进行传统的记忆与传承，在此意义上仪式具有身体性，正如美国学者保

① 铁木尔·达瓦买提主编：《中国少数民族文化大辞典·东北、内蒙古地区卷》，129页，北京，民族出版社，1997。

② 柳成栋：《黑龙江省世界及国家级非物质文化遗产》，载《黑龙江史志》，2012（10）。

③ ［德］扬·阿斯曼：《有文字的和无文字的社会》，载《中国海洋大学学报》，2004（6）。

罗·康纳顿所提出的“体化实践”。[①] 参与者通过自身的身体活动传递文化信息，其前提是身体的在场，我们把这样的实践活动称为“体化实践”。在很多族群社会里，人们采取直接的面对面的形式，通过口传史诗、传说、祭祀和庆典等形式进行文化的口耳交流和传递，人们利用身体的技艺，如舞蹈的动作，吟唱的手势，行动的姿态，祭拜的方式等，参与者的身体以彼此熟知的方式行动着。在具体的仪式场域里，人们通过环境、场景和活动呈现历史事件，他们回忆过去，重演过去，年复一年，一次又一次在仪式过程中体验和激发身体的记忆和感受，伴随着强烈的身体感受和情感冲击，民族文化记忆一旦形成，便会深刻地印在参与者的记忆里，不会轻易抹去。假如巩固群体身份认同的知识没有存储于文字中的可能性，那么它只能存储于人的声音、身体、面部表情、肢体动作和仪式行为中，同时需要集体成员的共同参与。身体的惯习会提醒操演者按照一系列规程行动，从而确保了行为的文化属性，伴随着仪式过程中身体操演的一系列活动，民族共同体的文化和价值观念得以呈现和记忆。许多习惯技能的记忆形式说明，对于过去的记忆来说，虽然从不用追溯其历史来源，但却以我们现在的行动重演着过去。在习惯记忆里，过去似乎积淀在身体中，身体实践具有某种程度的经验性，这是它作为记忆体系的重要性和持续性的源泉，沉淀在身体里的习惯记忆具有一定的文化价值和范畴，能够生动地保存过去。社会成员在“体化实践”中增强了个人的记忆，也巩固了集体的记忆，所以，体化实践提供了一个极为有效的记忆系统，可以说在缺少文本书写的情境下，文化记忆借助身体叙事得到了很好的保存和传承。

文化意义是内在的，是不能被记录的，并且只有通过共同的文化才能分享，通过传承才能保持其鲜活性。沉淀在老一辈知识库里的经验是一个重要的力量源泉，它不仅包含了必要的求生技巧和实用经验，还涉及关于风俗习惯、文化信仰、社会法则等确定身份认同的地方性知识，而获取地方性知识的方式大都是仪式性的。仪式和庆典通过扩张的情境使文化内涵得以呈现，从而保证了文化意义的分享和传播，关于古代埃及的仪式中的各个环节都让人联想到出埃及一事，犹太人咀嚼很苦的植物，目的是回忆起在法老手下做牛做马时的苦难；由碾碎的苹果和核桃仁搅拌而成的食物则会促使犹太人想起泥土，犹太人的祖

① ［美］康纳顿著，纳日碧力戈译：《社会如何记忆》，90页，上海，上海人民出版社，2000。

先曾经用它制作了建造埃及城镇的土坯，诸如此类不胜枚举。[①] 仪式会让人们体验自己的文化，想起自己的祖先，感受祖先所经历的苦难，他们用歌曲、舞蹈、故事和传说等形式回忆和纪念族群共同体的历史和经历。仪式中许多步骤的顺序固定不变，规程也非常严格，每个程序都有一个特定的意义，这些意义源于自己的历史，源于古老的神话，源于一个绝对的过去。参与者年复一年地用完全一样的形式完成这个仪式，仪式中的各个环节都让人联想到传统文化和祖先的生活，因为不断地重复，联想变成了回忆。仪式的本质就在于它能够原原本本地把曾经有过的秩序加以重现，每一次举行的仪式都与前一次相吻合，重复这个仪式实际上就是传承相关知识的过程，仪式促使一个群体记住能够强化他们身份的知识，而且是建立在时间循环的基础之上。[②] 仪式并不仅仅是一种形式和程序的重复，仪式能够让参与者回忆起和感受到相关的文化意义，文化借助仪式加以重复，其根本目的和价值在于文化意义，因为文化意义保存在仪式中并借此得以再现，仪式的作用就是促使人们想起相关的文化意义。而文字只是符号的组合，柏拉图认为，文字只不过是记录系统，是帮助记忆的工具，让已知者借助于外部的符号来回忆起他本已知晓的东西，但是想要把文化意义传达给文化的他者却是不可能的。

与自然遗产、文化遗产等具有有形的物质形态的遗产不同，非物质文化遗产属于“无形性”遗产，存在于遗产主体人群共同体的集体记忆中，并通过“物质化”形式表现出来，外显于人们的日常生活之中。通过世代的口传身授进行传承，其传承的真正所指，往往不只是遗产物自身，而是在其身上所体现和传递的记忆与知识，及其所具有的应用、重塑和再创那些记忆与知识的能力。同样，那些以记忆形式存在的口头传统与表达，如传说、史诗、神话、表演仪式、节日实践等，尤其强调社区成员在其中集体性的共同参与，也更多地存在于遗产主体的记忆之中。在口传文化传统社会里，人体的记忆是唯一的信息存储器，除了亲自参加集会之外，没有其他途径可以使集体成员获取文化记忆，仪式定期重复，保证了巩固认同知识的传播与传承，并由此保证了文化意义上

① ［德］扬·阿斯曼著，金寿福、黄晓晨译：《文化记忆·早期高级文化中的文字、回忆和政治身份》，88 页，北京，北京大学出版社，2015。

② ［德］阿斯特莉特·埃尔主编，余传玲等译：《文化记忆理论读本》，37 页，北京，北京大学出版社，2012。

的认同再生产。[①]

第三节　谁在记忆：从仪式一致性到文本一致性

文化记忆理论认为文化记忆所主要依靠的是有组织的、公共性的集体交流（如档案与历史、学堂教育、庆典活动、纪念性建筑物等）。[②]在古埃及文化中，人们将社会的常态化体现在仪式中，为了顺利地举行仪式，人们必须熟悉相关的知识，因此这种仪式被称为“记忆的仪式”（officium memoriae）。无论对于君王或是百姓，仪式都具有重要的意义和价值，那些负责主持仪式的人通常被认为具有特殊的技能或知识，他们会使仪式达到最完美的境地。古代埃及先人借助仪式达到理解和认知的一致性，而在以经师为代表的犹太文化里，犹太人不再把世界的存亡与举行仪式相联系。公元 70 年圣殿被毁完全剥夺了犹太人借助仪式保持一致性的机会，他们不得不试图从阐释文本中获取它，在此之前，知识为仪式服务；在此之后，仪式不再是传递和储存知识的媒介载体，人们建构文本的过程就是储存和再现知识。以什么方式维系世界，古代诸文明曾经发展出各自的信念，上述几种文化的语言不同，相关人群的思维方式也相异，但是这些文化都注重我们称之为“一致性”的东西。文本替代仪式，从文化史的角度看，这是一种具有典型意义的转移，我们将其称为从仪式一致性（rituelle koharenz）向文本一致性（1extuelle koharenz）的过渡。[③]“文本”一词的来源可以追溯到拉丁语“ textus”，该词是从“ weben”（织布）派生而来的，意思是“布”。从这个意义出发，“ textus”这一概念便是用来指词之间的联系、结构以

① 王霄冰、迪木拉提·奥迈尔主编：《文化记忆视角下的文字与仪式》，31 页，北京，民族出版社，2007。

② ［德］扬·阿斯曼著，金寿福、黄晓晨译：《文化记忆·早期高级文化中的文字、回忆和政治身份》，44 页，北京，北京大学出版社，2015。

③ ［德］扬·阿斯曼著，金寿福、黄晓晨译：《文化记忆·早期高级文化中的文字、回忆和政治身份》，86 页，北京，北京大学出版社，2015。

及话语之间的内部联系。[①] 在日常使用中，我们一般将文本理解为一段书写的文章，是鉴于回忆、流传和再接受的成型的文字表达。文字的出现，特别是印刷技术的通用与普及意味着以前靠长者口头传述的礼仪和神话的时代终结，取而代之的是阐释文本，文本使传统和历史事实的解释的多样化成为可能。文本在人类社会的功用主要体现在两个方面：保存和交流，即帮助人类记忆那些如果没有文字的支持就会被遗忘的数据和将信息传达给在时空上相隔遥远的接收者。伴随着向文本的过渡，文字作为一种书写和传播媒介的出现，除了提供某些实际的功能外，还为文化意义的外部存储从根本上提供了可能，这意味着社会记忆的结构发生了一次深刻的转变。

文字的发明是文化记忆历史上具有决定性的一步，如果我们追溯人类社会各种记录系统的历史，就会发现它们最初都是为记忆服务的，它们被用来保存那些因其偶然性和复杂性而无法在人类的头脑中记忆的数据，埃及最早的文字记录内容涉及国王和头领们的名字、征税登记和物品的产地。文字帮助了早期统治者的记忆，使他们的控制力和总揽力达到了一个前所未有的高度，尤其是当他们回望自己的文化史时，意识到宏伟的建筑和纪念碑将变成废墟，而文本则会继续被抄写、被阅读、被学习和被传播。[②] 因此古埃及人把文字称颂为最为可靠的记忆媒介，他们断定，文字是抵御社会性的第二次死亡（即遗忘）的更有效的武器，因为文字不会受到时间的损害，是永生的唯一媒介，为稳定表达、流传、循环和再次接收的过程，我们需要这样的文本文化。引人注目的进一步发展发生在15世纪中叶，文本实现了从手稿文化到书刊印刷的过渡，蕴藏于文字中的潜力得到了量与质的提升，铅字活版印刷的出现提升了符号任意性及可替换性这一层面上的抽象原则，印刷媒介也成了新的知识形式和交际形式。人类的学习以保存及印在专业书籍里的知识为基础，同时需要一个相对的条件，即语言的标准化。随着书刊印刷的发明，作为跨地区的交际语言开始实现了标准化，它成为了近代跨民族跨区域交流具有决定意义的连接纽带，标准化和批量化生产，按字母排列和市场化是文本文化最重要的代名词。随着书刊印刷的

① ［德］阿斯特莉特·埃尔主编，余传玲等译：《文化记忆理论读本》，6页，北京，北京大学出版社，2012。

② ［德］扬·阿斯曼：《有文字的和无文字的社会——对记忆的记录及其发展》，载《中国海洋大学学报（社会科学版）》，2004（6）。

出现，书籍数量的急剧增加，知识也迎来了大爆炸，人们获取知识的方式和途径更加便捷，也由此导致了以往对知识的垄断和对教育的限制的加速瓦解，过去受到教育机构（例如教堂、大学、宫殿等）限制的对文字的接近，在新的生产过程中变得民主化和经济化。[①] 当文化记忆凝结为书写的文字，人们觉得从此可以避免用不完美的和费力的方式去练习和操作，文本可以更好更简单地做到这些事情，记忆的行为和功能被转移到文字身上，文字不仅是存储和传承的媒介，而且也成了记忆的支撑。现代电子技术和因特网作为储存和交际媒介的快速发展，与现实世界不同，在因特网的虚拟空间里，人们可以跨越时空的限制进行全球性的互动交流。与传统文本载体形式不同，此处的文本是无形的、随时可能变化和被更新的大量数据。[②] 具有强大存储能力的媒介呈现指数化的增长态势，同时，功能强大的搜索引擎也保持了同步的发展态势，那些看起来很孤僻的信息也能够随时随地获得。文化信息的中心和外围不再由社会和文化预先规定的标准和应用机制来确定，而是由大众的好奇心、兴趣和口味来确定。因特网促进了全球文化传播和交流，形成了虚拟人群或团体的微观世界，这些群体依赖媒介进行信息交流和数据交换，形成自己的群体记忆，交际记忆和身份识别之间的关系也发生变化，这些交际形式的参与者大多情况下使用一种虚拟、自由组合而成的身份。因特网提供了一种新的延伸的场景的机制化，使超越空间限制成为可能，随之而来的是世界范围内的交流，这种方式超越了鲜活的载体，并不再依赖身体的在场来进行。

今天所谓“文化记忆”的叙事日益受到重视，其表现形式和物质载体被形成文字、图片，图书馆、博物馆、纪念碑以及创造记忆场所和记忆景观，以网络、影像等媒介技术进行文化记忆，档案工作者也展开了全面的资料搜集工作，但是依靠这些记忆形式所形成的记忆属于存储记忆，却不是功能记忆。功能记忆具有辨别功能，即利用记忆来区别我们和他们，从而建立一个群体或民族的

① ［德］阿斯特莉特·埃尔主编，余传玲等译：《文化记忆理论读本》，38 页，北京，北京大学出版社，2012。

② 张宇慧：《缺乏集体记忆的一代——互联网时代的 90 后青年精神世界》，载《中国青年研究》，2015（12）。

身份。[1] 这些存储记忆保存了昨天，而这个“昨天”在今天的视野里却不再被使用，因此记忆和身份认同之间的关系疏离了。扬·阿斯曼的文化记忆理论为研究文化的内部传承与交流方式提供了一个基本的理论构架，任何一种文化，只要它的文化记忆还在发挥作用，就可以得到持续的发展，相反，文化记忆的消失也就意味着文化主体性的消亡。从古代埃及一直到现代民族国家的形成，借助文化记忆对过去进行回忆和强化身份认同的事例不胜枚举，文化记忆成为保持一个集体并保证它存续的有效形式。“社会并不是单个人的简单聚集和相加，而是以某种方式组织起来的有机整体，某一社会群体的风俗、信仰、传统、制度、技术等因素必然会对社会行为产生直接的影响。正是这种社会心理和社会文化因素把某一群体内的社会成员结合并凝聚在一起，并成为这一群体与另一群体的区别性特征。”[2]

第四节 遗产表述与真实性的关联

人们已然意识到，那些曾经活生生的文化体验距离现代生活中的人们越来越远，大部分只能借助于媒介进行传播，这种态势推动着政府进行了大量传统的复兴与仪式的建构工作。正如英国著名历史学家艾瑞克·霍布斯鲍姆（Eric Hobsbawm）在《传统的发明》一书中所总结的那样，19 世纪末 20 世纪初是欧洲“大量生产传统”的时期。[3] 从规模庞大的国家庆典、阅兵仪式、跨年晚会到

---

① Aleida Assmann, Erinnerungsrume. Formen und Wandlungen des kulturellen Gedchtnisses, München: C.H. Beck, 1999, pp.130；爱蕾达·阿斯曼（Aleida Assmann）在扬·阿斯曼理论框架范围内，对文化记忆作了一个更细微的分类。她认为，随着文字的出现，社会记忆的选择性以及偶然性日趋明显，这样文化记忆本身两种不同功能也体现出来了。第一功能被她称之为“存蓄式记忆”（Speicherged chtnis），第二个则叫作“功能性记忆”（Funktionsged chtnis）。“存蓄式记忆”指的是迄今为止所有的关于历史的传述的记载，它与人们的“今天”并非有直接的联系，但它以档案、文献、图片或其他形式存在着，这些资料并非人们日常所需。从这点来说，它们似乎给人有种过时的感觉，但一旦人们需要时，可以随时随地获取它们。与此相反，功能记忆则不是静态的，而是跟今天和将来有着密切的联系。

② 张海燕：《城市记忆与文化认同》，载《城市文化评论》，2011（4）。

③ Eric Hobsbawm. Mass-Producing Traditions: Europe, 1870—1914. Eric Hobsbawm & Terence Ranger (ed.). *The Invention of Tradition*. Cambridge University Press, p.263.

运动会、竞技赛和各种类型的节日庆祝活动，如复活节、美食节、艺术节、电影节、音乐节、戏剧节以及名目繁多的专题博览会，全都试图以新形式恢复典型的周期性庆典仪式，意在发挥仪式带给人们的功能记忆。今天所谓“活态历史”的遗产叙事日益受到重视，非物质文化遗产的技艺、表现形式和物质载体被形成文字、图片，建造博物馆、纪念碑、档案、图书馆以及创造记忆场所或记忆景观，以书籍、档案、影像等媒介技术进行文化记忆，于是遗产仿佛在被印刷、被绘制、被谱写、被重复、被建造中得到了保护和延续。

鄂伦春族的“古伦木沓节”仪式作为一种遗产叙事，大都在每年的阴历六月份举行，节日上，鄂伦春族群众展示传统的打布鲁、拉杠、射箭、拔河等民族游戏项目，并进行民族歌舞表演，还进行射箭，撮罗子（斜仁柱）宿营，鄂伦春族抢亲。传承人现场表演民族技艺，祭祀山神仪式，傍晚时分，则举行篝火晚会，大家围着篝火载歌载舞。此外，德昂族的“浇花节”、独龙族卡的“雀哇节”、俄罗斯族的“巴斯克节”、鄂温克族的“瑟宾节”、京族的“哈节”、怒族的“仙女节”、塔塔尔族的“撒班节”和“诺茹孜节”、裕固族的传统婚俗以及鄂温克族的萨满舞、基诺族的大鼓舞、山南门巴族门巴戏等少数民族传统舞蹈、戏剧、曲艺和杂技，以及传统礼仪、节庆和民俗，传统体育和游艺等仪式形式的非物质文化遗产总量达300多项。这些非物质文化遗产的保护传承地都设在本民族聚居生活区，每年会举行相关的仪式活动以庆祝和纪念，但显然已经不再是具有民族传统文化意义的祭祀仪式。如“古伦木沓节”中的关于原始火神信仰的记忆已经淡化，甚至被忘却，其原有的火神信仰在现今的鄂伦春人的文化中已经以一种象征的方式被重构，而且对山神等天神地祇的祭祀也只是一项保留着传统祭祀形式的象征化祭祀仪式。

第四章　非物质文化遗产的地方性与地方感①

非物质文化遗产的文化渊源及所衍生的一系列文化行为，广泛涉及人们的文化伦理、世界观、信仰、礼制、仪式等社会维度，蕴含着丰富的哲理的、生命的、人文的信息，体现了中国文化传统中“地方”的认知体系和人们对生命来源、生命依托以及生命意义的一种探索，渗透了人们对天地、宇宙、自然一脉相承的尊崇和赋予的至高无上的地位。同时通过空间、场域、姓氏、村庙、祠堂、物等一系列公共象征符号及围绕符号展开的祭祀、庆典等仪式活动形成了特定群体的在地化知识体系和地方感，调整着自然、社会和个人之间的互动关系。非物质文化遗产所蕴含的文化意义及其象征体系（神系的象征、地理情景的象征、文字象征、自然物象征）影响着社会民众的思维方式、生产实践、社会关系和政治行为，承载着认知的“地方”与人文的“地方”多重内涵与价值系统，是民族文化的肇始和根源，亦是一个民族深厚的文化血脉，塑造着社会基本架构模式。非物质文化遗产与民族共同体的宇宙观、认知观、伦理观有着深厚的历史渊源，更以地方性知识得以呈现，成为建构地方社会与确定个人身份的符号和表征系统，具有地理的“地方”、人文的“地方”、认知的“地方”等多重内涵，是调整“天—地—人”、人与社会、人与地方的互动关系的载体和媒介，因此值得探讨和建构。

第一节　地方、地方性知识与地方感

在现代汉语语境下，“地方”首先是一个包含了地理位置、特定区域、自然

① 本章内容由拙作《“社”文化之于“地方”与“地方性”的人类学阐释》（载《中央民族大学学报》2014年第6期）扩充、修改。

环境与资源分布范围的空间概念，指某一特定地区、处所、地点或位置。其实在中国文化传统里，“地方”这个词最早不是空间概念，而是宇宙观，是一种思维形态。中国的“地方”来自“天圆地方”，据《淮南子·天文训》记载：“天圆地方，道在中央。”另据《晋书·天文志上》记载：“天圆如张盖，地方如棋局。”古人用“天圆”来描述时间的特点，用“四面八方”来描述地理位置，也叫“地方”。“地方”是古代科学对宇宙的认识，这其中还隐含着一个中国传统文化中的基本认知：万事万物都是从无到有，而且和天地间的能量变化有着密切的关系，本质上蕴含着《易经》的阴阳体系对天地生成及其运行的解读。在人文领域，文化样态和文化行为的实践是借助“地方”的维度来呈现的，因此“地方”具有独特的含义，它被定义为日常生活的空间、行为文化场所、一套知识体系、一种认知模式及身处其中的个人对该地方所产生的依附感。由此可见，“地方”往往包含一定区域，有可被识别的特征，通过考察“地方”的区位、景观和文化因素，“地方”的本质便可以被揭示出来，地方的知识体系，既可以表现为特定的个人的智慧，同时也是集体创造的表现。[①]

在格尔兹（Clifford Geertz）的文化理论和他的著作《地方性知识》中，“地方性知识”被阐释为“主要指一种地域性的文化，一种与地域和民族的民间性知识和认知模式相关的知识，同时又不是指任何特定的、具体的具有地方特征的知识，而是一种新型的知识观念，是认知世界的一种角度”[②]。此处的“地方性知识”至少包括三个主体要素：人群共同体、知识体系以及二者所指涉的空间维度。格尔兹的“地方性知识”概念赋予“地方”一种独特的价值，将地方性事件放在地方的文化脉络中考察，以在地人的观点、价值体系和知识系统看待和评判。格尔兹倾向于重视“地方性”的研究价值，而“地方性”不仅指特定的地域或地理环境和历史条件，知识生成的情境和语境，更多的是关于文化阐释的路径、方式，人群共同体的立场、视阈和价值观，并在特定的群体中得到认同。[③]除此之外，其他人类学家关于“地方”理论的见解还有埃里克森（T.H.Eriksen.）提出的“小地方与大事物”，可以解释为人类学的小地方调查和

① 罗康隆：《文化人类学论纲》，273 页，昆明，云南大学出版社，2005。

② ［美］克利福德·格尔兹著，王海龙、张家瑄译：《地方性知识：阐释人类学论文集》，93 页，北京，中央编译出版社，2000。

③ 彭兆荣：《人类学视野中“地理的地方”与“地方的地理”》，载《贵州社会科学》，2011（6）。

研究能够彰显出来的巨大意义；以及霍米·巴巴（Homi K.Bhabha）的“地方的文化”，霍米·巴巴认为，任何一个地方在今天的社会背景下都可以成为新的中心和一个新的认识世界的窗口。[①]格尔兹的“地方性”除了地理上的含义，更倾向于一个历史的、变化的、过程化的空间体系以及据此形成的一种认知方式、群体记忆和地方认同。从强调人类知觉（perception）、态度（attitude）、价值（value）和世界观（world view）的形成，了解地方性知识的“地方”并非单指物理空间，也包含个人和群体透过符号化、概念化以及依附情感所创造的意义空间。格尔兹的“地方性知识”研究凸显了社会科学研究的两个价值取向，即地方性和普遍性，前者着重于不同群体文化的个性和差异性，后者力求推动一致性和规律性，毫无疑问这是一个具有普遍意义的学科观。

“地方性知识”会形成一套地方群体的共同体认、文化惯习和知识系统，产生共同体的“地方意识”，形成一种地方性的观念、认知，凝结了群体的集体记忆和情感归属。而这一空间的社会边界比自然边界更为重要，是某一地方的人群共同体共同拥有的知识体系和价值取向，具有对内的认同性和对外的排斥性，“地方感”（sense of place）恰恰是对地方性知识的某种说明，是我们界定地方性知识的另一种要素。[②]美国人文地理学家段义孚（Tuan，Y.F.）提出“topophilia”（地方感）这个概念，意指“人与地方的情感关联”，是凝结于个人经验之中的人与地方的情感连结，因此也常常被称为“地方情结”。段义孚认为，人对于物理空间的认知是通过各种感官建构的，在此基础上形成了个人经验的“地方”和感知的“地方”，因此人类对于“地方”的理解源于自身经验，他们通过经验感知外在世界，并继而阐释世界的存在，也才有理解环境和地方的可能。[③]在缺乏人文活动的地方，“地方”只是某一地理位置，但人们在长期的文化活动过程中，将单纯的物理空间赋予概念、意义、象征与价值，从而成为有意义的“地方”，也可以将“地方”解释为是借助于经验来理解和建构的产物。段义孚认为“地方感”通常和人与地方联结而产生的情绪和情感相关，这样的联结可能是立即的愉悦感或是长久以来根深蒂固的依恋情感，当个体对于地方产生依恋感时

① Homik Bhabha. *The Location of Culture*. New York: Routledge Press, 1994.

② 彭兆荣：《作为认知图式的“地方”》，载《北方民族大学学报》，2009（2）。

③ 段义孚、潘桂成译：《经验透视中的空间和地方》，7 页，台北，（台湾）“国立”编译馆，1998。

候，通常这个地方会带给他们亲密感且具有生活意义的感受。[①]一个地方对个人若具有意义时，可以使人对其产生情感依恋和依附，如个人对于“地方”的安全感、熟悉感、归属感，即“topophilia”，人处于具体环境之中，通过个体实践产生对于环境的认知、记忆和情感。

学界一般认为，地方感包含了地方的客观特征和人们的主观认知，前者指的是某些地方由于其独特的物理特性，或是由于和重要的真实或神话事件有关，因而被视为特殊或值得记忆的信息，被称为地方性或可意象性，而后者所指的是在日常生活里，由经验、记忆和意向而发展了对地方的深刻附着，即地方依恋，又称地方依附。地方感的形成，是来自个人透过感知性的物体意象性或公共符号表现的生活与需求，与源自于内在熟悉的事物、实质环境中情感联系，并察觉到长久以来经由感官知觉所强化的亲切性的整体经验，人们对社区和当地的共识通过社会交往得到发展与确定，这种共识通过广泛的社会关系网得到传播与延续，当社会冲突发生时，地方感就更加显著。[②]格尔兹讨论的“地方”指向的是存在于某一具体区域的知识系统以及在地人群的视角和观点，重点在于阐释地方性的知识体系和思维逻辑特点；段义孚关注的“地方”首先是与主体相关联的产生情感与意义的某物理空间，两位学者探讨问题的视角和着眼点虽然有所差异，但都阐述了人类实践活动赋予地理的“地方”和物理的“空间”的文化意义和情感依附关系。法国社会学家布迪厄（Pierre Bourdieu）提出的实践理论，将“地方感”阐释为某种惯习（habitus），布迪厄认为，惯习既具有个人性又具有文化性、社会性和结构性，个人通过感觉与认识形成认知系统并能在实践经验中不断修整自己的系统。[③]布迪厄认为，经验和惯习是相互支持与影响的，人在实践中，经验通过惯习形成，同时惯习又来源于经验，因此从这个角度来讲，人们是通过经验形成地方感的。人们通过自身的体验过程，建立地方感，也建立自己的归属感，对于族群内部成员而言，他们所进行的各项事务都具有地方意义，如区域空间布局、生产方式、组织建构、物质分配、仪式行为等活动都是族群社会独有的文化习惯。他们据此建立属于他们独有的“地

① 邹统钎：《旅游景区开发与管理》，217页，北京，清华大学出版社，2011。

② 邹统钎：《旅游景区开发与管理》，217页，北京，清华大学出版社，2011。

③ Pierre Bourdieu. *Outline of Theory of Practice*. Richard Nice, trans. Cambridge: Cambridge University Press, 1977.

方”，并认为自己是属于这里的，而不是属于那里的，形成一个共同体及不同群体间分明的界线，以此排除区域外的人群。

第二节　非物质文化遗产的地方性与跨地方性

非物质文化遗产形成于特定区域，有可被识别的特征，通过考察其形成空间、环境和物质因素，由此形成了包括场域、景观、仪式、习俗、人观等基本要素的地方体验，非物质文化遗产的地方性特质便可以从某些角度进行阐述。翻开联合国教科文组织的“人类非物质文化遗产代表作名录”，可以发现一个惊人的现象，与祭祖或祖先崇拜文化相关联的遗产项目很多，例如韩国的“宗庙皇家祭祖仪式及神殿音乐”（2001 年），墨西哥、巴西和西班牙等地的“土著亡灵节”（2003 年），韩国的江陵端午祭（2005 年），非洲马拉维、莫桑比克和赞比亚北部地区柴瓦人的“古勒—沃姆库鲁祭祀和舞蹈仪式”（2005 年），牙买加的“摩尔镇的马隆人传统”（2008 年）及中国的“妈祖信俗”（2009 年）等。上述祭祖仪式或活动及其文化构成元素具有鲜明的地方性，以下我们将以这一人类社会普遍存在的文化现象为例来讨论非物质文化遗产的地方性与跨地方性问题。

祖灵信仰，或祖先崇拜，或敬祖，是具有普遍性的人类信仰文化现象，从本质上来讲这是一种信仰习惯，由图腾崇拜发展过渡而来，出现在人类由母系氏族社会向父系氏族社会的发展过程中，即在亲缘意识中萌生、衍化出对本族始祖先人的敬拜思想，最初始于原始人对同族死者的某种追思和怀念。氏族社会的演进确立了父权制，原始家庭制度趋于明朗、稳定和完善，人们逐渐有了其父系家长或氏族中前辈长者的灵魂可以庇佑本族成员、赐福儿孙后代的观念，于是开始进行祭拜、祈求祖宗亡灵的信仰活动，从此才形成文化意义上的祖灵信仰。信仰祖灵的民族很多，维达人（Vedahs）、非洲尼格罗人（Negroes）、新喀里多尼亚人（New Caledonians）、罗马人、闪族人、日本人、中国人等都以此著称。[①] 倘若用

① ［英］王斯福著，赵旭东译：《帝国的隐喻：中国民间宗教》，103 ~ 104 页，南京，江苏人民出版社，2009。

“祖先”这个概念来勾勒一幅民族志的世界地图，我们将会看到，安达曼岛、特罗布里安德岛、非洲、印度等地的民族志的印记四处可见，用许烺光（Francis, L.K.Hsu）的话说，这些人是在祖先的荫庇下生活的。[①]罗马人自古就有崇拜祖灵的信念和习俗，他们相信活着的人死去会有灵魂，他们会为死者制作雕像，供奉在家中，家族有重要或传统仪式时，会把列祖列宗的雕像都摆放出来，也会在每年的一些固定日子里，举行祭祀仪式，他们相信受祭的死者会成为家族的守护神。罗马人早期传统的家庭也是围绕祖灵信仰建立起来的，当时每个家族都有自己的墓地，活人与死者之间存在下意识的善意的想象和交流。[②]建立在祖灵信仰基础上的家族因此具有了“想象的共同体”的意义和表征，类似于中国建立在血缘关系基础上的宗法制度。随着社会文明的演进，西方的祖灵信仰逐渐淡薄，让位于多神崇拜和英雄崇拜，但是在当代西方，仍旧有类似于村庙或祠堂地位和功能的信仰形式和场所，象征着村庄传统上的一体性。祖灵信仰在不同地域和不同族群中广泛存在着，虽然其形式各具特色，但大都有着相似的起源和普遍意义，表现出人类文化跨民族、跨地方的特性，也引起了诸多学科的学者进行讨论和研究。

对祖灵信仰的研究是人类学家普遍关注的课题，我们从泰勒（Edward Burnett Tylor）、斯宾塞（Herbert Spencer）、西格蒙德·弗洛伊德（Sigmund Freud），经涂尔干（Emile Durkheim）、拉德克利夫－布朗（Alfred Radcliffe-Brown）、迈耶·福蒂斯（Meyer Fortes），大体上有一个文化脉络可寻。人类学意义上的祖灵信仰是指以相信某个集团已故成员给现有成员的生活带来影响这一信仰为基础的民俗信仰体系，涉及祭祖仪式的阐释、祖灵观念（包括象征和符号等）的探讨以及对在祖灵庇荫之下子孙们建构的亲属制度的分类等。在泰勒、斯宾塞等进化论学派看来，由于对梦境和影子的解释产生了灵魂观念，而基于灵魂观念之上的对死者的祭祀逐渐发展为祖先崇拜。涂尔干为祖灵信仰研究打下了坚实的理论基础，他认为祖灵信仰是家庭这一特殊亲属集团所固有的宗教现象，在此基

① ［美］许烺光著，王芃、徐隆德译：《祖荫下：中国乡村的亲属、人格与社会流动》，台北，南天书局，2001。

② ［法］菲斯泰尔·德·古朗士著，吴晓群译：《古代城市：希腊罗马宗教、法律及制度研究》，译者前言，上海，上海人民出版社，2006。

础上，他提出了亲属集团领导权威与其相对应的服从伦理秩序密不可分。[①] 涂尔干的研究成果成为后来人类学家的思想源泉，布朗继承了涂尔干的思想，认为宗教是社会生活的，并以此命题作为典型例证，确定了祖灵信仰的研究方向。他提出祖灵信仰是单系集团，出自一个祖先的人们组成的亲属集团特有的宗教现象，宗教的作用在于向人们提出社会所要求的道德和特有的依存感，在依赖社会的同时遵循其秩序，在祖灵信仰中，祖先性格是父亲和母亲性格的投影。[②] 福蒂斯等学者创立了将亲属关系引入祖灵信仰中进行研究解释的人类学理论，后经涂尔干到布朗最终得到了完善。此外，弗洛伊德受“图腾与禁忌”中心理学研究的影响，提出了可从父母和子女之间关系的矛盾性，探寻产生自祖先崇拜和神灵观念之上的机械论。[③] 对于中国祖灵信仰的研究，林耀华、许烺光（Francis，L.K.Hsu）、莫里斯・弗里德曼（Maurice Freedman）等学者进行了基础性研究，戴维（David）和武雅士（Arthur Wolf）则分别概括出了中国民众信仰的权力象征体系模式，继而在渡边欣雄、王斯福（Stephan Feuchtwang）、芮马丁（Emily Martin Ahern）、格如特（De Groot）、葛兰言（Marcel Granet）等学者的研究中得到拓展提升，他们都力图在中国人的信仰、仪式与象征体系中发掘中国文明与社会构造的模式。

祖灵信仰一直在中国人的生产生活中占据特殊和显著的位置，自古就是国家和社会最重大的行为。《礼记・王制》记载：“有虞氏禘黄帝而郊喾，祖颛顼而宗尧。夏后氏禘黄帝而郊鲧，祖颛顼而宗禹。殷人禘喾而郊冥，祖契而宗汤。周人禘喾而郊稷，祖文王而宗武王。”历史上，官宦富豪之家都有宗祠或家庙，上至王公国戚，下至官绅学士，皆有定制和祭祖的固定程序。古代帝王祭祀之礼，有大祀、次祀、小祀等形式，祭品形式因社会地位和身份高低而各不相同，《周礼・春官・肆师》记载：“立大祀，用玉帛牲，立次祀，用牲币，立小祀，用牲。”帝王祭祀还因四时不同而祭品有别，也有丰富的祭祀内容：“家崇祭祀，木主列于祠堂，值岁时吉凶大事，不论贵贱贫富，集众子孙，广备牲醴，得以展其孝敬。”夏商周以来，在国家与家族的不同层面，一整套与祖先沟通和祭祀

① 色音：《祖先崇拜的宗教人类学探析》，载《内蒙古师范大学学报（哲学社会科学版）》，2012（3）。

② ［英］拉德克利夫－布朗著，潘蛟等译：《原始社会的结构与功能》，170页，北京，中央民族大学出版社，1999。

③ 林惠祥：《文化人类学》，311页，北京，商务印书馆，2011。

的仪式成为大家都要慎重对待并恭敬从事的行为模式，几千年未曾中断地传承下来。“祖”文化借助土地、姓氏、宗庙、祠堂等一系列公共象征符号，及围绕符号展开的祭祀、庆典等仪式活动，形成了特定群体的在地化知识体系：食物、冥钞及别物的祭献，木主的供奉，忌辰的举行，祠堂的设立，每年的扫墓，春秋的大祭，以及此外许多事件合成一个中国式的祖先崇拜的系统，构成芮马丁所说的：“中国民间仪式是一种意识形态交流的手段，具有自己系统化的符号与程序。”[①] 恰如拉德克利夫－布朗所言，祖灵信仰是单系集团，出自一个祖先的人们组成的亲属集团特有的宗教现象，宗教的作用在于向人们提出社会所要求的道德和特有的依存感，在依赖社会的同时遵循其秩序。[②] 祖先崇拜行为的特点，首先是将本族的祖先神化并对之祭拜，具有本族认同性和异族排斥性；其次是相信祖先神灵具有神奇超凡的能力，会庇佑后代族人并与之沟通互感；最后是超越了原始图腾崇拜和生殖崇拜的认识局限，不再用动植物等图腾象征或生殖象征来作为其氏族部落的标志，而以其氏族祖先的名字取代，由此使古代宗教从自然崇拜上升为人文崇拜。

中国人口以农为生者占绝大多数，把乡土中国定位为“地方”的研究似乎就变得顺理成章了，“祖”文化的存在和凝聚力成为乡土中国能够组成一个“地方”的核心理由，村庙、祠堂与祖先共同构成了村社共同体的界限，表达着“社会”聚落的“地方意识”。祖灵信仰表达的地方公共象征符号有：姓氏、土地、祠堂、宗庙和祭祀，围绕这些公共符号展开的祭祀、节日、庆典等仪式成为地方普遍、基本且重要的社会组织活动，构成社群文化活动主体，起到了地域群体身份确认与地域边界区隔的功用，并使之作为一种传统与历史记忆持续下去，形成特定群体的在地化知识体系和地方感，使地方成为“地方”。地方作为一种观念、一种认知，凝结了群体的集体记忆和情感归属，而这一空间的社会边界比自然边界更为重要，是某一地方的人群共同体共同拥有的价值取向和知识体系，来展示中国社会的地方认同感和凝聚力。因此，祖灵信仰与族群的生成，与地方组织结构，与社会共同体等有着直接而必然的联系。英国人类

① 王铭铭：《中国民间宗教：国外人类学研究综述》，载《世界宗教研究》，1996（2）。

② ［英］拉德克利夫－布朗著，潘蛟等译：《原始社会的结构与功能》，170页，北京，中央民族大学出版社，1999。

学家王斯福认为，民间仪式往往与中华帝国时代的政治空间模式有关，在地方上，民间仪式的实践具有地域性，民间的祭仪所表达的是不同的观念，操演它的是地域化的社区与民间权力代表人，如道士、士绅与民众。[①]对于中国人而言，“祖”隐喻着天地与祖先的神圣性，是令人崇拜和敬畏的，体现着中国传统文化的基本价值取向，他们不仅将祖先视为生命最初的源头，哺育、支撑和执掌着人类的生命，而且还将它视为家庭的中心，文化的核心，是共同体认知的起源。[②]

第三节　非物质文化遗产的地方性文化传统及其意义

中国的祭祖习俗广泛存在于不同地域和不同民族中，其中列入国家级非物质文化遗产名录的有：陕西省韩城市的“徐村司马迁祭祀”、四川省美姑县的“凉山彝族尼木措毕祭祀”、安徽省祁门县的“徽州祠祭”、浙江省兰溪市的“诸葛后裔祭祖”、广东省揭东县的“灯杆彩凤习俗”、广东省深圳市福田区的“下沙祭祖”、福建省宁化县的“石壁客家祭祖习俗”、山西省沁水县的“沁水柳氏清明祭祖”、山西省洪洞县的“大槐树祭祖习俗”等，如果将它们放入中国文化传统中来考量，“祖”的地方性文化传统与社会意义得以彰显。根据甲骨文记载和考古发掘资料，《说文解字》记载：“祖，始庙也。从示，且声。”“示”指“先人”，引申义为“增加人口”“增加帮手”“增加力量”，一般用为“加力”“给力”，“示”与“且”联合起来表示“给我们子孙力量的先人”。“祖”即表示祖先与人的渊源与关照，在文化渊源和社会遗存的维度上，人们对“祖”的信仰以及所衍生的一系列文化行为，主要体现为：（1）世界观、宇宙观、人生观和生命伦理的地方知识体系；（2）信仰、礼制、祭祀和周期仪式；（3）血缘性的家族和地域性的组织模式，社会建构；（4）涉及人地、人神、

① 参见［英］王斯福著，赵旭东译：《帝国隐喻：中国民间宗教》，103～104页，南京，江苏人民出版社，2009。

② 彭兆荣：《作为认知图式的“地方”》，载《北方民族大学学报（哲学社会科学版）》，2009（2）。

人际、社际的关系维度、生活空间、社会秩序；（5）模塑民居建筑、衣食住行、婚丧嫁娶、祭祀仪式等方面的空间与形制。在历史文化传承与变迁过程中，与“宗”“庙”“国”“社”等组合，衍生出祖宗、祖庙、祖国、左祖右社等一系列相互关联的形态与意义。[①]

“祖先”在对象范围上的所指是列祖列宗，因此“祖”在指先人时，通常和“宗”连用，是为“祖宗”。甲骨文中，示＋且＝祖，祖表示父之父。《诗经·大雅·生民序》记载：“生民，尊祖也。”孔颖达疏：“祖之定名，父之父耳。但祖者，始也，己所从始也。自父之父以上皆得称焉。此后稷之于成王乃十七世祖也。”可见，自祖父以上各辈尊长都可称“祖”。甲骨文中，大＋示＝宗，“宗”代表大示。五世排序为太祖（示之曾祖）；祖（示之祖父，祖＝示且，又名太宗）；宗（示之父亲，宗＝大示）；示（示，表示当世）；小示（示之子，下一代），与宗庙、宗族、宗祠、宗法等一系列相关意涵的名词，构成了完整的中国式家庭模式、宗法制度和地缘性社会构造，也因此规制了亲缘阶序和伦理次第。又见《礼记·祭法》记载：“有虞氏禘黄而郊喾，祖颛顼而宗尧。”及孔颖达疏：“祖，始也，言为道德之初始，故云祖也。宗，尊也，以有德可尊，故云宗。”此处“祖宗”则是对始祖及先代中有功德者的尊称。《礼记·祭法》云：“（殷人）祖契而宗汤，（周人）祖文王而宗武王。”明朱国祯《涌幢小品·朱巷》说：“既即大位，刻石于临濠之陵，并祭四代祖考。”这样以三代或四代为整体的祭祖形式至今仍很常见，所以有“列祖列宗”“光宗耀祖”等拟构成的一个想象的共同体。在中国文化和历史长河中，尤其是在各种关键时点上，想象的共同体能够促成理想的统一意识形态，从而突破个人局限，达到群体行动和利益的实现。具体表现为，同宗族的人在祖先遗留下来的土地上共同生活，有共同墓地，为祖先的神主牌位建造庙宇，或称“祠堂”，每到纪念性或节庆的日子，为祖先举行祭祀仪式，整个宗族的人都要遵照相关规定和仪式程序参加。这也许就是格尔兹所谓的“地方性知识”，以我们熟知的形式来展现，展现为每个人都能够，都应该认识的世界，因此使得这种地方性知识具有了实践性、自然性和规制性

① 彭兆荣：《“祖先在上”：我国传统文化遗续中的“崇高性”——兼与巫鸿的“纪念碑性”商讨》，载《思想战线》，2014（1）。

等。① 借助这个文本设置，格尔兹把我们带到了个人情感与集体表象密切互动的关系当中，迫使我们观看民族精神和文化的理想型与特定社会中的个人人生观糅成一体的过程。②

"祖"与"社"一脉相承，根据甲骨文记载和考古发掘资料，"社"当起源于殷商，"社"字在甲骨文中与"土"字一样，后来加上了"礻"旁，从示从土。根据《说文解字》记载："社，地主也。"及《春秋传》："共工之子句龙为社神。"《荀子·礼论》："故社，祭社也。"商代之"社"，文献亦有明证，《墨子·明鬼下》："昔者夏商周三代之圣王，其始建国营都日，必择国之正坛，置以为宗庙，必择木之修茂者，立以为丛社。"③"社"是祭祀土地的场所，也出现过将宗族祠堂之神称为"社神""社主"，或者将地域内的先贤人格偶像化，进而又演变为"社神"的现象，因此"社神"也因时代不同而发生了诸多变化。

在中国文化传统中，"社"文化意指土地、土地神及所衍生的一系列文化行为。"社"文化建构了宇宙、天地与人的认知系统，调整着自然、社会和个人之间的互动关系。"社"既与"土"字一样，"祖"与且通，又"且"与"土"同，因此有学者认为"祖"与"社"具有同源性，乃生殖器崇拜的孑遗，二者意思一致。④ 又有学者认为，在人们的神灵观念中，祖先神观念产生最早，其后分化出社神、天帝等，由此可以推断，"社"的司冥功能与祖先具有同构关系。《说文解字》记载："示，天垂象，见吉凶，所以示人也。从二，三垂，日月星也。观乎天文以察时变，示神事也。"可见"示"即是天的意旨的象征，是自然物象神圣化、人文化的产物。而以"示"分别与"且"、"土"合之为的"祖"、"社"，同样也是祖先、自然、土地神圣化、人文化的结果，是令人崇拜和敬畏的。根据《周礼·考工记》记载，社稷坛设于王宫之右，与设于王宫之左的宗庙相对，前者代表土地，后者代表血缘，所谓"左祖右社"，同为国家的象征。在中国人口以农为生者占绝大多数，"社"文化的存在和凝聚力成为乡土中国能够组成一个"地方"的核心理由，地理范围、自然生态、组织结构、祭祀活动

① ［美］克利德福·格尔兹著，王海龙、张家瑄译：《地方性知识——阐释人类学论文集》，109 页，北京，中央编译出版社，2000。
② 王铭铭：《西方人类学思潮十讲》，119 页，桂林，广西师范大学出版社，2005。
③ 陈宝良：《中国的社与会》，383 页，杭州，浙江人民出版社，1996。
④ 段振美：《殷墟考古史》，76 页，郑州，中州古籍出版社，1991。

等经常是“地方”范畴上的社会建构。乡土中国就是借助“祖”与“社”把有血缘关系的许多家庭组织在一起，成为地方普遍、基本且重要的社会组织，构成社群文化活动主体，地缘与人群的结合由此构成村社共同体的界限，展现人群聚落的地方形态。“祖”与“社”与族群的生成，与地方组织结构，与社会共同体等有着直接必然的联系。彭兆荣教授也有相关论述：要理解中国乡土社会的本质特点，“社”与“祖”为两个关键词，前者表示人与土地“捆绑关系”的发生形貌，后者则表明土地人群在生殖、生产、传承观念上的期盼和行为上的照相，而这一根本属性与“地方人群”紧密结合，形成重要的历史结构，也是所谓“地方性力量”的根本动力。①

在儒家观念中，“孝”与“忠”被认为是在世为人的首要品性和美德，对祖先的崇拜并不仅仅是在节日中要供奉、祭祀的一种信仰仪式，而是日常要遵守的行为准则。如《中庸》十九章“事死如事生，事亡如事存，孝之至也”，即表明对已经去世的先人，要像他们依然在世一样的尊敬；“丧礼无他焉，明死生之义，送以哀敬，而终周藏也，……事生饰始也，送死饰终也，终始具而孝子之事毕，圣人之道备矣。”（《荀子·礼论》）等都体现了古代圣贤相信祖先的存在，相信祖先可以保佑自己的子孙，从而加强了既有的祖灵信仰观念。道教认为人有三魂，当人一过世时，一归阴间，一入坟墓，一留于祖先牌位，这种灵魂观与佛教的“地狱道”“饿鬼道”的来世观，大大丰富了民间祖先崇拜的亡魂观和祭拜方式。此外，又有从阴阳五行混合而生的谶纬学说，从佛道天堂地狱的来世思想产生的“经忏符箓”“修仙学佛”等思想加添于原有的祖灵信仰上，对民间祭祖观也产生了一定的影响。宋代以降，儒道释三教在死后世界观及仪式上相融合，程颐、朱熹等人都曾认真讨论过祭祖的仪式和制度，葬地的选择，神主牌位的式样，墓位的安排，因为这些关涉儒教重要的礼仪和物质表象，儒家的大传统仍是民间祖先崇拜的核心。所以，民间的祭祖观至今仍以古时供养亡灵，求亡灵庇荫以至繁荣子孙为本。任何哲学或学术思想至终均走向世俗化，而民间信仰正表现了这种特征。祖灵信仰的发展传承是中国文化传统的自我调适过程，是其本身的延续性与创造性的统一。当代“传统的发明”“社会的记忆”等概念的提出，促使人们从现代文化中发现现代制度只不过是一种

① 彭兆荣：《人类学视野中“地理的地方”与“地方的地理”》，载《贵州社会科学》，2011（6）。

新发明的传统，发现一些貌似现代的文化形态也只不过是人们历史记忆的制度化和仪式化的结果。因此，祖灵信仰是中国道德价值和伦理秩序得以传承发扬的重要载体，是中国几千年文化核心的当代展演。祖灵信仰是国与家信仰的共同体，也是建构地方社会，确定个人身份的符号和表征系统，为人类和世界提供解释的方法，超越了阿诺德·范·盖内普（Arnold Van Gennep）的“阈限”，并赋予生活本身以系统、明晰、真实而超越的存在，也势必将内化于个体生命之中，成为人性的一种品质，是促进宇宙、社会和个人的相互混融。其追求的目标，大多是一个比现实世界更加美好，更加理想的存在，具有超社会与超个体的意涵，是超自然关系和超社会力量的集中体现，体现着人类的自我超越性。

在长期的社会历史实践中，祖灵信仰及其文化体系涉及生活方式、生产实践、社会行为和思维方式，并与国家上层建筑和象征体系的构造形成微妙的冲突和互补关系，形成一套包含宇宙观、世界观、人生观的认知体系，包括对自然界的诸多物体、物质、物理、物性以及人类自身体性所形成的整体性实践、阐释、分类和应用的总结，蕴含了先辈们对自然规律和人文事象认识的智慧结晶，体现了中国传统的经验、认知、表述、知识、效应等为一体的，具有超越性的祖灵信仰哲理体性。关于中国祖灵信仰的发端，郑玄注疏：“有虞氏以上尚德，禘郊祖宗，配用有德者而已；自夏已下，稍用其姓氏之先后次第。”①可见，当时的祀祖并不以亲缘关系为脉络，而是以“有德”来衡量。及至殷商时代，甲骨文字的大部分内容是与祭祀占卜相关的，相当多学者通过卜辞内容探讨殷人信仰理念，大都认为殷人相信过世的祖先的灵魂依然存在，和上天很接近，且带有神秘的力量，能够延福降祸于子孙。周人则不仅深信祖先的灵魂有降祸赐福的能力，且可配乎于天，君主自称是“天子”，在祭祀活动时，供飨天神要以祖先配祀，称“配享”，祖宗神因此在形式上取得了同等于天的地位，俨然成为祭祀的实质主体了，这是祖先崇拜在天地崇拜中的反映。唯先王的典型美德可以遵行的感受，所以产生了以“敬德”为主的祭祀理论，期望藉勉励祭祖来纪念并效法先人的德性，透过有血统关系的先祖代为请命，得天福佑。《诗经·大雅·下武》所言“三后在天”及《文王》所言逝去的周文王“在帝左右”等，均表意祖灵可以假借天提供庇护和保佑，这对国家的最高统治者和一般平

① （汉）郑玄：《礼记正义》，1783页，上海，上海古籍出版社，2008。

民来说，都是不可或缺的精神需求。可以肯定地说，祖灵信仰之原始本质与敬畏上天有关，这是祖灵信仰在天地崇拜中的反映，应和了中华文明天人合一、天人感应的认知理念，从而赋予祖先一种灵验和神圣的力量，借助于仪式和象征体系，使天道、通达、人性得到了完美的混融同一，生活的体验也因此具有了超越性，或者说宇宙性。季羡林先生据此认为，中国文化的特点在于天与人配合，所以“天人合一”是中国文化对人类最大的贡献，是中国传统文化所表征的最高境界，其反映的必是人类普遍的理想追求。①

① 季羡林：《东西文化比较》，92页，北京，新世界出版社，2017。

第五章　物、博物馆与非物质文化遗产展演[①]

亚里士多德曾说过："记忆就是人们所感受到的事物在我们的脑海里留下的印记或捕绘的图景。"我们所记住的并不是所有与我们有关的物品、图画、书籍等，而是会记住我们想记住的，因为这些在情感上对我们很重要。害怕遗忘是一个十分重要的问题，所以人们开始注重修建博物馆来保存文化纪念物，以保存民族的文化记忆和文化认同。对于实物的收藏与展示无疑是博物馆的主要功能，并延伸到了当代非物质文化遗产保护领域，非物质文化遗产要借助具体的实物来完成自己的功能。对非物质文化遗产的物质形式的整理和保护主要包括物品的展示、收藏和空间布局；与保存物质遗产相关的知识、方法和技术；对器物的处理、保存方法和解释等。也可以具体指民间建筑风格、宗教信仰和实践、社会组织和社会结构、艺术风格、审美系统、亲属结构和对自然环境的适应等。与其说博物馆成为遗产展示的空间性载体，不如说遗产运动带来了"博物馆化"的社会文化理念。无论是物质形态的文化遗产，还是非物质文化遗产，抑或是自然景观或者文化遗迹，都被带入了"博物馆化"的历史进程。

第一节　物与物质文化研究

何为"物"？《说文·牛部》记："物，万物也。牛为大物，天地之数起于牵牛。故从牛，勿声。"何谓"牛"？"牛，大牲也。牛，件也。件，事理也。

① 本章内容由拙作《物与鄂伦春人的人观研究：猎业时代》（载《北京社会科学》2016年第1期）扩充、修改。

象角头三，封尾之形。”可知“牛”乃大物，亦可为“件”，“件”再化为“事理”。又有“天地之数起于牵牛”之说，于是，“牛”又可作为指代天地之物的符号，故而以符合万物之事理本相，成为“物”核心意义之来源。而“勿”声之“勿”是一种杂色旗，表示杂色。本义：万物。即是说，文明起源之初，人们以牛为大牲，所指世间万物，“杂帛”“事”“器”“外境”等均为“物”之延伸之义。① 中华文明之“物”，由“古者包牺氏之王天下也，仰者观象于天，俯者观法于地，观鸟兽之文与地之宜，近取诸身，远取诸物，于是始作八卦，以通神明之德，以类万物之情”。(《周易》)可窥见以一物象万物，以万物象天地之道的思想，乃“观物取象”法，故有将天、地、人视为一体，相互融通之世界观，其中尤以道家最具代表性。道家强调万物为一：“道生一，一生二，二生三，三生万物。”(《道德经》)“人法地，地法天，天法道，道法自然。”(《道德经》)事实上，在儒家学术体系里，一直存在天、地、人、万物一体的学说和观点，有：“天何言哉？四时行矣，百物生矣。”②“天生蒸民，有物有则。民之秉彝，好是懿德。”③“天地与我并生，万物与我为一。”④ 这种认知不仅形成了中国文化中“天人合一”“人物一体”“人天同构”的整体思维认识，而且成为中国思想的精髓。及至张载提出的“故所以妙万物而谓之神，通万物而谓之道，体万物而谓之性。”⑤ 易言之，神、道、性等无不可以从物中求得，反过来也可以像汪晖通过大量史料证明的那样：“‘物’不是孤立的、客观的事实，而是处于一定的关系、制度、秩序、规范之中的‘物’。”⑥ 源于《礼记·大学》八目的：格物、致知、诚意、正心、修身、齐家、治国、平天下，所论述的“欲诚其意者，先致其知；致知在格物”。可见，修身、齐家、治国、平天下的人生诉求，是以格物致知为原点和前提的。“凡欲明明德，欲止于至善者，无不从格物开始穷理。”⑦ 所表达的即是“能尽物之性，则可以赞天地之化育；可以赞天地之化

---

① 王铭铭：《心与物游》，178 页，桂林，广西师范大学出版社，2006。
② 朱汉民：《中国传统文化导论》，31 页，长沙，湖南大学出版社，2010。
③ 刘道英译注：《诗经》，181 页，西宁，青海人民出版社，2002。
④ 王先谦：《庄子集解》，13 页，北京，中华书局，1987。
⑤ 张载：《张载集》，63 页，北京，中华书局，1978。
⑥ 汪晖：《现代中国思想的兴起》，262 页，北京，生活·读书·新知三联书店，2004。
⑦ 朱熹：《四书章句集注》，3 页，北京，中华书局，2007。

育，则可以与天地参矣。"[①] 朱熹认为人与物都是文化的具体呈现，我们从中可以探寻人类的意义表达。概括地说，中国文化中的"物"论由来已久，即是将物与人统一于自然之中，由众物之性探寻人事之理，无疑为我们由物入人的文化研究奠定了理论前提和言说基础。

在西方文化里，" matter"（物）来自拉丁文" material"，《韦氏英语双解词典》对其解释多达 7 类 19 种，如可指" object thing"（人以外的具体的东西）；" content"（内容，实质）；" the outside or material world versus onesef"（自己以外的人或跟自己相对的环境）；"substance"（由自然物体组成的物质）；"subject"（言说或书写的主题）等等。德国哲学家马丁·海德格尔（Martin Heidegger）对物进行了探本溯源，海德格尔指出，近代科学之"物"的观念既继承了产生于罗马人传统的" res"（物），又保留了古希腊时期"物"之经验的个别元素，如将"物"经验当成切身有关之" thing"（事情），意为"聚集"，并且大都指向一件所谈论的事情，一种争执的聚集。在拉丁语中，"物"被阐释为"被制造者和被表象意义上的在场者"，到了中世纪，又演变成"一个以任何方式在场的东西"。后来，在西方形而上学中，"物"一词实指"以某一方式存在的某种东西"，接着在德国哲学家伊曼努尔·康德（Immanuel Kant）那里转变为"表象的对象"，从此"物"失去了自身的性质。[②] 及至现代，"matter"的意义所指大致有："广泛地指称所有 substance（生命和非生命的物质材料）和所表现的 thing（事 / 情）；包括各种对事物的成因和演变的解释、判断以及社会活动；人类有目的的物质生产和获得的实践活动。"[③]" matter"的这些存在特质与表现特征并非泾渭分明，而是相互混融。西方历史上对"物"的阐释大致有以下几种路径：马克思主义主张的"唯物主义"，表现出通过对"物"的社会化生产的研究以体现其社会进化的强烈倾向；结构主义关注物的内部结构和普世价值；性别学研究关心物在历史上之于不同的社会性别所表现出的个性和差异；现象学则侧重

① 梁振杰注说：《大学中庸集注》，153 页，开封，河南大学出版社，2016。

② ［德］马丁·海德格尔著，孙周兴译：《演讲与论文集》，182 页，北京，生活·读书·新知三联书店，2005。

③ Raymond Williams. *Keywords: A Vocabulary of Culture and Society*. New York: Oxford University Press, 1983, p.197.

于探询事物的存在和表象之间的关系。① 概之，学者们都试图通过对“物”的思考，探究那些凭附于“物”之上的文化意义和历史价值。

物 / 物质文化及其相关话题的探讨一直是人类学、民族学、考古学、遗产学或历史学等学科领域关注的对象。20 世纪 90 年代以降，学术界呈现出了注重以物的空间、物的使用、物的交换、物的功能、物的阐释、物的象征等为视角和脉络来认识和探讨文化社会的架构和样态。人类学历来把对“物”的研究视为重要的领域，并形成了民族志对“物”的多种研究范式，人类学者受惠于他者对“物”的分类和感知，擅于运用第一手民族志材料，侧重于从物自身或物的交换，物的分类与象征，物与人观等几个方面对“物”进行认知，力图通过丰富的民族志材料呈现出地方文化中“物”深邃的意义世界，由此使“物”成为人类学领域中与“时间”“空间”“人观”等内容研究并行的一个重要的视域和范畴。与西方近代以来出现的将“词”与“物”相分离与对立的认识基点不同，人类学所涉之“物”大凡指有形之物（tangible）、客体之物（object）。在学科知识谱系中，对于物的研究始于路易斯·亨利·摩尔根（Lewis Henry Morgan）、马林诺夫斯基（Malinowski）、马塞尔·莫斯（Marcel Mauss），后经列维 – 斯特劳斯（Levi-Strauss）、埃德蒙·利奇（Edmund Leach）、玛丽·道格拉斯（Mary Tew Douglas）、马歇尔·萨林斯（Marshall Sahlins），到阿尔君·阿帕杜莱（Arjun Appadurai）、伊戈尔·科普托夫（Igor Kopytoff）、卡萨纳利（Lee V. Cassanelli）、贝利（C. A. Bayly）、西敏斯（Sidney W. Mintz），大体上有一个文化脉络可寻，他们都力图在功能、仪式或象征体系中以“物”或“物质”阐释人类文明与社会构造的模式。人类学者普遍认为物与物质文化具有自身的逻辑与价值，能够形成为一个独立的研究领域，在对“物”的认识和探讨上侧重于物的物质性研究，也就是对实体物的具体存在形式的研究，强调物的文化生成意义，即物的文化性特征以及物与人之间的社会关联，主张物与人之间互为主体性的回归。

人类学关于“物”的研究视域大致包括以下几方面内容：将物视为文明进化的标志和形态，进而作为分析、划定社会进化程度或文明类型的标识或根据，探讨各种文化形态之间的相互关系，以此重构人类演进的历史；通过物以满足人们适应环境的基本需要的手段或工具，考察社会的结构形态和文化要素的功能，物

① Martin Heidegger. *Introduction to Metaphysics*. New Haven: Yale University Press, 2001, p.1.

因此被用于描述、说明和探讨特定社会情境和文化秩序；以物为媒介，在物的交换和流动中观察和分析群体与群体之间，人与人之间的关系，对物、人、社会、文化的关系体系进行研究；探讨物的分类，物的符号表述及其与其他象征性的关系，分析物所承载的意义价值以及物在社会系统中的作用和特定族群的认知体系等。由此可见，人类学对于“物”和“物质文化”的研究从历史时空情境下的整体文明、文化的比较逐渐转向更为具体的功能、分类、符号、象征意义和人类认知等层面的研究。继而，美国印度裔学者阿帕杜莱及其他几位英美人类学家和历史学家将物视为有社会生命之“物”，倡导“物的人类学”（anthropology of things）研究，即没有生命的“物”何以具有了其自身的能动性，客体之“物”是怎样影响到人的社会关系的，阿帕杜莱的论说开启了理解物的价值如何外化，如何探讨的研究范式，在物的研究中由“人们如何制造物”向“物如何制造人”模式的转化。拉都尔（Bruno Latour）和韦贝尔（Peter Weibel）所提出的“物本民主”（object-oriented democracy）的言说则标志着人类学对物的研究范式在反思中得以回归。① 同时，学者们关注于透过物的历史社会文化脉络，探讨族群生活及其蕴含的心性，透视地方性的人观，探讨在主客体互化的情形下人借助于物的自我与情感的表达。由上，我们不难发现，人类学有关物 / 物质文化的研究除了关注“物”本体的历史生命历程外，也会将视野投向物的交换以及由物生成的身体感和地方性知识的分析，更有对特定族群社会生活方式和心性的深层探讨。其突出的贡献在于通过不同的探讨路径呈现不同物性，以及透过象征性沟通体系的探讨来连结之所以可能的物 / 物质文化与价值意义系统，以凸显人类学视角下物 / 物质文化研究在人类文化知识理论发展上的独特意义与贡献。

第二节 物的分类及其文化意义阐释

具体的物是具体历史文化背景之“物”，物因此在某一特定文化模塑下呈现

① Latour, Bruno. From Realpoliticto Dingpolitic, In Latour, Bruno & Peter Weibel (ed.), *Making Things Public: Atmospheres of Democracy*. Cambridge, Massachusetts. London: The MIT Press, 2005: 16.

出不同的存在样态。有些学者试图由物与其他分类关系着手，在其象征化过程和系统中建构分析模式，彰显了不同分类概念在特定族群文化本质及其知识体系中的不同意义。在传统的游猎文化中，鄂伦春人对于自然物、制造物、共享物、私有物以及神圣物，对于物与人之间的地位和关系，物与社会建构等都形成了自己的认识、分类和阐释，以理解自我以及周围的世界，并由此折射出对自然界或生活环境的看法，形成人类族群共同体独特的价值体系、认知体系和解释体系。

鄂伦春人传统的文化模式是狩猎文化，他们的衣食住行所需皆取自自然环境，鄂伦春人深刻地体会到自身与自然息息相依的关系，视自然为他们安身、衣食、繁衍的物质依托，因此对自然万物充满了敬畏和崇拜。为了得到自然的庇佑，鄂伦春人广泛信仰 tilɑtʃ'a purk'an（太阳神）、tɔlɔn purk'an（北斗七星神）、ətin purk'an（风神）、urə purk'an（山神）、t'ɔɔ purk'an（火神）等诸多自然神灵。[①] 具体做法是在农历三十晚上或正月初一朝南方叩头，烧九炷香，表示敬天；八月十五供奉月亮；农历腊月二十三或正月初一晚上烧七炷香供奉星辰，鄂伦春人认为雷是很大的神，打不到猎物或人有病时，都要向它祈祷。鄂伦春人也会祭拜山神，他们将一棵高大的老树，砍去一块树皮，在上面画个脸形，用红布遮盖，猎人路过这里时，要给它装烟、敬酒、叩头，要用打到的猎物给它上供，鄂伦春人于是有"下江敬江神，入山拜山神"[②] 的说法。除此以外，鄂伦春人还将 t'aʃk'a（虎）、ət'irk'əən（熊）、kuʃk'ə（狼）、k'umaxa（鹿）、k'ulin（蛇）、jetʃ'een（鹰）、tʃinəxəə（鸟）、fulɑxi（狐狸）等各种动物赋予人的身份和名称，给予人类礼仪的祭祀。他们认为 ət'irk'əən（熊）与自己的祖先有着一种血缘亲族关系，将其称为"uturu"（曾祖父）或"ut'əəxə"（曾祖母），猎到熊以后要说"aaximi"（睡着了），而不能说"wɑɑmi"（死了），还要为熊举行祭拜及安葬仪式，猎到熊以后先把熊头割下来，用草包裹好安放在临时搭成的木架上，进行风葬，同时猎人要跪下磕头祷告，请求熊的原谅，把熊肉抬回来以后，全"uliir"[③]（乌力楞）共同享用，然后把熊骨收集起来，像对待族人那样举行送葬

① Latour, Bruno. From Realpolitic to Dingpolitico, In Latour, Bruno & Peter Weibel (ed.), *Making Things Public: Atmospheres of Democracy*. Cambridge, Massachusetts. London: The MIT Press, 2005, p.16.

② 王为华：《鄂伦春原生态文化研究》，260 页，哈尔滨，黑龙江人民出版社，2009。

③ "uliir"是鄂伦春语，指由同一父系祖先的人们所组成的人。

仪式，假装哭泣，再行风葬或土葬。[①] 总体上，传统鄂伦春人对于自然界或生活环境中的生物或非生物之分界并不清楚，不同于现代人，鄂伦春人没有将人与物视为两个完全不同的概念与范畴各有其运作逻辑，而是将人和自然视为一体。所以在当时的情境下，他们将自然界中的事物：tilɑtʃ'a（太阳）、peja（月亮）、tələn（北斗星）、axtee（雷）、ətin（风）、t'ɔɔ（火）、urə（山脉）、tʃɔlən（岩石）、piraxan（河流）及诸多动植物都神圣化、人格化，将物视为和人一样的生命体，都是有ʃucii（灵魂）的，因此使得自然界的事物具有与人一样平等甚至高于人的地位和身份，并且因为所有的事物本身均因各自独立存在的ʃucii而具有一定的主体能动性，人与自然物之间就像人与人之间一样是一种主体间的互动关系。也因此，他们尽可能依自然界的物性处理人与自然的关系，维持自然界生态上的稳定与平衡，如禁止猎打正在交配或幼小或怀孕中的兽类，更选择万物有灵的信仰视角来表达人类对自然的尊崇与敬畏。

20世纪70年代以前，鄂伦春人与外界接触较少，大多过着自给自足的生活，他们擅于用野兽皮毛和树皮制作各种工具和用品，如pjuxʃəərk'i（犴皮裤子）、k'umaxaxʃəərk'i（鹿皮手套）、inɔk'əxʃəaawun（貉皮帽）、nonoxoxʃəʃoxt'on（熊皮褥子）、kiwtʃ'exʃə ula（狍皮被子）及t'akan（杯）、t'əwnk'i（桶）、k'ɔɔ（壶）、tʃ'aŋk'u（碗）、t'aluumɔŋkɔ（桦皮船）、p'it'awun（狍哨）等。这些物品经加工制造完成后大都用于日常生产生活，成了平常物或客体物，由此变换了物的性质和地位。对于鄂伦春人而言，只有处于自然状态中的物才有ʃucii，经过加工制造的物品不具有ʃucii，因为该物品已经失去了原物所具有的主体能动性和人与物的初始关系。因此在面对未经加工的自然物时，鄂伦春人是敬畏和崇拜的，但在自然物经加工使用过程中及以后，鄂伦春人则将其视为单纯的客体之物，对其是操控和驾驭的。自然物之所以会失去原来所具有的ʃucii而成为单方面受人操控享用的人造物，主要是经过人依特殊的方法、技术制造转化的结果，包括技术、艺术、巫术等地方性知识。在自然物成为人工物的过程中，除了使自然物失去ʃucii而客体化，转换了人与物的地位和关系外，更融入了个人的能力和创意，突出了群体中的个体身份和个人能力，使物成为个体能力差别的标

① 韩有峰：《〈民俗文库〉之十四·鄂伦春族风俗志》，109～110页，北京，中央民族学院出版社，1991。

志，从而成为凸显群体成员相对创造力和智慧的具体标志和象征。因此，鄂伦春人在和具有主体性之自然物的互动过程与从事无主体性之客体物的加工制造工作是不同的，在性质上有根本的差别，前者是与自然物进行直接的互动，后者的制造过程是在转化自然物，使人与物之间的混融性出现了区隔，人与自然物之间的平等同一性转换为人与制造物之间的驾驭屈从的关系。不过，这些转换并不表示人会操控自然，人的力量会胜过自然物，因为人利用物的效果首先要取决于人是否遵从于物的特性与本质规律，即是说自然本身具有影响人对物操控的力量，限制人与物互动的可能与效果。凡此均强化了人与自然的紧密关系而难以分隔，也昭示了人在物上的创造性及人与物之间的不可超越性与对立性，甚至人还要受制于自然，人通过物来实现生产生活的目的往往只能遵循物的属性与特质。

鄂伦春人传统上依据冰雪、草木、禽兽等最能体现物候特点的自然物象划分季节：雪融化的季节是 nəlk'i（春天）；青草长出来的季节是 dʒuwɑ（夏天）；草木枯黄的季节是 pɔlɔ（秋天）；落雪的季节是 t'uwɑ（冬天）。他们依据季节的自然韵律来建构生产与活动的实践时间（见表 5–1），可以看出鄂伦春人一年四季的主要生产活动是狩猎，并以此作为生活的依托和保障。根据相关资料记载表明，过去，鄂伦春人依狩猎生产方式所得的产品维持着当时所需食物的 90% 以上，而采集和捕鱼所得只占不到 10%，与狩猎活动最紧密相关的物包括：猎枪、猎马、猎狗等，它们也因此成了与鄂伦春人关系最密切的物，是与鄂伦春人互为一体的，既具有鄂伦春人所赋予的主体神圣性，又以客体使用物的身份存在。鄂伦春人对猎枪非常珍爱，每次狩猎回来不管多累，第一件事就是擦拭猎枪，然后放到不易碰撞的地方。在出猎之前还要小心地接好每一个部件，猎枪是不轻易借给他人使用的，猎枪也是神圣的，当病人久治不愈、猎马丢失、久猎不获或有人外出不归时，都会使用猎枪进行占卜并祈求神灵保佑。鄂伦春人对马充满了感激之情，常说“马就是我的双腿”，他们视马为亲密的朋友，非常爱惜，精心照料，自己不吃不喝，也要把马侍弄好，即使在饥荒的时候也从不宰杀，而富有神圣性的 ɔɔŋkɔ murin（神马）只准驮载神物或由男性老人骑用。鄂伦春人对猎狗也十分珍爱，每当打到野物，首先要给猎狗丢一块好肉，猎狗在狩猎时一旦被野兽咬伤或抓伤，就是马驮、人背也要把它带回去，设法为其治好伤，如果因伤势过重死亡还要挖坑掩埋，鄂伦春人也忌食狗肉。[①] 可以看出，猎枪、猎马、猎狗等物除了涉及鄂伦春人观念中共有的ʃucii而来的主体性外，同时又以被动的客体物的身份用于生产活动，出现了物的主体性与客体性，普通性与神圣性相混融的状态。之所以会呈现如此情形，是因为在鄂伦春人的观念中，也会依物在生产生活中的重要性及物与人之间关系的远近亲疏而赋予物多重内涵和意义。

表 5–1　鄂伦春人生产活动时间表

时间	nəlk'i（春天）	dʒuwɑ（夏天）	pɔlɔ（秋天）	t'uwɑ（冬天）
	intʃixaanərin（鹿胎期）	p'ən t'uu ərin（鹿茸期）	ureerə ərin（鹿尾期）	nana p ut'arɑərin（打皮子期 / 打肉期）
活动内容	狩猎	狩猎；采集；捕鱼；制作树皮工具	狩猎；采集	狩猎
活动地点	森林	森林；草地；山坡；江河；住地	森林；草地；山坡	森林
参与人员	猎手（一个 uliir 的大部分男性成员）	猎手（一个 uliir 的大部分男性成员）；一个乌力楞的部分女性成员	猎手（一个 uliir 的大部分男性成员）；一个乌力楞的部分女性成员	猎手（一个 uliir 的大部分男性成员）
活动对象	野兽	野兽；可食性野菜；菌类；鱼；树皮	野兽；可食性野果；块根类植物	野兽
主要工具	pəjuʃt'əmiwtʃ'een（猎枪）；murin（猎马）；nanaxin（猎狗）；pjuʃt'ək'ɔl'ɔ（猎刀）；ureewun（鹿哨）；p'itʃ'awun（狍哨）	pəjuʃt'əmiwtʃ'een（猎枪）；murin（猎马）；nanaxin（猎狗）；pjuʃt'ək'ɔl'ɔ（猎刀）；ureewun（鹿哨）；p'itʃ'awun（狍哨）；ɔlɔkita（鱼叉）；t'aluumɔŋkɔ（桦皮船）；mɔtaan（鞣皮刀）	pəjuʃt'əmiwtʃ'een（猎枪）；murin（猎马）；nanaxin（猎狗）；pjuʃt'ək'ɔl'ɔ（猎刀）；ureewun（鹿哨）；p'itʃ'awun（狍哨）	pəjuʃt'əmiwtʃ'een（猎枪）；murin（猎马）；nanaxin（猎狗）；pjʃt'ək'ɔl'ɔ（猎刀）；ureewun（鹿哨）；p'itʃ'awun（狍哨）

在鄂伦春人的传统观念里，森林、草地、山坡、江河以及自然界的所有生物或非生物都属大家共有，任何人都可以在山林里进行渔猎活动。在山林打猎所得的猎物通常由全uliir共同享用，猎人们打猎归来，男女老少围成一个大圈，按老年、壮年、青年、小孩依次席地而坐，妇女们把煮熟的兽肉分给

① 韩有峰：《〈民俗文库〉之十四・鄂伦春族风俗志》，121页，北京，中央民族学院出版社，1991。

大家，至于皮张等则实行轮流分配制。如果发现有多吃多占，隐瞒猎物或者不肯救助弱者行为的人是要遭到人们指责的，甚至没有人再和他一起出猎，有这种行为的人最后不得不承认错误，并把猎物拿出来与大家平分或给予需要帮助者。鄂伦春人认为猎物是pajinatʃ'a（山神）赏赐的，打到猎物决不能独吞，而应该和大家共同享用，太贪了pajinatʃ'a就不会再赏赐猎物了。所以即使不同uliir的两个狩猎组在同一个猎场相遇，如果其中有一个组没打着猎物，那么另一组就会慷慨地把自己猎获物的一半无代价地送给对方。同样，当一个猎手打到一个猎物，另一个一无所获者正好赶上时，则一定要分给他一半。他们认为野兽不是谁养的，而是长腿到处跑着的，今天你打着了不能保证明天还能打着，所以要互相帮助。因此，即使是劳动力强、马匹多、枪法好的人也不会离开集体而单独进行狩猎活动，不愿与人合作的猎手往往受众人蔑视，被认为是自私自利的人。① 在传统的鄂伦春人社会里长期存在着以自然场所和猎获物为主体的公有物或共享物，公有物或共享物大都界定于自然物的维度，不涉及加工制造物，这主要源于人对自然物和加工制造物工作的性质的不同。自然物的活动成果主要取决于人与物在特定时空中的互动条件和情境，不同于基于人应用工艺技术转化自然物为人造物的情形，人造物凸显了人如何转化自然物的技能，使制造者的特殊能力得以具体化，也因此划定了公有物或共享之物的范畴。狩猎活动最能凸显整个社会生活的节奏而具体地代表着他们当时的生活方式，在鄂伦春人社会，一个人的成功更充分表现在狩猎生产上，狩猎经验丰富和狩猎技术高的人会收获更多的猎物，为氏族和家庭创造和累积更多成果。也可以通过猎获物来宴请及帮助氏族其他成员，通过猎获物的分享与分配可以累积并延续擅猎者的声望，树立其在族群内的威权，在社会中会更有地位和威望。由上，可以清楚地看到在游猎生产生活实践过程中，鄂伦春人不仅因物性的不同影响到人与物之间的关系性质上差别，也影响他们对于不同类别物的分配与享用，这里涉及的是鄂伦春人相当普遍却涵盖不同层次的共享之价值与实践。

传统的鄂伦春人社会虽属于原始氏族公社性质，但也存在着大量的私人占有物：制作的各种用具；采集的野菜野果；酿造的果酒；晾晒的鱼肉干等都归属于加工制造者个人所有。经过加工制造的物品是由人与环境、自然之间的互

① 韩有峰：《〈民俗文库〉之十四·鄂伦春族风俗志》，46页，北京，中央民族学院出版社，1991。

动产生的劳动产品，加工制造物在生产过程中经过人与物的互动而具有特殊的关系和随之而来的特别限制，由制造者或与其家庭成员支配享用。当出现猎获物丰余的情形，猎人们则不管是集体或个人出猎，都要将所获得的猎物驮运回uliir，把肉进行切割，然后将肥瘦、好坏搭配着按户平均分配，此猎物一经分配便有了所有者，物因此由共有物转变成了私有物，由所有者保留、支配、享用。但此处之“物”却不具有现代所有权的意义，因为传统鄂伦春人人观强调能力强者必须帮助弱者的道德规范，鄂伦春人对于uliir的鳏寡孤独者和丧失劳动能力者都予以照顾，认为这是大家应尽的义务，所以个体所有者又会将这些分到的猎物送给uliir及以外的人享用。此时的物一旦离开了所有者，谁为接受使用者并无特定身份上的限制，甚至任何有机会接触到该物的人都可以享用，然而，享用者却有等量及以上回馈的义务。鄂伦春人的生产劳作要保障家庭平日生产生活所需外，还要累积更多日后生产及享用所需的基础，所以必须生产出更多的产品。他们会将暂时不用的衣物、肉干、粮食和野菜、野果等储藏在əwlən（高脚仓库）里，这种仓库无人看管，如果有人需要使用，无须经过主人的许可，就可到仓库里取食物，事后如数还上就行了。因此相对于自然物，这类客体化的加工制造物反而让一般人得以在个人回报能力范围内便可享用，然而虽不具人与物或人与人的特定关系而可被任何有机会接触到的人所享用，却可因个人长久的持有、储存与累积而成为个人所有的标志。累积的成果具体象征该家庭群体的成就与声望，成为一家兴衰、财富、盛名的具体象征，成为社会声望的来源，对之消费上的分享则维持以及加深了已有的人际关系。尤其在当时，鄂伦春人在一年超过2/3的时间里都在从事着狩猎以及与之相关的仪式性活动，在这些活动过程中以及后期的分配、赠与与享用，使物因赠与分享而成为促进人与人互动的媒介，往往是在不断地巩固或创造新的社会关系和人际关系，uliir内部成员之间的关系，不同uliir之间的关系，鄂伦春人与异族群之间的关系。附着在物品上的寓意还远不止于此，物品的集中再分配则在流动的过程中维系了群体或保持了群体的发展，在社会层面上，在彼此沟通，以及作为成员臣服中心统治者的仪式，维系了合作体系本身。①

① ［美］马歇尔·萨林斯著，张经纬、郑少雄、张帆译：《石器时代的经济学》，219页，北京，生活·读书·新知三联书店，2009。

鄂伦春人社会中还有一种特殊之物——神偶之物，这是随着祖先崇拜和偶像崇拜的发展出现的。鄂伦春人把各种神根据自己的主观意识和想象用木头制成形态各异的偶像，也有画在布和纸上的，分别代表着 ɔtʃɔɔ purk'an（祖先神）、tʃuləəʃk'i purk'an（灶神）、dʒuu purk'an（房屋神）、dʒawlu purk'an（养畜神）、apkaraa purk'an（保安神）、uk'ulu purk'an（疾病神）等等。这些神像通常都装在用树皮做成的神龛里，放在 maluu（北铺，尊位，只有男性家长可以坐卧）的位置上，供奉时才拿出来，祈祷家人安康或祈求神灵多赏猎物。鄂伦春人信奉萨满教，做法事的法具主要有 ponpoxee（神帽）、ʃamaxix（神衣）和 uŋt'oon（神鼓）。神帽的骨架是用厚皮子做成的；神衣是用兽皮缝制的；神鼓的架子是用木板制成的，鼓面是用褪了毛的小鹿皮做成的。这些物件在鄂伦春人观念中属神圣之物，具有超乎于人的主体性和神圣性，此神圣性来自于万物有灵的观念，这些神圣之物是鄂伦春人与自然界中万物之 ʃucii 进行沟通联系的具象化存在。换言之，神圣之物是鄂伦春人用以维持与自然物或其他信仰体的关系和依托，是人们对那些想象性存在之种种依赖和受惠关系的符号和象征。其前提是当时环境下，处于原始社会中的鄂伦春人面对千变万化的自然现象和一些已有的认识所无法解释与解决的问题——火灾、水灾、旱灾等天灾以及各种流行性疾病时，往往把这些灾难归之于未能履行尽职祭拜祖先或神的仪式或族内人的行为失序导致祖先或神给予的惩罚，此时鄂伦春人只能举行一些仪式，祈望与天地或祖先进行沟通以解决困境。这不仅涉及鄂伦春人观念中所具有的宇宙及社会秩序之象征意义，更涉及他们面对日常生活能应用的各种能力所无法了解与处理的问题时所能依附的超自然的力量，一旦面对天灾而无法应用日常生活中的理解来应付时，便不得不依赖于信仰或超自然范畴来解决，而这范畴是与他们对物的理解与分类相辅相成的。鄂伦春人人观中的神圣之物大都是具有 ʃucii 的自然物，是立基于人与物互动的地方化象征性沟通体系上的，更是建立在他们对于物的原初形态和意义的认识及日常生活所接触到的自然环境的理解之上的。

由上，我们了解了鄂伦春人社会中关于自然物、制造物、共享物、私有物以及神圣物的认识、分类和阐释。可以看出传统鄂伦春人对于物的分类与认识不仅与物是否具有 ʃucii，具有主体性及相关的人与物之亲密关系有涉，也影响到物与人之间的地位与主客关系，社会建构以及由此延伸而来对自然界或生活环境的看法。可以见得，鄂伦春人的人观体系是建立在于特定时空中人与物的直接互动关系基础上的。法国社会学家爱弥儿·涂尔干（Émile Durkheim）和马塞尔·莫斯（Marcel Mauss）把物作为分类的原则，涂尔干对“分类”进行了阐释，他认为：“分类是指人们把事物、事件以及有关世界的事实划分成类和种，使之各有归属，并确定他们的包含关系或排斥关系的过程，分类具有等级性，是关于物的秩序安排，分类的目的就是要把物或事区分开来。”[①] 涂尔干和莫斯又进一步提出：“原始分类是根据社会所提供的模式建构起来的，对物进行分类的蓝本来自社会，事物的分类再现了人的分类。”[②] 可见，“物—分类”原本属于人类的认知范畴，是一个文化概念，人类社会借助于“物—分类”得以认识世界并进行文化记忆。

第三节　博物馆与非物质文化遗产展演

通过文化记忆相关理论，文化必须借助于符号才能得以被认知、被传习、被保存和传承，这些文化符号包括语言，还有图片、体态、舞蹈、仪式、风俗、习惯，具有纪念意义的建筑物，城镇面貌甚至包括乡村风光等。人类需要一些辅助之物，如建筑、场所、物件、图像等来帮助我们记忆，其中最重要的是物质性物件。古希腊人非常崇拜记忆力，他们认为提高记忆力方法的基本原理是：“你要记住某件东西，就把它同你已知的或固定的东西联系在一起，并且要依靠你的想象力。”古罗马人发明了很多记忆方法，其中最著名的当属“罗马家居法”[③]，我们今天所用的编码法、信箱法、场所编码法就是罗马家居法的延续和

① ［法］爱弥儿·涂尔干、马塞尔·莫斯著，汲喆译：《原始分类》，2页，上海，上海人民出版社，2005。

② ［法］爱弥尔·涂尔干、马塞尔·莫斯著，汲喆译：《原始分类》，7页，上海：上海人民出版社，2004。

③ 罗马人注意到自己家里的物品摆设、家具还有许多器皿一般是固定在一个地方不动的，如果以它们为媒介，把需要记忆的内容与每样物品进行想象，那么只要想起物件就可以想起所记忆的内容。另外，因为是自己的家，物品摆放自己很熟悉，顺序不会搞乱，那么只要按照顺序回想，记忆内容的顺序同样也不会搞乱。罗马家居法既可以记住要记住的内容，还可以按顺序记忆。

发展。古希腊人、古罗马人虽然没有我们今天的科学理论，但他们已经认识到了提高记忆力的科学方法和原理，作为人类记忆之“物”的其实是环绕在我们周围的一系列物品。人们将神话、祖先与历史以及他们希望记录的一切，投射在与之相关的器物上，工具、器械、图像、色彩和建筑物等等，这些作为人类活动的物质痕迹跨越数千年，让人类来回顾，正如扬·阿斯曼对“根基式回忆”进行的阐述：“根基式回忆总是通过一些文字或非文字性的、已被固定下来的客观外化物发挥作用（即使在非文字社会中也是如此）。其目的在于将一种跨越的、结合的、去除短暂性的、且在形式的媒介中得以稳定的知识变得可见。”[①]正因为如此，至少从欧洲的文艺复兴开始，人们便有着强烈的对丢失物品的恐惧感，因为一物一旦丢失，集体记忆也可能消逝。人们的担忧源于人们曾丢失过许多事物，尤其是关乎欧洲文明起源的古希腊、古罗马的事物，当时的人们认为记忆保存的期限只限于物品的存在时间，人们由此开始关注保护与保存物件，开始建构文化记忆场促进集体记忆的保存与延续。这些场所是能够唤起民族记忆的文化记忆场，它们往往能够构建起民族文化的整体形态，为个体获得民族身份认同发挥一定作用。

非物质文化遗产的文化记忆场可以涉及生存环境、空间场域、仪式庆典、风俗习惯、民族建筑、器具物件、历史文本等，这样的文化记忆场包括能够唤起一个族群对其文化深层次的记忆的环境和事物。这个事物可以是具体的物质性存在，如民族传统建筑、壁画、石窟、雕刻、碑石和手工制品等，也可以是一种象征性的行为，甚至包括精神层面的认知习惯。这些事物、行为或习惯能够唤起一个民族共同体的集体记忆，从而获得民族认同感，以此保证民族文化的延续传承。文化记忆场的存在让非物质文化遗产在具体的客观存在中得到记忆和展现。当传统渐行渐远，不同的族群面临文化生存危机的时候，人们为了保留记忆与认同，进行了世界范围内的遗产保护工程，同时开始去寻找和建构一些能够保留文化记忆的场所，由此促成了博物馆事业的蓬勃兴起。“博物馆”(museum) 这一概念来自于西方文化，14—16 世纪，西方国家掀起了去世界各地旅行和探险的热潮，旅行者和探险家在所到国家或地域搜集珍贵艺术品和稀有

① ［德］扬·阿斯曼著，金寿福、黄晓晨译：《文化记忆·早期高级文化中的文字、回忆和政治身份》，46 页，北京，北京大学出版社，2015。

古物进行收藏，形成了大批私人收藏珍宝的情势。随着欧洲文艺复兴运动的展开，激起了人们进行古物学研究的风气，并带动了文物分类法和修护技术的兴起。17世纪，私人收藏家开始将其珍藏的文物进行展览，供一般民众参观，私人博物馆出现，随之公共博物馆相继建立，并在18—19世纪之间数量大增，人们开始关注博物馆及其陈列物的分类，对馆藏物品的管理更加细化和专业化。发展到20世纪，博物馆已经演变成了一种社会公共资源，人们利用博物馆传播知识，进行科学研究和教育活动，陈列、展示与研究通常被视为博物馆的三大基本功能。

及至现代，随着大众旅游的广泛兴起，越来越多的人热衷于欣赏异域文化和在历史遗产中寻求文化的轨迹，博物馆也因此而成为人们热衷的旅游项目。与此同时，在后现代主义的文化语境中，博物馆作为一种社会机构开始在学术界展开反思热潮，尤其是福科的“知识考古”的观念及其对知识话语权力的批判，更成为博物馆作为一种陈列及展示机构及其权威性叙事能力的反思资源。博物馆从以收集、保存、研究和展示物质遗产为目的，向更广的领域延伸，特别是文化遗产领域。对于非物质文化遗产保护，博物馆发挥的作用主要体现在三个方面：一是对非物质文化遗产的物质形式进行收集和典藏；二是对非物质文化遗产进行展示和研究；三是进行非物质文化遗产的文化传承。今天的博物馆已不再只倾向于物质遗产的收藏和展览，而是开始注重文化遗产、社区和博物馆之间的互动关系。有人称这一时期的博物馆为“后博物馆”（post-museum）时代。[①] 但是由于“非物质文化遗产”被界定为一种活的记忆（living memory），强调无形文化（传说、歌曲和技艺等）的活态性和对文化的体验与过程，关注于文化的多元性、族群性和地方性，注重大众的参与与互动，然而博物馆的功能更主要在于收集、典藏、陈列、展示和研究，似乎和非物质文化遗产的本体性并不对应。同时，非物质文化遗产及其所属群体的博物馆化现象，也引起了人们对于遗产实践的政治性思考。另外，民族博物馆在持有和展示遗产物体的时候，除了有赖于民族学者的学识和诠释，展览实践将新的释义与知识不断大众化的教化功能之外，越来越多地从经济发展的角度谄媚于外来游客，物品被

① ［英］迈克尔·罗兰著，汤芸、张原编译：《历史、物质性与遗产：十四个人类学讲座》，173页，北京，北京联合出版公司，2016。

重新处置、重新分类、重新组织，以满足于新的公众的需求。非物质文化遗产通过各种博物馆实践，是更好地保存了自己，还是为自身带来了更多政治、文化、经济的误读，是个值得探讨的问题。[①] 19 世纪，有些学者便开始讨论，认为对于非物质文化遗产而言，博物馆不是保护，而是对人类历史与文化的自然生命的威胁甚至破坏。不过，尽管人们已经意识到博物馆具有意识形态和政治性色彩，但是，直至目前为止，在学者们看来，博物馆仍旧是实现遗产的保存及展览的一种行之有效的方式，因此博物馆对非物质文化遗产的传承和保护是必要且重要的。

① 葛荣玲：《遗产研究：理论视角探索》，载《徐州工程学院学报（社会科学版）》，2012（1）。

下　篇

第六章　人口较少民族：非物质文化遗产论述

第一节　民族、人口较少民族及相关问题阐释

在中国古代典籍中，用来表达类似“民族”这一概念的语词有“民”“族”“种”“部”“类”，也有“民人”“种人”“民群”“民种”“部族”“部人”“族类”等。①中国历史上还有“夏人”“商人”“周人”“秦人”等类似于“民族”的人群统称，但严格说来都不是我们现在意义上所用的“民族”，更确切地说这些概念的涵义所指是一个政治体，是归属于某个政权下的一群人的统称。梁启超创造的“中华民族”这个词的称呼，最初多被用来指称“汉族”，即汉人，后来又有了“中国人”的阐释。现在我们说的“中华民族”是代表中国现代民族的共同体名称，是对中国境内获得认定的56个民族的统称，具有国族的性质。“民族”一词在中国的普遍使用则迟在20世纪初期，以对译英文“Nation”一词，另外还有“People”“Nation”“Nationality”“Race”“Ethnic group”“Yolk”等类似“民族”涵义的词汇，分别用来指代具有不同特征的人类群体。“People”一词来源于拉丁文“Populus”，现代含义包括“人、人民、民族、人类、公民、民众、种族、黎民、百姓等，引申义指人/人民/市民，一般指‘在古罗马公共广场上聚会于树荫下的人’”。②在现代人文与社会科学界，“民族”通常用来指经过长期历史发展而形成的稳定共同体，一群基于历史、文化、语言与其他人群有所区别的群体，是近代以来通过研究人类进化史及种族所形成的概念。

在具体运用时，同一个民族的人可以有不同的历史渊源，不同的地域，不

① 韩锦春、李毅夫：《汉文“民族”一词的出现及其初期使用情况》，载《民族研究》，1984（2）。

② Eastlake Frank Warrington：《英和新辞林》，883页，东京，三省堂，1894。

同的语言，不同的宗教信仰，这个民族的人群可以是最初就有的，也可以是在历史发展过程中形成的，也可能是不同的民族在文化交往中融合成了新民族。但一个民族在政治、经济、文化艺术、语言文字、风俗习惯、心理素质等方面具有自身的特点，并随着社会的发展，自然环境和生活条件的改变而不断变化。相关统计数据显示，全世界共有70.57亿居民，分属2000多个民族，其中，有人口在1亿以上的民族，也有不足千人的民族。[①]中国汉族是世界上人口最多的民族，菲律宾棉兰老岛的塔萨代族是人口最少的民族，仅24人。一百万以上人口的民族有200多个，这些民族人口的总数超过了全球人口的96%，而在其余不到4%的人口中，却涵盖了1800多个民族。在全球化和现代化背景下，随着民族交往和文化融合趋势的加剧，民族的总体数目正在呈现下降趋势，尤其是人口较少民族的数目锐减，而全球人口总数却在持续增长。此外，民族矛盾、宗教冲突、种族差别、政治上不平等以及经济发展不平衡等要素都直接或间接地影响着世界民族的构成和民族成分的变化。当今世界上大多数国家都是由多民族构成，同时还存在着不同类型的人群共同体，如部族、氏族、部落等，在他们的社会里并不存在和使用“民族”，因此国际上对“民族”尚无统一的认识。正如其他历史现象一样，民族也有其自身形成、发展和消亡的过程和规律，然而，正是由于出现了民族的区分，人们开始面对和处理复杂多变的民族关系和民族问题，同时也向学者们提出了一系列重大课题，引发了人们的关注和思考。

在西方文化传统里，将世界不同地域或处于不同发展阶段的民族大致划分为两类：一类被统称为“文明民族”，或称“先进民族”“历史民族”“有文字民族”；另一类则被称为“野蛮民族”，或称“落后民族”“自然民族”“无文字民族”等，表现出这些术语使用者本身的民族中心主义的价值判断。对于所谓“文明民族”的研究，皆由文艺复兴运动以后所形成社会科学或人文科学的各学科进行，例如，关于欧洲民族运动兴起时期所产生的民族概念、民族原则和民族主义思潮等问题一般由政治学研究；关于民族来源、形成发展和民族意识、民族性格等问题则分别由历史学和心理学研究；而社会学更多关注民族社会结构和社会矛盾等问题，民俗学研究生活方式和风俗习惯等问题。然而，面对“地理大发现”及之后所发现的大量非欧洲民族或族群，以往的研究都感到

① 广东省民族宗教研究院：《民族宗教1000问·民族篇》，2页，广州，广东人民出版社，2014。

生疏和无所作为，于是，19世纪中叶便形成了一门专以美洲、非洲、大洋洲和东南亚民族为研究对象的特别学科——“民族学”，由于当时欧洲国家统治殖民地的需要，“民族学”在相当长的时期内成为政府进行殖民地民族研究的主要学科部门。直到第二次世界大战后，随着民族解放运动的发展和殖民体系的瓦解，学者们开始将民族学研究的关注点延伸到欧美各国的现代民族，将研究“简单社会”所得出的理论、方法和经验推广到对于“复杂社会”的研究。

美国人类学家、民族学家玛格丽特·米德（Margaret Mead）曾提出用“前文字民族”指从未有过文字经验，但在接触到文字时能有所反应的民族；用“无文字民族”指生活在文字发明以前年代，潜力上不易接受文字传播的民族；以“不能用文字的民族”指那些读写仅限于某些有地位的社会成员的民族；用“未使用文字的民族”指虽经历读写训练但仍未能使用文字的民族。在人类历史发展过程中，大部分民族都没有创造出属于自己的原生文字或书面语言，只是在与异民族长期文化交往过程中，出现了广泛的文字借用现象，因此“无文字民族”这一概念只表示没有文字的事实本身，并不涉及进化序列上的先进与落后，或者是将其作为人类文明发展顺序中某个阶段的代表。中国是一个多民族、多语言国家，据相关资料统计数据，共有五大语系129种语言，30种文字。[①] 实际上中华人民共和国成立前只存在16种民族文字：蒙古文、藏文、满文、维吾尔文、彝文、朝鲜文、哈萨克文、傣仂文、傣哪文、傣绷文、金平傣文、老傈僳文、景颇文、柯尔克孜文、锡伯文、俄罗斯文等。新中国成立后，国家又为一些民族制订了文字方案，新创了一批文字，如黔东苗文、湘西苗文、川黔滇苗文、滇东北苗文、壮文、布依文、侗文、瑶文、白文、哈尼文、黎文、傈僳文、佤文、拉祜文、纳西文、载瓦文、土文；此外，还有一些只有少数人使用、未能通行的文字，如水书、方块壮字、方块白字、方块瑶字、傈僳竹书、方块拼音苗文等；历史上已消亡的文字有突厥文、回鹘文、察合台文、于阗文、焉耆—龟兹文、粟特文、八思巴字、契丹大字、契丹小字、西夏文、女真文、东巴图画文字、尔苏沙巴图画文字等。

20世纪初期，中国一些著名学者，如蔡和森、李鹰扬、郭沫若、吴文藻、费孝通、林耀华等人将西方民族学的理论方法引介到中国，并积极推动中国

① 孙宏开：《中国的语言》，5页，北京，商务印书馆，2007。

民族学的学科建设与研究工作。20世纪中期，学者们纷纷深入田野，对中国少数民族社会历史进行了系统的调查和学术研究，编撰了《民族问题五种丛书》，民族问题研究成为中国政治和文化发展的重要方面，同时关注到了人口较少民族社会发展问题。2000年，国家民委办公厅《关于开展中国人口较少民族经济和社会发展调查研究的通知》中指出："我国共有56个民族，其中人口在10万以下的有22个（1990年人口普查统计），由于这些民族的人口数相对较少，人们一般称其为人口较少民族。"同时指出"除人口相对较少，这部分民族1949年之前，大多数社会发展水平较低，地理上一般处于国家边疆、边缘地区，传统文化呈现原始的狩猎、采集或传统农耕等形态，且普遍具有经济社会发展落后、传统文化迅速消失等现代化进程中的特殊困难和问题，再加上这些民族在人口、居住格局、文化等方面存在一些特殊性，也带来一些发展中的特殊问题"，概括出了人口较少民族的社会特点。2017年，国务院印发《"十三五"促进民族地区和人口较少民族发展规划》，规划中对人口较少民族重新做了界定："总人口在30万人以下的人口较少民族全国共有28个，分别是：珞巴族、高山族、赫哲族、塔塔尔族、独龙族、鄂伦春族、门巴族、乌孜别克族、裕固族、俄罗斯族、保安族、德昂族、基诺族、京族、怒族、鄂温克族、普米族、阿昌族、塔吉克族、布朗族、撒拉族、毛南族、景颇族、达斡尔族、柯尔克孜族、锡伯族、仫佬族、土族，人口合计189万，主要分布在内蒙古、辽宁、吉林、黑龙江、福建、江西、广西、贵州、云南、西藏、甘肃、青海、新疆等13个省（区）和新疆生产建设兵团的2390个人口较少民族聚居行政村（人口较少民族人口比例不低于20%），所辖人口相对集中的自然村落约1万个。"①

人口规模相对较小的民族群体存在于世界上的各个地区，如印度安达曼族和明戈比族，埃塞俄比亚的莫西族，印度尼西亚的托瓦拉族，巴基斯坦的杜立巴人，俄罗斯的涅涅茨人、埃文克人、萨阿米人等等，这些族群人口规模相对较少，有的仅有百人或几十人，他们从事传统的农耕、捕鱼或狩猎采集活动。传统上西方人类学、民族学界对一些人口相对较少，特别是文化相对简单的民

① 参见国务院2017年印发的《"十三五"促进民族地区和人口较少民族发展规划》。

族比较关注，他们习惯上用“原住民”“部落民”或“土著”等称呼。在全球化和现代化背景下，由于自身文化的特点，这些民族都面临着文化生存和社会发展问题，从全世界范围来看这些问题具有极强的普遍性和同质性。费孝通教授在分析鄂伦春族、裕固族、撒拉族、赫哲族等人口较少民族的社会问题时，称它们为“小民族”或“小小民族”，他讲到“在全球化的浪潮之中，一些根蒂不深、人数又少的民族，如鄂伦春族，政府的确也尽力在扶持这个民族。他们吃住都没有问题，孩子上学也不要钱，但本身还没有形成为一个有生机的社区，不是自力更生的状态。所以在我脑子里一直有一个问题，在我国万人以下的小小民族有十多个，他们今后如何生存下去？在社会的大变动中如何长期生存下去？”[①] 可以看出，费孝通教授在使用小民族（或小小民族）概念时考虑了两个因素，分别是人口因素和文化因素，“人口因素”是指相对蒙古族、壮族、回族等人口众多民族，小民族的人口数量比较少，据第六次人口普查数据显示，鄂伦春族只有 8000 余人，赫哲族 4000 余人；“文化因素”则是这些民族社会发展水平较低，文化形式相对简单，在现代社会发展过程中显示出诸多不适应。这一界定，可以说，切中了小民族的文化特点与问题要害，小民族问题也引起了世界范围内的普遍关注。

本项研究中，特别关注“人口较少民族”的非物质文化遗产保护问题，主要基于以下考虑：（1）由于非物质文化遗产是依托于人本身存在的，以声音、动作和技艺为表现手段，并以身口相传作为文化链而得以延续，因此传承人在非物质文化遗产保护中起着非常重要的作用，而人口较少民族无论是通过社区群体或个人来传承非物质文化遗产都面临着更大的潜在危机；（2）人口较少民族分布较广，他们拥有的非物质文化遗产的类别和数量众多，且大多鲜为人知，这些特定群体珍稀的文化遗产应该为人们所认知和关注；（3）在现代化和城镇化进程中，人口较少民族的传统文化普遍面临着更大的威胁，非物质文化遗产保护传承工作尤显紧迫。在中国境内，人口不足 5 万的民族主要包括普米族，42861 人（云南）；阿昌族，39555 人（云南）；怒族，37523 人（云南）；鄂温克族，30875 人（内蒙古）；京族，28199 人（广西）；基诺族，23143 人（云南）；德昂族，20556 人（云南）；保安族，20074 人（甘肃）；俄罗斯族，15393 人（黑

① 费孝通教授在第六届社会学人类学高级研讨班上所作的题为《民族生存与发展》的报告。

龙江）；裕固族，14378 人（甘肃）；乌孜别克族，10569 人（新疆）；门巴族，10561 人（西藏）；鄂伦春族，8659 人（黑龙江 / 内蒙古）；独龙族，6930 人（云南）；赫哲族，5354 人（黑龙江）；高山族，4009 人（台湾）；珞巴族，3682 人（西藏）；塔塔尔族，3556 人（新疆）。另外人口较少民族中大部分没有本民族文字，在论及非物质文化遗产传承时，尤其强调口头传承的重要意义。

第二节　非物质文化遗产：人类学的解读

在西方文化视野下，遗产的英文词汇“heritage”源于拉丁语，意思是“父亲留下来的财产”，后来延伸为“祖先留下来的财产”，外延也由一般的物质财富扩展为“有形文化遗产”“无形文化遗产”以及“自然遗产”。[①] 遗产的概念和所指在英国、美国、法国、日本、韩国都经历了相似的发展历程，在汉语文化情境下，中国人更强调物品所具有的历史价值以及这些价值的传递性，将具有珍贵价值和收藏意义的物品称为“文物”，汉语“文物”一词最早出现在《左传》里：“夫德，俭而有度，登降有数，文物以纪之，声明以发之，以临百官。”[②] 这里的“文”“物”分别指代“知书达理的或从事教化的”和“礼仪用品或礼乐制度”，唐代以后才逐渐衍变为“古器物”“古物”的涵义，具体可指石器、陶器、铜器、玉器、瓷器以及工艺品、书画、古文献等，及至 20 世纪初期，其外延又得到了进一步拓展，包括了古建筑、古遗址、古墓葬等不可移动文物，总体来说“文物”是人类在长期生产生活实践过程中创造的文明成果，具有丰富的人文价值、艺术价值和科学价值，是人类宝贵的历史文化遗产。在近现代文化遗产保护运动的推动下，又催生了“文化遗产”“自然遗产”等遗产概念的分类和界定。

“文化遗产”是一个较新近形成的概念，兴起于 20 世纪初期的欧洲，基于在二战中所经历的民族消亡与文明消解现象的反思，1947 年联合国教科文组织

---

① 苑利：《文化遗产与文化遗产学解读》，载《江西社会科学》，2005（3）。

② （春秋）左丘明著，李维琦等注：《左传》，37 页，长沙，岳麓书社，2001。

（UNESCO）提出要保存（preserve）或保护（protect）文化遗产，并于1972年在巴黎签订了《保护世界文化和自然遗产公约》，提出了遗产是全人类创造的伟大财富，属于全人类共同拥有，强调了遗产文化价值的普适性和国际社会的共同责任，倡导整个国际社会都应该参与到保护遗产的工作中来，并提供必要的国际援助和进行科学、技术、财政等方面的必要合作。《公约》从人文和学理的角度分别对"文化遗产"和"自然遗产"作出了界定："从历史、艺术或科学角度看具有突出的普遍价值的建筑物、碑雕和碑画、具有考古性质成分或结构、铭文、窟洞以及联合体；从历史、艺术或科学角度看在建筑式样、分布均匀或与环境景色结合方面具有突出的普遍价值的单立或连接的建筑群；从历史、审美、人种学或人类学角度看具有突出的普遍价值的人类工程或自然与人联合工程以及考古地址等地方。""自然遗产"被阐释为："从审美或科学角度看具有突出的普遍价值的由物质和生物结构或这类结构群组成的自然面貌；从科学或保护角度看具有突出的普遍价值的地质和自然地理结构以及明确划为受威胁的动物和植物生境区；从科学、保护或自然美角度看具有突出的普遍价值的天然名胜或明确划分的自然区域。"[①] 在此基础上，《公约》还提出了保护的具体工作，即"确定、保护、保存、展出和遗传后代"。联合国教科文组织于1989年通过了《保护民间创作建议案》，建议世界各国尽快采取行动，保存、保护并传播民间创作这一全人类的共同遗产，同时提出"民间创作（或传统的民间文化）是指来自某一个文化社区的全部创作，形式包括语言、文学、音乐、舞蹈、游戏、神话、礼仪、习惯、手工业、建筑术及其他艺术"[②]。此后，联合国教科文组织宣布了《人类口头和非物质遗产代表作》，代表作的范围包括："口头传统，以及作为文化载体的语言；传统表演艺术（含戏曲、音乐、舞蹈、曲艺、杂技等）；民俗活动、礼仪、节庆；有关自然界和宇宙的民间传统知识和实践；传统手工艺技能；与上述表现形式相关的文化空间。"[③] 学界将文化遗产大致分为"物质文化遗产"和"非物质文化遗产"，"物质文化遗产"指的是传统意义上的"文化遗产"，根据《保护世界文化和自然遗产公约》的阐释，物质文化遗产

① 参见联合国教科文组织于1972年在巴黎签订的《保护世界文化和自然遗产公约》。
② 参见联合国教科文组织于1989年通过的《保护民间创作建议案》。
③ 参见联合国教科文组织于1989年第二十五届会议通过的《人类口头和非物质遗产代表作》。

包括古建筑、古墓葬、文化遗址、石刻、壁画和碑雕、铭文、窟洞以及具有珍贵价值的历史文献资料等。“非物质文化遗产”（无形遗产）是对应“物质文化遗产”（有形遗产）提出的概念，是指各民族人民世代相承的、与群众生活密切相关的各种传统文化表现形式，如民间文学、风俗习惯、仪式活动、表演艺术、传统知识和技能，等等。

2001 年，联合国教科文组织通过《世界文化多样性宣言》，提出了文化多样性是人类的共同遗产，文化多样性对于维持民族的独特性和进行文化交流、文化创新以及促进人类文化多元化的重要意义，是人类社会发展的源泉和动力，各种形式的文化遗产都应该得到保护和传承，《宣言》还特别指出了文化权利与人权的关系，提出了文化多样性对于维护少数人群体和土著人民权利的积极作用。2003 年，联合国教科文组织通过的《保护非物质文化遗产公约》，提出了“非物质文化遗产”的概念：“指被各社区、群体，有时是个人，视为其文化遗产组成部分的各种社会实践、观念表述、表现形式、知识、技能以及相关的工具、实物、手工艺品和文化场所。”① 具体包括“口头传统和表现形式，包括作为非物质文化遗产媒介的语言；表演艺术；社会实践、仪式、节庆活动；有关自然界和宇宙的知识和实践；传统手工艺”。在此之前，国际社会曾经使用“人类口述和非物质遗产”“民间传统文化”“无形文化遗产”等概念来表述“非物质文化遗产”，其内涵所指大体一致。联合国教科文组织分别于 2001 年、2003 年、2005 年确认三批“人类口头和非物质遗产代表作”：第一批 19 项，第二批 28 项，第三批 43 项，共计 90 个项目，分布于全世界 69 个国家和地区。② 推动了联合国教科文组织“遗产概念”被世界各国广泛运用与实践。中国政府秉承联合国教科文组织关于保护非物质文化遗产的理念和原则，以《保护非物质文化遗产公约》为参照于 2011 年通过了《中华人民共和国非物质文化遗产法》，是我国进行非物质文化遗产保护的基本法律，其中对“非物质文化遗产”及其主要形式进行了基本界定：“本法所称非物质文化遗产，是指各族人民世代相传并视为其文化遗产组成部分的各种传统文化表现形式，以及与传统文化表现形式相关的实物和场所。非物质文化遗产的范围包括：传统口头文学以及作为其载体的语言；

① 参见联合国教科文组织 2003 年通过的《保护非物质文化遗产公约》。

② 王文章主编：《非物质文化遗产概论》，203 页，北京，教育科学出版社，2013。

传统美术、书法、音乐、舞蹈、戏剧、曲艺和杂技；传统技艺、医药和历法；传统礼仪、节庆等民俗；传统体育和游艺；其他非物质文化遗产。”①

根据以上公约和法律条文的相关阐述，非物质文化遗产总体表现为人们在生产生活中创造的各种文化表现形式以及与之相关的物质和空间的文化建构。非物质文化遗产的持有主体是一定的社会群体、团体或个人，特定族群或民族共同体是非物质文化遗产的创造主体，同时也是非物质文化遗产得以传承和创新发展的力量源泉。而保护非物质文化遗产目的则在于维护人类创造的优秀文明成果和人类文化多样性的存在，促进对不同族群，尤其是少数人群体和对不同文化类型的尊重。此外，也透视了非物质文化遗产所具有的地域性、民族性、传统性、活态性等文化属性。非物质文化遗产的地域性彰显了非物质文化遗产产生于特定地理环境之中，是区域气候、生态、资源等自然情境和人类人文活动相互作用的结果；民族性则体现了非物质文化遗产创造主体的独特性，即由某一特定群体所创造和拥有，涵盖了这一群体的宇宙观、价值体系和生命认知信仰；传统性是指非物质文化遗产产生与传承具有自身的历史渊源，非物质文化遗产是产生或形成于特定时代的文明成果，与人类的精神生命和情感记忆紧密相关，我们今天所看到的非物质文化遗产状态是经过人们实践的历史发展的产物；活态性主要体现在非物质文化遗产的存在状态和传承特性上，非物质文化遗产是依赖人的活动才得以生存和依靠传承人的口传身授进行传习的，离开了人的活动则非物质文化遗产便失去了生命力。

非物质文化遗产是不同历史时期不同民族或族群团体在生产生活实践过程中创造的各种知识和技术文明成果，呈现的是人类所进行的波澜壮阔的劳动与创造的伟大历史画卷。世界不同种族、民族或族群社会创造和传习下来的传统文化是他们适应自然环境，认识自然，与自然不断互动累积形成的精神文明成果，同时建构了民族共同体，形成了民族共同体的族群认同和文化记忆，促进了人类文化多样性和为不同文化之间进行交流和对话提供了多种可能的实现。就人类社会的生存发展而言，文化多样性就如同生物多样性对维护自然界的平衡一样意义重大，文化多样性和生物多样性之间有着必然的紧密联系，正如教

① 参见中华人民共和国第十一届全国人民代表大会常务委员会第十九次会议于2011年2月25日通过《中华人民共和国非物质文化遗产法》。

科文组织总干事费德里科·马约尔（Federico Mayor）所提出："人类的身体健康离不开保护生物多元化，同样，人类的精神健康也离不开保护文化语言、意识形态和艺术的多元化。"[①] 口头和非物质文化遗产是劳动人民生产生活智慧的结晶，负载了特定历史内容和历史观念，具有历史、地理、民俗、宗教、社会、心理、经济等广泛的内涵和独特的价值，亦折射出人类普同的生命观、哲学观、道德观、礼仪观、宗教观。它们是文化多样性的基底，亦是人类创造性和社会可持续发展的源泉动力，从而有利于丰富文化多样性和人类的创造性，有利于促进不同族群之间的理解、互信，消除人类社会的隔阂、分歧和冲突，有利于加强人类民主、正义和多元文化价值观的实现。

第三节　人口较少民族非物质文化遗产的价值意义

中国丰富的口头和非物质文化遗产起源于远古时代，绵延于五千年中华文明发展的历史进程中，既与世界上其他地区和族群的文化有许多相通之处，又禀赋着自身多元化、多样态的文化特性，尤其彰显了文化的民族性和地方性。中国少数民族非物质文化遗产十分丰富，截至2014年，仅国家级少数民族非物质文化遗产总数就达431项，占国家级非物质文化遗产项目总数的35.4%，少数民族非物质文化遗产是中华民族文化遗产保护的重要组成部分。人口较少民族以及无文字族群世代传承和保存了大量史诗、传说等口传文学资料和丰富的语言、艺术、音乐、舞蹈、游戏、神话、礼仪、习惯、手工艺、节庆等民族传统文化形式，共同构成了中华民族"多元一体"的文化格局。例如，人口在5万以下的17个人口较少民族拥有国家级非物质文化遗产总计39项，包括民间文学；传统音乐；传统舞蹈；传统戏剧；曲艺；传统体育、游艺与杂技；传统美术；传统技艺；传统医药；民俗等类别，详见下表。

① 联合国教科文组织总干事费德里科·马约尔（Federico Mayor）于1997年11月在联合国第29届全体会议上提出。

表 6–1　人口较少民族国家级非物质文化遗产目录（部分）

民族	项目名称	所在地区
阿昌族	遮帕麻和遮咪麻 阿昌族户撒刀锻制技艺	云南省梁河县 云南省陇川县
保安族	保安族腰刀锻制技艺	甘肃省积石山保安族东乡族撒拉族自治县
德昂族	达古达楞格莱标 德昂族浇花节	云南省德宏傣族景颇族自治州 云南省德宏傣族景颇族自治州
独龙族	独龙族卡雀哇节	云南省贡山独龙族怒族自治县
俄罗斯族	俄罗斯族民居营造技艺 俄罗斯族巴斯克节	新疆维吾尔自治区塔城地区 内蒙古自治区额尔古纳市
鄂伦春族	鄂伦春族摩苏昆 桦树皮制作技艺 桦树皮制作技艺（鄂伦春族桦树皮船制作技艺） 鄂伦春族古伦木沓节 鄂伦春族民歌（鄂伦春族赞达仁） 鄂伦春族狍皮制作技艺 端午节（五大连池药泉会）	黑龙江省 内蒙古自治区鄂伦春自治旗 / 黑龙江省 内蒙古自治区根河市 / 黑龙江省大兴安岭地区 黑龙江省 内蒙古自治区鄂伦春自治旗 / 黑龙江省大兴安岭地区 内蒙古自治区鄂伦春自治旗 / 黑龙江省黑河市爱辉区 黑龙江省黑河市
鄂温克族	鄂温克族民歌 鄂温克抢枢 鄂温克驯鹿习俗 鄂温克族萨满舞 鄂温克族瑟宾节 桦树皮制作技艺（鄂温克族桦树皮制作技艺）	内蒙古自治区鄂温克族自治旗 内蒙古自治区鄂温克族自治旗 内蒙古自治区根河市 内蒙古自治区根河市 黑龙江省讷河市 内蒙古自治区根河市
高山族	高山族拉手舞	福建省华安县
赫哲族	赫哲族伊玛堪 赫哲族鱼皮制作技艺	黑龙江省 黑龙江省
基诺族	基诺大鼓舞	云南省景洪市
京族	京族哈节 京族独弦琴艺术	广西壮族自治区东兴市 广西壮族自治区东兴市
珞巴族	珞巴族服饰 珞巴族始祖传说	西藏自治区隆子县、米林县 西藏自治区米林县
门巴族	山南门巴戏	西藏自治区
怒族	怒族仙女节 普米族搓蹉	云南省贡山独龙族怒族自治县 云南省兰坪白族普米族自治县
塔塔尔族	塔塔尔族撒班节 诺茹孜节	新疆维吾尔自治区塔城地区 / 新疆维吾尔自治区奇台县 新疆维吾尔自治区塔城地区

续表

民族	项目名称	所在地区
乌孜别克族	乌孜别克族埃希来、叶来 诺茹孜节	新疆维吾尔自治区艺术研究所 / 伊犁哈萨克自治州 / 喀什地区 新疆维吾尔自治区塔城地区
裕固族	裕固族民歌 裕固族服饰 婚俗（裕固族传统婚俗）	甘肃省肃南裕固族自治县 甘肃省肃南裕固族自治县 甘肃省张掖市

人口较少民族非物质文化遗产呈现出如下价值和意义特点：

具有独特价值的地方性和地方性知识。在全球化快速发展的时代，由资本扩张所推动的政治、经济、文化、技术的一体化、一元化、同质化进程已经渗透到世界的每个角落。人们已然认识到人类社会所面临的文化危机，为了抢救和保护人类文化的多样性，人们将目光转向了“地方”，重新发现和认识“地方性知识”的重要价值和意义。所谓“地方性知识”，是一个人类学术语，由美国著名阐释人类学家格尔兹在其同名著作中提出。[①] 阐释人类学将地方性知识视为具有独特意义的本土性文化知识系统，以区别于西方中心观下的现代学科知识体系。“地方性知识”可以理解为是人们在特定历史背景中形成、积累的经验性、情境性的知识与技能，追求特殊性和经验性而不探求普遍性的解释和说明。“地方性知识”强调各种不同文化的特殊性和差异性，不仅体现了尊重本土知识的必要和重要性，更强调了本土性认知观念的重要性，体现了人类认知从一元化向多元化的回归，反映了人类新的文化自觉。[②] 每一个民族都有自己特定的生存和活动的空间地域，地域的生态环境和自然资源状况对该民族形成发展的具体形态有很大影响，进而会在此基础上形塑其文化特征。在我国人口较少民族的国家级非物质文化遗产名录中，包括制陶、织造、冶炼、酿造、医药等在内的传统手工技能，如俄罗斯族居民营造技艺；阿昌族户撒刀锻制技艺；保安族腰刀锻制技艺；赫哲族鱼皮制作技艺；鄂伦春族狍皮制作技艺；珞巴族服饰；裕固族服饰，等等，此外，属于文学、音乐、舞蹈、戏剧、曲艺、体育、游艺、杂技、美术、民俗类都是在一定的地域环境中产生的，无一不蕴含着特

① ［美］克利福德·格尔兹著，王海龙等译：《地方性知识：阐释人类学论文集》，222 页，北京，中央编译出版社，2000。

② 彭兆荣主编：《文化遗产学十讲》，68 页，昆明，云南教育出版社，2012。

定的地方性知识，并且该地域独特的自然生态、文化传统、宗教、信仰以及日常生活习惯、习俗等都从各个方面决定了文化的内涵和特点，离开了特定的地域环境，便失去了其赖以生存的土壤和条件，也就谈不上文化的传承、创造和发展。在更深的层次上，地方性知识指当地人从传统中生发出的特有的关于宇宙，关于世界，关于人自身以及人与自然之间关系的观念体系，对一个民族来说，这些根本性观念的传承是确保共同体自我认同和维护文化多样性的关键所在。地方文化传统是特定地区特定群体共享的精神生存与物质生活的传统，长久的特定的地域生活，人与地方易于形成有机的互动关系，并逐渐养成特定的地方认知与地方感觉，这种认知与感觉构成了地方文化传统的深层意涵，同时地方文化传统更明显地体现在地方生活方式、地方历史记忆、地方风物传说中。地方文化传统是维系地方文化生态的重要力量，是地方社会良性运行的精神保障。

具有民族性与维持民族性特点。遗产作为地方性知识系统，具有特定历史时空属性，特定的历史时空属性既体现了遗产的地域性又进一步加强了遗产的民族性。

遗产是祖先遗留下来的财产，属于某一特定人群所有，因此遗产具有特定民族归属性。纵观人口较少民族的非物质文化项目大都以民族或地方归属地命名，诸如“独龙族卡雀哇节”“俄罗斯族巴斯克节”“鄂伦春族摩苏昆”，以及“鄂温克抢枢”“赫哲族伊玛堪”“京族独弦琴艺术”“珞巴族始祖传说”“怒族仙女节”“普米族搓蹉”“塔塔尔族撒班节”等，凸显了遗产的民族归属和民族文化特点。国家非物质文化遗产名录中所包含的民间文学、民间舞蹈、民间美术、传统戏剧、曲艺、杂技与竞技、民俗、传统手工艺这 8 项遗产类别中，各类别中的具体分项也大多有其明确的民族归属，如藏族唐卡、满族民间故事、柯尔克孜族库姆孜艺术、白族绕三灵、蒙医药、朝鲜族农乐舞、傣族慢轮制陶技艺、侗族大歌、回族花儿，等等。正是源于漫长悠远的民族发展历史，使得各群体均创造并遗留下了丰富璀璨的非物质文化遗产，包括大量的诗歌、神话、手工艺、建筑、服饰、习俗、节日、音乐等等，而这些丰富的自然、人文资源正伴随着中遗热潮在全球的兴起而为外界所认知，比如京族哈节、高山族拉手舞、山南门巴戏等已成为人类非物质文化遗产代表作名录中的一员。我国人口较少民族大都居住在边疆地区，地理环境和地域特征显著，他们居住的生存环境也被打上深深的民族文化烙印，民族内部成员通常具有共同外貌体型特征，同时分享着一些共同的文化，如图腾、姓氏、语言、服饰、饮食、建筑、宗教等，形成自身的文化特征，由此使“我族”区别于“他者”，并在此基础上形成民族共同体的集体情感、集体意识和集体认同。

具有文化记忆和民族认同功能。德国社会学家马克斯·韦伯（Max Weber）认为：“同一族群内部的成员之间会产生一种天然的亲近感，即族群亲密感（ethnic affinity），这种亲密的感觉正是源自于族群内成员能通过各种可见可感的遗产而获得，这些遗产包括族群共有的服饰、房屋、实物、饮食习惯、劳动分工、坟墓、庙宇、宫殿、诗歌、手工艺等等。”[①] 因此对于遗产的所属民族而言，遗产并不仅仅是祖先的遗留物，而且蕴涵着祖先的智慧、技艺和情感，这些智慧和情感会随着遗产的传承得以延续和保留，演化成为一个群体的文化记忆和集体认同。不管是作为文化遗产的文物、建筑群、遗址，还是作为非物质文化遗产的口头传说与表述、社会风俗、节庆、礼仪、有关自然界和宇宙的知识和实践以及传统的手工艺等，都是来自于特定区域、特定民族的历史记忆与集体表述，这些记忆与传统都有具体的所指。遗产是群体成员之间维持认同，增强群体凝聚力的情感纽带，一个特定的民族维持认同的方式多种多样，比如群体成员生活在共同的地域空间，拥有相同的生计方式，穿着同样的服饰，使用同样的语言，具有共同的仪式或宗教信仰，拥有共同的历史记忆，某种程度上，这些具体表现形式不同的认同方式其实都可视作今天的遗产：地貌景观、自然环境等可视为自然遗产；建筑物、纪念碑、各种类型的人文遗址、各民族不同的服饰穿戴等可视为文化遗产；生计方式、语言、宗教信仰、音乐、歌舞、口头传说等则属于非物质文化遗产。从非物质文化遗产的原生属性来看，非物质文化遗产与经验、记忆、认同、情感等认知因素有紧密的关联，尤其是那些独有的口头和非物质文化遗产，它们的存在价值很大程度上直接来源于特定的世居民认知系统，从这个角度来讲，非物质文化遗产又可以称为是属于某一个人群或民族认知系统的产物。我们可以进一步认为，非物质文化遗产除了使民族内部成员获得情感上的归属与慰藉，更为重要的是，遗产蕴含着该民族的集体

① 转引自彭兆荣主编：《文化遗产学十讲》，113页，昆明，云南教育出版社，2012。

认知系统与价值体系，如人生观、世界观、信仰等等。比如，阿昌族非物质文化遗产《遮帕麻和遮咪麻》，这一民族创世史诗融入了阿昌族人的生命情感，蕴含着阿昌族人对于天地、宇宙、自然、人生的体验与认识，经过民族成员世代传习与积淀，最终发展成为阿昌族人深层的民族文化心理与情感纽带。总之，今天的遗产涵盖了特定群体的生存空间、地域、生产生活的方方面面，在潜移默化中教化民族成员之间的联系来看，非物质文化遗产毫无疑问地成了某特定群体内部维持民族认同的元素和情感纽带，使民族文化具有独特性。人口较少民族由于族群成员规模小，文化的传承或传播都受到一定的局限，在与外界进行文化交流的过程中常常处于弱势地位，也因此在维系民族认同感和集体记忆的时空维度上呈现出了一定的敏感性和脆弱性，因此在非物质文化遗产保护进程中，更应给予这些小规模民族群体关注和保障。

具有文化边缘性和非物质文化遗产脆弱性。非物质文化遗产多为某一群体集体创造，缘起于并表现于人们的日常生产生活当中，大都通过人们的口头和表演形式呈现出来，并借助于人的身体力行、口传身授来传承延续，因而，非物质文化遗产又被人们称为“活态文化”（Living Culture）或者“活的历史”（Living History）。“活态历史”的表述最早出现在1970年美国国家公园服务指南中，它的原初意义主要是指表演者身着演出服装，以鲜活的形式模仿、再现过去的生活概貌，后来这一概念的使用更加宽泛，也用来指博物馆、画廊、历史遗址、民间仪式等借助非文字媒介系统来呈现历史的方式。“活态文化”的生存和延续是需要依托人而进行的，借助于人的声音、表情和肢体动作得以进行和呈现，因此“活态文化”不能脱离开人的活动，“人”是活态文化不可缺少的必要因素，强调的是以人为核心的技艺、经验、认知，其特点是活态流变，是以人为本的“活态传承”。活态传承是使非物质文化遗产保持鲜活生命的必要条件，使非物质文化遗产在其产生成长的原初环境空间中得以发展和延续。非物质文化遗产的传承者既包括个人，也包括民族、族群和社区等群体，对于非物质文化遗产传承的过程来说，人的传承就显得尤为重要，这一问题在人口较少民族中尤为突出。人口较少民族多聚居在边疆地区，无论是传承人口数量方面还是传承地域范围方面都受到极大限制和面临着更大的问题及挑战，且社会形态发育迟缓，传统生计方式受自然资源制约已难以维持下去，在国家采取特殊扶持政策下，他们的经济社会面貌发生了急剧变化，然而，我们不能不注意到与此同时产生的新问题：随着经济的急速发展，少数民族传统文化面临着更大的存亡危机，也引发了非物质文化遗产传承的紧迫性与艰巨性。这些民族的非物质文化遗产具有鲜明的地域和族群特色，如“保安族腰刀锻制技艺”“鄂温克驯鹿习俗”“赫哲族鱼皮制作技艺”“基诺大鼓舞”“珞巴族服饰”“乌孜别克族埃希来/叶来”“裕固族传统婚俗”“俄罗斯族民居营造技艺”“鄂伦春族狍皮制作技艺”。从事少数民族社会和文化研究的学者们普遍认为，一些人数较少民族的传统文化形式，如语言、习俗、传统技艺等会消亡在社会发展及文化融合的过程中。

在现代化进程中，应该如何对少数民族非物质文化遗产进行保护和传承，不仅关系到个体民族的生存和发展，而且影响到国家的和谐稳定，甚至关乎到人类的未来。在全世界范围内，少数民族或族群以及大量未识别民族所拥有的数量庞大、多种类型的文化形式大部分都没有被外界群体认识和关注，他们持有的文化呈现边缘化的弱化态势，文化生存空间被改变或者受到挤压。还有分布在亚洲、非洲、美洲等地从事传统狩猎、采集、简单农业的无文字的小民族社会和文化比较简单的群体，亦即通常被称为“原住民”“土著人”“原始人”中的部分群体在现代化背景下面临着更大的挑战。他们的社会经历了巨大的变迁，以致其传统文化和生活方式残存无几，甚至出现整个群体的消失。联合国在启动非物质文化遗产认定与保护工作过程中，多次强调了非物质文化遗产的价值内涵，包括历史价值、文化价值、科学价值、艺术价值、生态价值，深化了我们对非物质文化遗产价值体系的认识，我们在进行非物质文化遗产保护过程中，也是在进行着不同民族之间，不同文化之间，不同人群之间以及人与自然、环境与发展、社会与人文关系的重构和人类社会进行必要的反思，因此我们要给予人数较少民族或种族特别的关注与观照。

第七章　田野案例：鄂伦春族历史与文化①

第一节　本项研究田野规划介绍

本项研究是按照国际组织、机构和中国在保护人类文化与自然遗产方面的相关要求和指标进行调查、分析、探讨和规划，以人口较少民族非物质文化遗产现存状况为出发点，探讨一个针对非物质文化遗产可持续性发展保护的文化样本。

研究设计以人类学、民族学、历史学的理论和方法为根据，同时结合民俗学、社会学、宗教学、文化与自然遗产保护等学科的理论和方法，力求在研究过程中使调查、分析、统计和归纳具有理论和实践的双重建构。田野工作首先选取有代表性的田野点进行调研，以人类学“参与观察”为基本原则，以定性研究进行深入的个案分析，同时结合具体的访谈、问卷、统计、比较以及搜集地方性文本，对少数民族非物质文化遗产资源的分类、阐释、评估，尽可能地呈现其民族和传统的本真性和体现地方性。研究可能面临的挑战主要来自以下几个方面：（1）目前我国的同类研究还处于探索阶段，与联合国教科文组织等国际组织以及英国、法国、日本等国家的评估标准、工作原则和研究惯例还有差距；（2）我国经济的高速发展，大规模的城镇化建设在一定程度上加剧了区域文化和生态环境的原生断裂；（3）理论方面涉及文化空间、文化记忆、符号象征、身体实践、地方知识、地方感等多种视域，鄂伦春族非物质文化遗产包括民歌、节日、舞蹈、技艺、风俗、仪式等诸多方面，论域相对广博，对研究者的理论素养和深入细致的个案研究提出了较高要求。

① 本章内容由拙作《民族地区生态环境变迁研究》（载《前沿》2011 年第 15 期）扩充、修改。

本项研究田野规划将选取世居于东北边疆的鄂伦春族作为个案实证研究对象，基于以下考量：

第一，20 世纪 90 年代以来，东北少数民族在城镇化过程中走在了全国各民族的前列，据笔者田野调查数据显示，鄂伦春族的城镇人口比例达到 70% 以上，高于全国少数民族平均水平，甚至高于同一地区汉族 20 个百分点。城镇化对少数民族社会的最大冲击还不是在显性的物质层面上，而是在隐性的文化观和信仰观上，对人口较少民族的影响甚巨。东北少数民族率先实现城镇化发展的实例，为民族非物质文化遗产、民族文化保护研究提出了急需回答的新问题。

第二，鄂伦春族是有着丰富非物质文化遗产资源的东北边疆人口较少民族，现有国家级名录 5 项，省级名录 13 项，包括民间文学（鄂伦春族神话、传说、故事、史诗、歌谣、谚语、谜语以及说唱体口头文学——摩苏昆等）、民间音乐（赞达仁、萨满歌曲、莫尔苏昆等）；民间舞蹈（萨满舞、吕日格仁舞、斗熊舞、树鸡舞、野牛搏斗舞、依哈赖舞、红果舞、转圈舞、假面舞等）；传统手工艺技能类（桦树皮制作技艺、狍皮制作技艺、鄂伦春族斜仁柱等）；风俗、礼仪、节庆类（古伦木沓节、狩猎文化等），以及许多待考察和待评估的人文和自然资源，如民族医药、地理地貌、动植物种群与种类等分类调研，此外，还有大量文化和自然景观可作为旅游资源进行开发。

第三，国家政府和外界对该地区的文化资源以及非物质文化遗产开发保护制定和实施的方案、措施，已有的工作仍主要停留在行政层面，要克服以城镇化发展为强势性话语所引发的民族文化保护问题，需要集结多学科优势加以研究，找到一条更加具有经验和智慧，具有民族和地方特色的长效保护模式，因此本项计划可以作为一个样本进行研究论证。

第四，该民族自定居以来，社会文化发生了巨大的变迁，与汉族、达斡尔、鄂温克等民族文化交往交流交融较多，形成了多民族相互嵌入式的居住格局，共生共荣的和谐民族交往模式以及民族文化交融并存的文化生态格局，因此，研究计划的实施更能促进北方各民族的共同发展以及边疆文化的开发与建设。

研究规划的田野地点有以下几个：十八站鄂伦春民族乡、新生鄂伦春民族乡、呼伦贝尔鄂伦春自治旗阿里河镇、白银那鄂伦春民族乡。主田野点设在大兴安岭十八站鄂伦春民族乡。十八站，以清代设置的驿站得名。康熙二十四年

（1685）春，雅克萨战争爆发，为清剿盘踞在雅克萨的沙俄入侵者，清政府沿大兴安岭北坡砍树为路，架木为屋设驿站。从墨尔跟开始，每 50 ~ 70 公里设一站，直至雅克萨斜对岸额木尔河口共 25 站，全长 1400 公里。这条路为镇守边关，进行对外文化交换和交流起到了重要作用，雅克萨战争后，清军撤退，驿路和驿站逐渐荒废。1883 年，漠河发现黄金，大量俄国人越过黑龙江，在漠河一带盗采沙金，清政府为清剿沙俄金匪，协办漠河金矿，对这条荒废了近 200 年的山路进行了重新开通。清政府于光绪年间为开采漠河金矿开发了一条山路，在这条由嫩江至漠河 900 多公里的崎岖山路间，平均 30 公里设一个驿站，每个驿站有站长、站丁，并配备牛、马、车辆等，驿站内设有站房，供来往行人食宿。随着矿区的发展，从雅克萨向西又增设了 7 个驿站，直至洛古河共 32 站，这条驿路为运送黄金，保护国家黄金资源发挥了重要作用，后来被人们称为“黄金之路”。“十八站”是清代墨尔根（今嫩江县）至漠河“黄金之路”的 32 个驿站中的第 18 个，故此得名。

十八站地域早在旧石器时代晚期就有人类活动，商周以前为肃慎部，两汉三国为东胡属乌桓，晋属挹娄北境，后魏北齐为豆莫娄，隋唐五代辽金属室韦地，元为斡赤斤分地，后属开元路，明属奴儿干都司塔哈卫。清政府为了巩固东北边防，于 1683 年任命萨布素为黑龙江将军，专辖黑龙江地方，在黑龙江将军之下设立布特哈总管衙门，并按照八旗制度建立“布特哈八旗”，设置路佐制。佐领作为它的基层单位，管辖分布在当地的鄂伦春人，这种路佐制一直维持到民国后期，先后持续达两个半世纪。清政府根据鄂伦春人的活动地区，将他们划分为库马尔路、毕拉尔路、阿里路、多布库尔路、托河洛等五路，后来将阿里路和多布库尔路合并成一路，叫阿里多布库尔路，现居住在十八站的就是清朝时的库马尔路的鄂伦春人。

十八站鄂伦春民族乡（以下简称十八站乡），位于大兴安岭主脉东南部，伊勒呼里山北麓，东经 125°21′，北纬 52°25′，处于北温带较北端的寒冷地带，属寒温带季风气候。夏季短暂而凉爽，冬季漫长而寒冷，极端最高气温为 35℃，极端最低气温为 –48℃，年平均气温为 –2℃ ~ –3℃，无霜期 90 天左右，年平均降雨 450 毫米，这里是我国唯一的寒温带落叶松、樟子松森林分布区。全乡坐落在山环水绕的山间盆地中，地势西北高、东南低，北岗南洼，东西长 56 公里，南北宽 55 公里。全乡木本和草本植物达 500 多种，各种珍禽异兽 50 多种，乡境内主要有呼玛河、依沙溪河。十八站乡始建于 1953 年 9 月，隶属于塔河县，距塔河县城东 50 公里处，东邻呼玛县白银纳乡，西邻塔河县城，南邻韩家园子镇，北邻依西肯乡。定居初期，国家投资 5.5 万元，建土木结构房屋“木刻楞”38 栋，国家还投资修建了政府、初级小学、卫生所、供销社。十八站乡辖有永丰、兴建、创业、奋斗、十八站汉族村、十八站鄂伦春民族村 6 个行政村，全乡常住居民 1981 户，4697 人，其中鄂伦春族 197 户，528 人，鄂伦春族人口占全乡人口的 11%。随着国家行政体制的推行，民族乡行政辖区周边有十八站林业局、中国人民解放军某部队、森林警察大队、某雷达部队、铁路车站、供电所、林场、农场、建筑工程队等外驻单位。另外，嫩江至漠河、韩家园子至加格达奇、三塔至塔源、黑河至洛古河公路，加格达奇至韩家园子铁路都经过乡境内。

十八站鄂伦春民族村（以下简称鄂族新村）位于十八站乡政府东南 1 公里处，行政区划面积 230 平方公里，有耕地 3330 亩，可利用草原 6500 亩，可利用水面 280 亩。东面是十八站林业检查站，西面是呼玛河的支流二道河，南面是呼玛河，北面紧靠乡政府。村内已通自来水、电，电话、有线电视、手机、轿车、摩托车、冰箱等现代生活设施已经进入大多数鄂伦春族家庭。鄂族新村交通便利，村内道路 2.2 公里均为白色水泥路面，黑漠（黑河—漠河）公路从村旁经过。村民委员会现有成员 4 人，于 2008 年选举产生，其中，主任 1 人，委员 2 人，妇女工作干事 1 人，中专以上文化程度 2 人，初中文化程度 1 人，小学文化程度 1 人，鄂伦春族 2 人。村委会下设 4 个组织机构，分别是村民理财小组、计划生育协会、老年人协会和残疾人协会，村民理财小组是经村委会提名、村民选举产生。截至 2014 年末，全村在籍户数共有 212 户，其中常住户数 156 户、489 人，人口平均年龄为 40 岁，最大年龄为 84 岁。常住户中民族团结户（家庭中只有男方或者女方一人为鄂伦春族）92 户、377 人，纯汉族户 1 户、2 人，纯鄂伦春族户 63 户、110 人。除汉族外，还有达斡尔族、蒙古族、满族等少数民族人口。常住人口中，0 ~ 14 岁的儿童 124 人；15 ~ 64 岁的成年人 332 人；65 岁以上的老年人 33 人。

20 世纪 50 年代，鄂伦春人开始实行定居，定居以后，随着大兴安岭森林资源的开发利用，生态平衡遭到破坏，野生动物数量随之减少，以狩猎为生的猎民收入急剧下降。20 世纪 70 年代末 80 年代初期，狩猎业作为鄂伦春人传统生产方式，已难以维持这个族群的生存。从环境与文化的关系看，狩猎文化是地广人稀、动植物资源丰富条件下的产物，而现代化因素的介入注定要打破过去那种在文明社会看来自由散漫、毫无纪律和效率的田园牧歌般的狩猎生活秩序，与此相对应的社会组织、生活方式等方面发生根本改变。政府一直努力引导鄂伦春人尝试其他经济，试图由猎业向农、副等产业转化。民族新村的鄂伦春人定居初期，以狩猎业生产为主，从事少量农业。1955 年，开展互助合作，由 16 名村民自愿组成第一个农业互助组，集体种地、狩猎和开展其他副业生产，年末进行统一分配；1958—1966 年，确立了“以猎为主，农牧为辅”的生产方针；1966—1978 年，发展以农业生产为主导，猎、牧、副、渔业生产基本处于停滞状态；1982 年，确定了“以林为主、林农结合、多种经营、全面发展”的生产方针；1996 年，调整为“以农为主，多种经营，全面发展”，主要发展种植业、养殖业、民族手工业、民族风情旅游、山产品采集业、劳务输出业等六项产业，并实行禁猎。现在的鄂伦春人有的靠打点猎物出售，有的靠种点地，有的卖点零工，有的搞点运输，鄂伦春人主产业问题，几经探索与实践，目前仍处于继续调研、探讨之中。从民族新村生产的现实情况及远景来估量，新的经济因素和生产方式的引入还不足以使之现有状况发生根本的改变，大多数劳动力处于失业或半失业状态，实际上他们成了无主业的民族，这是鄂伦春人走向现代化所面临的现实困境，严重影响着民族经济和社会的发展，因而其发展前途也就越来越成为一个迫切的难题。

通过对十八站鄂伦春人的现状调研，提示我们：在全面建设小康社会进程中，必须加快少数民族地区的发展，否则长期处于经济落后状态的少数民族地区与发达地区的差距不断拉大，地区边缘化程度日益加剧将直接关系到维护民族团结、祖国统一和社会稳定，务必引起我们的高度重视。中央政府将共同繁荣发展列为新世纪新阶段我国民族工作的主题，因此，在全面建设现代化的道路上，不能让任何一个兄弟民族掉队。现在，鄂伦春族经济社会的发展还存在着很多困难，还需要做大量的工作。总之，各民族共同繁荣发展是科学发展观在民族问题上的具体体现，少数民族和民族地区的发展是全面建设小康社会的重要力量。没有少数民族和民族地区的发展，就没有整个社会的发展；没有少数民族和民族地区的现代化，就不能说全国实现了现代化。这是少数民族群众分享改革开放成果，实现社会公正的基本要求，这不仅是一个经济问题，而且也是一个政治问题。

第二节　鄂伦春族的族源与族称

据相关考古资料证实，早在数十万年前，就已经有远古人类在中国东北地区生活繁衍。历史上出现的族群有东胡、鲜卑、室韦、契丹、秽貊、索离、夫余、肃慎、挹娄、勿吉、靺鞨、女真等，这些民族主要生活在黑龙江中上游两岸及嫩江流域。我国有很多关于这些北方民族生活环境和生活习俗的古文献记载，如“东北海之外，大荒之中有山，名曰不咸，有肃慎氏之国”。(《山海经·大荒北经》)“以狩猎为业，多捕貂，养牛马，食肉衣皮，也种植麦、粟；夏时城居，冬逐水草。”[①] 鄂伦春族便是这些古老族群的后裔，也是生活在中国北方区域的古代族群在历史发展过程中，经过数次变迁、融合、分化、更迭而形成的。鄂伦春族没有自己的文字，关于这个族群早期情况的记载则是在清朝的汉文史籍中，将他们的历史最早上溯到元代。据《东三省政略》记载：“鄂伦春实亦索伦之别部，其族皆散处内兴安岭山中，以捕猎为业。元时称为‘林木中百性’，国初谓‘树中人’，又谓为‘使鹿部’。”[②] 关于其中的“林木中百姓”最早记载则可见于《元朝秘史》：“兔儿年（1207），成吉思汗命拙赤领右手军去征林木中百性，令不合引路。”[③] 当时的鄂伦春人就包括在这些游猎部落中。

元朝时对游猎于黑龙江流域各部落统称为“林木中百姓”是有历史渊源的，在《后汉书·东夷传》中有记载：“挹娄，古肃慎之国也。在夫余东北千余里，东滨大海，南与北沃沮接，不知其北所极。土地多山险。人形似夫余，而言语

① 千志耿、孙秀仁：《黑龙江古代民族史纲》，68页，哈尔滨，黑龙江人民出版社，2015。
② （清）徐世昌等编纂：《东三省政略》（卷一），137页，长春，吉林文史出版社，1989。
③ 佚名：《元朝秘史》，161～162页，济南，齐鲁书社出版社，2005。

各异。有五谷、麻布，出赤玉、好貂。"[①]南北朝时"挹娄"被称为"勿吉"，"勿吉"与后来通古斯语"窝及"为同一词的不同音译，意译为"树林"。《旧唐书》中有关于室韦人的记载："其国无君长，惟大酋，皆号莫贺咄，摄管其部而附于突厥，小或千户，大数千户，滨散川谷，逐水草而处，不税敛，每弋猎即相啸聚，事毕去，不相臣制，故虽猛悍喜战而卒不能为强国。"[②]《布特哈志略》解释"室韦"一词含义为："按室韦系锡窝之转音，即蒙语译汉树丛，盖因上古此处山深林密，土人藏居其间出没无常，始尔得其名也。"[③]明代对分布在松花江下游及黑龙江以北的部族，称之为"北山野人"和"可木地野人"。《大明一统志》引《开元新志》记："一种曰北山野人，乘鹿出入"及"可木以下，以桦皮为屋，独木为舟，以毛皮为市，以貂鼠为贡。"[④]这里的"北山"指的奴儿干之山，即外兴安岭及鄂霍次克海北岸山区，历史上的鄂伦春人就在这片区域进行游猎生活。

清朝史籍中将分布在北起外兴安岭，南至小兴安岭，西起石勒喀河，东至黑龙江北岸支流精奇里江一带的鄂温克、达斡尔和鄂伦春等民族统称为"索伦部"。[⑤]《朔方备乘》中有相关记载："黑龙江，索伦地，所居不尽索伦。……达呼尔、俄伦春、毕喇尔，则其同乡，而别为部落者。世于黑龙江人，不问部族，概称索伦，黑龙江人居之不疑，亦雅喜以索伦自号。说者谓索伦骑勇闻天下，假其名足以自壮。"[⑥]崇德五年（1640），《清太宗实录》中则同时出现了"索伦"和"俄尔吞"（鄂伦春）的称呼，由此可见，自17世纪中叶起"鄂伦春"已经作为一个独立族群存在了。[⑦]有些史料中也有称为"俄罗春""俄乐春""俄伦春"或"鄂伦春"。"一作俄伦春，又讹为俄乐春。元时称为'林木中百姓'，

---

① （南朝宋）范晔撰，（唐）贤等注：《后汉书》，北京，中华书局，2014。

② （后晋）刘昫等撰：《旧唐书》，北京，中华书局，1975。

③ 姜维公、刘立强、于逢春：《东北边疆卷十一：黑龙江舆图说　布特哈志略　辽阳州志（外一种）》，哈尔滨，黑龙江教育出版社，2014。

④ 金毓绂辑：《辽海丛书·辽东志》（卷8～9）校勘记。

⑤ "索伦"或"索伦部"为满语"solon"的音译，在现存清代满文辞书中，都没有对"solon"含义的解释，在清初只是一个模糊的泛称，包括今天的鄂温克、达斡尔、鄂伦春等族，直到清朝中期以后，"索伦"才专指鄂温克族。

⑥ 中国少数民族简史丛书《鄂伦春族简史》编写组：《鄂伦春简史》，11页，呼和浩特，内蒙古人民出版社，1983。

⑦ （清）范文程、刚林、齐充格等纂修：《清太宗实录》（卷51），11页、12页，台北，华文书局，1969。

清初谓之‘树中人’。其在鄂伦春之东部者，又呼为使鹿部。其在鄂伦春上游西部者，又呼为使马部。其在黑龙江下游之鄂伦春，又呼为使犬部”[①]。韩有峰研究指出，在清代的文献中，虽然出现了“鄂伦春”这一族称，但是，并未将分散居住在各地的鄂伦春族均包括在这一名称之内，而仅包括居住在黑龙江上游额尔古纳河流域的鄂伦春人，实属于鄂伦春族的一些氏族和部落则另有他称。他们往往把鄂伦春族的一些氏族名称或地名，当作单独一个民族记录下来，如“玛涅克尔”“毕拉尔”“奇勒尔”“满挥”和“山丹”等，这些名称其实是人们对不同地区或不同姓氏的鄂伦春族的不同称呼而已。[②]之所以会出现这种情况，主要是因为鄂伦春族人分散于黑龙江流域内外兴安岭的广袤地区，而原始的狩猎生产方式又使他们很难形成一个牢固的、统一的共同体，彼此之间缺少经济上的联系，因而在称谓上也就很难达成统一。

鄂伦春人分属于不同的氏族，这些氏族大约有10余个，主要分布在四个区域，即黑龙江省呼玛尔河流域（原库玛尔路）一带生活着玛拉依尔（孟）[包括吴卡尔康（吴）]和葛瓦依尔（葛）[包括古拉依尔（关）、魏拉依尔（魏）]两个氏族；在逊克、嘉荫（原毕拉尔路）一带生活着玛哈依尔（猛）、莫拉呼（莫）、杜宁肯（杜）以及从呼玛尔河迁来的古拉依尔（关）等氏族；在诺敏河流域（原托河路）一带生活着柯尔特依尔（何）、白依尔（白）两个氏族；在多布库尔河、甘河流域（原阿里多布库尔路）一带生活着柯尔特依尔（何）和阿其格查依尔（阿）两个氏族，这四个区域实际上就是四个部落。[③]根据居住区域的不同，鄂伦春人内部还有不同的称谓，如游猎生活在呼玛县、爱辉县境内的称“库玛尔千”[④]；游猎生活在逊克和嘉荫县境内的称“毕拉尔千”；游猎生活在现鄂伦春旗境内阿里、多布库尔河流域的称“阿里、多布库尔千”；游猎生活在鄂伦春旗境内托河流域的称“托千”。自康熙二十二年（1683年），清朝政府根据鄂伦春人的分布情况，把以上四个地区的鄂伦春人划分成五路进行管制，分

① 万福麟监修，张伯英总纂：《黑龙江志稿》，513页，哈尔滨，黑龙江人民出版社，1992。

② 韩有峰：《黑龙江鄂伦春族》，27页，哈尔滨，哈尔滨出版社，2003。

③ 内蒙古少数民族社会历史调查组：《鄂伦春族调查材料（之一）》，70页，呼和浩特，内蒙古人民出版社，1959。

④ “库玛尔”表示地点，“千”的音标与注解是“人”的附加成分，意为“某地人”，一般在鄂伦春民族内部，对不同部落或不同地域的人们都称为“千”。

别是“库玛尔路”“毕拉尔路”“阿里路”“多普库尔路”“托路”。1949年以后，鄂伦春人由传统的游猎生活转变为定居生活，原库玛尔路的鄂伦春人（游猎在呼玛河流域的）定居在黑龙江省塔河县十八站；游猎在坤河、法别拉河等地的鄂伦春人定居在黑龙江省黑河市新生；游猎在倭勒河流域的鄂伦春人定居在黑龙江省呼玛县白银纳；原毕拉尔路的鄂伦春人（游猎在沾河等地的）则分别定居在新鄂乡和新兴乡；游猎在嘉荫河等地的鄂伦春人定居在乌拉嘎。[①]

“鄂伦春”是该民族自称，由“ɔrɔtʃ'een”音变而来，意为“山岭上的人们”或“林木中百姓”或“树中人”。还有一种解释认为鄂伦春人曾使用过驯鹿，据《异域录》记载：“俄伦春役驯鹿恰役牛马，驱似驴，足似牛，头似马，角似鹿，故称‘四不象’，但土人则称‘oron’。”[②] 即通古斯语称“驯鹿”为“oron”。[③] 何秋涛的《朔方备乘》也有相关记载：“今黑龙江所属东北部族，有鄂伦春者，亦使鹿，盖‘俄伦’，即鹿名也。”[④] 从上述历史资料来看，“ɔrɔtʃ'een”也有可能意为“使用驯鹿的人”。历史上，鄂伦春人曾长期在原始森林中过着与世隔绝的生活，与中原地区又相距遥远，所以关于族群的起源只有口耳相传的一些故事和神话传说，并没有在学界形成统一的定论。目前大致有五种观点：一种观点认为鄂伦春族源于先秦时期的肃慎人，是按照挹娄、勿吉、靺鞨、女真的发展序列演变而来的[⑤]；第二种观点认为鄂伦春人源于北室韦人[⑥]；第三种观点认为鄂伦春人源于钵室韦人[⑦]；第四种观点认为鄂伦春人源于传说中的玄夷人（即倭人）[⑧]；第五种观点认为鄂伦春人源于丁零族[⑨]。

各种文献比较起来，其中两种观点较为盛行：

① 胡增益：《鄂伦春语研究》，5页，北京，民族出版社，2001。

② （清）图理深：《异域录》，四库全书。

③ 西方和日本的一些学者把操“通古斯-满语”的所有民族泛称为“通古斯人”，目前，俄罗斯境内的通古斯–满语民族主要有：埃文摧人、埃文尼人、涅吉达耳人、那乃人、乌耳奇人、奥罗克人、鄂伦春人、奥罗奇人和乌德盖人；居住在我国境内的通古斯-满语民族有：满族、锡伯族、赫哲族、鄂温克族、鄂伦春族等。

④ （清）何秋涛：《朔方备乘》（卷6），43页，台北，文海出版社有限公司，1964。

⑤ 陈玉书：《关于鄂伦春族的来源》，载《文史哲》，1962（4）。

⑥ 冯君实：《鄂伦春族探源》，载《吉林师范大学学报》，1979（2）。

⑦ 《鄂伦春族简史》编写组：《鄂伦春族简史》，27页，呼和浩特，内蒙古人民出版社，1983。

⑧ 傅朗云、杨旸：《东北民族史略》，53页，长春，吉林人民出版社，1983。

⑨ 徐殿玖：《鄂伦春族族源初探》，载《学术交流》，1989（2）。

其一，以地理分布为依据，认为鄂伦春族源于东胡系的室韦。[①] 从中国古代史籍的记载中看，南北朝时期活动于黑龙江流域的古老民族——室韦人与鄂伦春族有比较直接的关系，而其中的钵室韦可能与鄂伦春族有某些渊源关系。《北史·室韦传》记述：室韦分五个部族，北朝时期，钵室韦人作为室韦诸部之一，居住在黑龙江以北的胡布山（今俄罗斯境内西林木迪河流域的雅玛岭）一带，靠近外兴安岭南麓，其多数部族分布于黑龙江流域及嫩江流域的广大地域，基本与鄂伦春族早期生产生活及居住地相同，如史料记载："钵室韦人用桦皮盖屋，饶獐鹿，射猎为务，食肉衣皮。凿冰没水中，而网射鱼鳖。地多积雪，惧陷坑阱，骑木而行。俗皆捕貂为业，男先就女舍，父母死，尸则置于林树之上。"[②] 而北室韦亦有可能参与了鄂伦春族的族体形成过程。据《北史》记载，当时围绕吐纥山（今小兴安岭）一带，生活着一种居住土穴的北室韦人，由北室韦再北行一千里可以到达钵室韦，他们依胡布山而住。《隋书·室韦传》记载："北室韦气候最寒，雪深没马，冬则入山，居土穴中，牛畜多冻死。饶獐鹿，射猎为务，食肉衣皮，凿冰没水中，而网射鱼鳖，地多积雪，嗅陷坑阱，骑木而行，俗皆捕貂为业，冠以狐貂，衣以鱼皮。钵室韦用桦皮盖屋，其余同北室韦。"[③] 由此可见，钵室韦、北室韦与鄂伦春人在生活地域、经济生产、生活习俗、交通工具等方面相似，部分学者据此认为鄂伦春族与南北朝时期的钵室韦、北室韦有着密切的族源联系，可以基本确定鄂伦春人就是钵室韦、北室韦人的后裔，是具有悠久历史的民族。在诸多论著中，如《鄂伦春族简史》《呼伦贝尔盟志》《呼伦贝尔盟民族志》《鄂伦春自治旗旗志》《中国少数民族文化史》等都推崇钵室韦、北室韦为鄂伦春族族源说。[④]

其二，在先秦时期，生活在黑龙江流域的古老族群主要是肃慎人。《山海经·大荒北经》中记载："大荒之中，有山名曰不咸，有肃慎之国。"[⑤] 且肃慎国与中原有着密切的联系和交往，据《大戴礼记·少间篇》记载："舜有禹代兴，

① "室韦"是蒙古语的音译，汉语的含义是"密林"。室韦并不是单一民族，在当时它泛指分布在勿吉以北的所有民族。据史书记载，室韦分为南室韦、北室韦、钵室韦、深末怛室韦、大室韦等五部分，他们之间"不相总一"，包含着若干不同的民族。

② （唐）李延寿：《北史》，北京，中华书局，2013。

③ 孙秀仁、孙进已、郑英德、冯继钦：《室韦史研究》，183 页，哈尔滨，北方文化杂志社，1985。

④ 呼伦贝尔盟民族事务局：《呼伦贝尔盟民族志》，285 页，呼和浩特，内蒙古人民出版社，1997。

⑤ 方韬译注：《山海经》，北京，中华书局，2011。

禹卒受命，……海之外肃慎、北发、渠搜、氐、羌来服。”[①]《国语·鲁语下》记载了这样一件事：“仲尼在陈，在年集于陈侯之庭而死，梓矢贯之，石砮，其长有咫。陈惠公使人以年如仲尼之馆而问之。仲尼曰：‘年之来也远矣，此肃慎氏之矢也。昔武王克商，通道于九夷百蛮，使各以其方贿来贡，使无忘职业，于是肃慎氏贡梏矢，石砮其长尺有咫’。”[②]其中的“楛矢石砮”就是用长白山区的楛木（有学者认为是桦木）制作的箭杆，以锐石片为箭头做的箭，是肃慎人的狩猎工具，显然狩猎是肃慎人的主业。且从地理位置上来讲：“肃慎在今黑龙江下游，北及东至鄂霍次克海及日本海；西南约抵今黑龙江、松花江合流处及张广才岭；南约至兴凯湖之西的镜泊湖一带。肃慎的西南及南部，属秽貂系统的各氏族部落集团。”[③]随着民族社会的演进，“肃慎人”在不同历史时期有不同称谓：“先秦称‘肃慎’，汉魏称‘挹娄’，南北朝称‘勿吉’，隋唐称‘靺鞨’，宋辽金元明称‘女真’，明末至清代称‘满洲’，简称‘满族’。”[④]据此可以认为鄂伦春族源于肃慎系及其后的挹娄、勿吉、靺鞨、女真等族，同时也可以推断今天生活在东北地区的赫哲、鄂伦春、鄂温克等民族都是肃慎族系的后裔。

也有学者提出：“从语言学方面看，鄂伦春语属于阿尔泰语系满－通古斯语族语言，它不同于属于蒙古语族的室韦语；从经济类型和风俗习惯方面看，鄂伦春族的狩猎活动和许多习俗虽然与室韦族相似，但是这种经济类型和风俗习惯是北方诸多民族所共有的；从地缘关系方面看，在鄂伦春族居住地是曾有过室韦族的活动，但是他们并非单一民族，有的虽然被称为‘室韦’族，实际上是肃慎系的靺鞨等族。”[⑤]他们因此认为室韦是一个曾经包括很多不同古老族系且活动地域广阔的古老族群，也许肃慎系的部分先民也曾归属于室韦，因此“室韦说”和“肃慎说”并不完全矛盾。笔者在田野调查时，问及当地鄂伦春人对自己族源问题的看法，年纪稍大一些的老人则说，很早以前，在山上的时候，他们和达斡尔是一家人，但是和鄂温克却不一样，论及更早，他们则无从得知，所以关于鄂伦春族的族源问题还需通过古文献进行详细考证。

① （清）王聘珍：《大戴礼记解诂》，北京，中华书局，1983。
② （三国吴）韦昭注，明洁辑评：《国语》，上海，上海古籍出版社，2008。
③ 张博泉：《东北地方史稿》，30页，长春，吉林大学出版社，1985。
④ 黄斌、黄瑞：《走进东北古国》，4页，呼和浩特，远方出版社，2006。
⑤ 韩有峰：《黑龙江鄂伦春族》，25、26页，哈尔滨，哈尔滨出版社，2002。

第三节 历史镜像中的狩猎文化

鄂伦春人的分布可分为17世纪中叶以前和以后两个时期，17世纪以前，鄂伦春人主要分布在贝加尔湖以东，黑龙江以北，直到库页岛的广大地区。石勒喀河流域、黑龙江流域以及现属俄罗斯境内的吉雅河、布列亚河、阿姆贡河流域，包括库页岛都是他们游猎和生活的地方。17世纪中叶以后，历史上的沙皇俄国开始不断侵略我国黑龙江以北广大地区，1653年，清政府决定将受入侵者扰害的黑龙江北岸的鄂温克族、达斡尔族、鄂伦春族的大部分人口迁移到黑龙江南岸大、小兴安岭和嫩江流域，剩余的人口仍在原来地区居住。直至1858年后，沙俄迫使清政府先后签订《瑷珲条约》（1858）和《北京条约》（1860）等不平等条约，黑龙江以北和乌苏里江以东的广大地区以及生活在这些地区的鄂伦春人就随着国土一起割让给了俄罗斯共和国。后来中国境内的鄂伦春人逐渐南迁到黑龙江南岸大、小兴安岭地区，主要在呼玛河流域，逊河、沾河、乌云河、嘉荫河流域，阿里河流域，多布库尔河流域和托河流域等五个流域过着游猎生活。《布特哈志略》所载鄂伦春民谣记："兴安大岭兮，吾之围猎场，嫩江水流兮，吾之饮马处。"①《黑龙江外记》也有记载："山中林木蓊蔚，水泽沮洳之区，号窝集，……极边苦寒，过夏犹服棉衣。"②俄国学者史禄国（Sergei Mikhailovich Shirokogorov）在大兴安岭地区调查时，详细描写了这里的气候特点和地理环境：

> 夏季从六月中持续到八月末，有七十天的无霜期，亚麻可以在这一期间种植。六月份通常很温和，但从七月上半月，雨季就开始了，断断续续的直到九月下半月，暴雨就发生在这一期间。短暂多雨的夏

① 姜维公、刘立强、于逢春：《东北边疆卷十一·黑龙江舆图说－布特哈志略》，哈尔滨，黑龙江教育出版社，2014。

② （清）西清：《黑龙江外记》（卷一），63页，哈尔滨，黑龙江人民出版社，1984。（"窝集"是满语，意为"森林"）

日之后，接着就是短暂、干燥而愉快的秋季，然后是寂静无风的冬天，温度最低下降到零下52度。①

在呼伦贝尔山区，六、七月份的温度是很低的，在七月一日和二日就记录到有白霜。在激流河流域更冷，九月十二日下午一时，气温下降到3℃，而在夜间树上、草上和地上厚厚地铺满了白霜。九月中旬上午七时和下午九时温度通常在摄氏零度以下，九月十二日记录到初雪，无霜期为100天左右。在呼玛河谷温度自然较高，据记录初雪在十月三日，该河上游于十月底冰封。攀登这些丘陵式的山脉通常非常困难，不能快行，因为有巨大的腐朽倒木，还有分崩离析的山岩和长满绿苔的有水的溪谷，山坡上也覆盖着倒木、苔藓和地衣。②

对当地居民有生活意义的动物，最重要的是马鹿、犴、驯鹿、狍子、麝、野猪、狐、灰鼠和紫貂……狍子是最普通的动物，除岩石山中以外，到处可见，狍子给通古斯人提供做衣服和斜仁柱覆盖物等各种用途的皮张，它的肉通古斯人也最爱吃……在通古斯人的活动中，捕鱼并不是一项重要的生产事业……鸟类在通古斯人的生活中不起重要作用。可以见到树鸟、雷鸟、高山鹧鸪、天鹅、雁和各种鸭类，其他可供食用的鸟类栖息在巴翁特湖附近……起伏的山峦、沼泽与湖泊，茂密的丛林完全是原生态的自然。③

鄂伦春族生活的大兴安岭地区位于我国最北端，是我国最寒冷的区域，地处东经122°～131°，北纬48°～53°之间。两岭两江一山—大兴安岭、小兴安岭和黑龙江、嫩江交叉纵向排列，伊勒呼里山在两岭之间横向逶迤，构成了鄂伦春人居住的基本框架。这里气候特点是温度低、湿度大，最低温度可达-51℃，全年积雪长达140天以上，年降雨量约450毫米。20世纪50年代

① ［俄］史禄国著，吴有刚、赵复兴、孟克译：《北方通古斯的社会组织》，25页，呼和浩特，内蒙古人民出社，1984。

② ［俄］史禄国著，吴有刚、赵复兴、孟克译：《北方通古斯的社会组织》，25页，呼和浩特，内蒙古人民出社，1984。

③ ［俄］史禄国著，吴有刚、赵复兴、孟克译：《北方通古斯的社会组织》，28～29页，呼和浩特，内蒙古人民出社，1984。

以前，这里90%以上的土地被原始森林所覆盖，是我国唯一的樟子松、寒温带落叶松森林分布区，林地面积约11万平方公里以上。木本和草本植物达500多种，除落叶松、白桦、黑桦、柞树、杨树和樟子松等各种树木外，野生药材类的植物和可食的野果、野菜、块根类植物也非常丰富，如黄芪、五味子、红豆、榛子、猴头蘑、木耳等。大片的森林，繁茂的草木植物为大量野生动物创造了非常优越的生息繁衍的场所，大兴安岭有珍禽异兽50多种，如狍子、马鹿、野猪、獐子、赤狐、狼、猞猁、熊等动物，其中狍子分布最广，数量最多。鸟类如松鸡、飞龙、野鸡、榛鸡、野鸭、大雁、野雉也很多，嫩江和黑龙江及其支流很多，鱼类繁多。大兴安岭地下矿产也很丰富，金矿的分布主要集中于黑龙江上游地区和各支流谷地，“金矿是北方后贝加尔地区唯一发达的产业部门。金矿或黄金产地，在维季姆坎、奇纳、锡皮坎、小阿拉玛特和其他各河流域是很多的”①。如清朝时发现的著名的漠河金矿，嘉荫河流域的乌拉嘎金矿。1885年，在鄂伦春族佐领台吉善带领下，以二十名鄂伦春马兵为前导，从墨尔根城出发，“穿林越岭，牵用马驮，径由山谷开辟，直达漠河金厂”②。此外，这里还探明有铁、铅、锌、铝、煤以及石棉、石墨等非金属矿藏。③

自元朝始，关于鄂伦春族社会文化形态的记载出现在更多史志文献中，《蒙古秘史》中描述鄂伦春人的生活方式：“土地旷阔，人民散居，无市井城郭，逐水草为居，以射猎为业。”④清人高士奇在《扈从东巡日录》中记述了入旗前“新满洲”的生产和生活状况：“伊车（满语以新为伊车）满洲，居混同江之东，地方二千余里，无君长统属，散处山谷间。其人勇悍，善骑射，喜渔猎，耐饥寒，苦辛骑，上下崖壁如飞。每见野兽踪迹，蹑而求之，能得潜藏之所。又刳木为舟，长可丈余，形如梭子，呼为威忽，施两头桨，捕鱼江中，往来如驶。”⑤《东三省纪略》中也有具体记载：“鄂伦春，此族为兴安岭山阳土著之民，

① ［俄］史禄国著，吴有刚、赵复兴、孟克译：《北方通古斯的社会组织》，27页，呼和浩特，内蒙古人民出社，1984。

② （民国）孙蓉图修，徐希廉纂：《瑷珲县志》（卷13），9页，成文出版社，出版时间不详。

③ 韩有峰：《鄂伦春族风俗志》，27页，北京，中央民族学院出版社，1991。.

④ 额尔登泰、乌云达贵编：《蒙古秘史·校勘本》，呼和浩特，内蒙古人民出版社，2007。

⑤ （清）高士奇：《扈从东巡日录》（卷下），见《辽海丛书》（一），226页，沈阳，辽海出版社，1984。清代东北边疆生息繁衍着库雅喇、恰喀拉、赫哲、索伦、达斡尔、鄂伦春、锡伯、卦尔察等众多部族，入关前后，清政府将这些少数民族部众大批内迁编设新满洲。

世居山中，性质愚悍，不解游牧，有步及猛兽之勇，专以打牲为业，骑马使枪，成为特技……”[①]鄂伦春人曾长期使用的狩猎工具是弓箭，“弓以皮为弦，箭削桦为斡。……以射猎为生，挽弓皆逾十石，尝自缚于树，射熊虎。洞身曳之而归，尤善蹑踪。人马有亡失者，踪之即得”[②]。鄂伦春人也擅长驯服鹰和犬用于狩猎，即所谓鹰犬猎：“布特哈田犬，各擅一长，精于虎者不捕野猪，精于野猪者不捕雉兔，其捕雉兔者，雉兔伏数矢外，此能嗅而得之，号闻香狗。”[③]“野猪极大，其威在牙。……弓弩莫能伤。惟布特哈田犬能咬肾囊致之死。”[④]

至于狩猎的方式，《柳边纪略》记载：“十月，人皆臂鹰走狗，逐捕兽禽，名曰打围。……所得禽兽，必饷亲友。善打围者，一冬得雉常一二千，不善者，有终岁不得一者矣。”狩猎时，首先“按定旗分，不拘平原山谷，圈占一处，名曰围场。”[⑤]根据狩猎季节和规模不同可分为“小围”和“大围”：“四季常出猎打围。有朝出暮归者，有两三日而归者，谓之打小围……仲冬打大围。案（按）八旗排阵而行，成围时，无令不得擅射。二十余日乃归。所得者，虎、豹、猪、熊、獐、狐、鹿、兔、野鸡等物……每一猎，车载马驮，不知其数。”[⑥]而“无论人数多寡，必分两翼，由远而近，渐次相逼，名曰合围。或曰一合，再合”[⑦]。在猎物分配方面，有一种通古斯语称之为“nimadif”的习俗：“将猎获品分给氏族成员，换句话说，就是狩猎的果实不属于狩猎者个人而属于氏族，所有的通古斯人都认为这是一种基本的习俗。”[⑧]“狩猎给通古斯人提供了为他们的衣服、斜仁柱和旅行用具所需要的一切。这些成为形成他们物质文化诸要素中最本质的部分。”“鄂伦春筑屋者有之，然犹事戈猎，盖习惯也。其无家室者，携有帐篷，栖身山内，亦无定所。”[⑨]“东北诸部落，未隶版图以前，无釜甑罂瓿之

① （清）徐世昌等：《东三省政略》（卷五·上）》，230页，长春，吉林文史出版社，1989。
② 金梁纂：《黑龙江通志纲要·武备制》，90、91页，台北，成文出版社，1925。
③ （清）西清：《黑龙江外记》（卷8），90页，哈尔滨，黑龙江人民出版社，1984。
④ （清）西清：《黑龙江外记》（卷8），91、92页，哈尔滨，黑龙江人民出版社，1984。
⑤ （清）杨宾：《柳边纪略》（卷4），109页，哈尔滨，黑龙江人民出版社，1985。
⑥ （清）吴枨臣：《宁古塔纪略》，250页，上海，上海古籍出版社，1995。
⑦ （清）杨宾：《柳边纪略》（卷4），109页，哈尔滨，黑龙江人民出版社，1985。
⑧ ［俄］史禄国著，吴有刚、赵复兴、孟克译：《北方通古斯的社会组织》，311页，呼和浩特，内蒙古人民出版社，1984。（“nimadif”是鄂伦春语，意为“平均分配”。）
⑨ 黑龙江省档案馆、黑龙江省民族研究所：《奇克特志略》，见《档案史料选编·黑龙江少数民族》，22页，哈尔滨，黑龙江省文化印刷厂，1985。

属，熟物刻木贮水，灼小石淬水中数十次，瀹而食之。”[①] 且“随意行止，不知法度。”“无文字、刻木记事。”[②]

驯鹿、狍子和桦树在鄂伦春人的生产生活中占有特别重要的地位。驯鹿对于鄂伦春人的生活的意义在于它解决了人与物的远距离行程及驮载问题，《东三省政略》对鄂伦春人使用驯鹿的情况有详细的记述：“复有山中鄂伦春所使者，彼名曰沃利恩，俗称四不象子。角有数岐象鹿，蹄分两瓣似牛，身长色灰似驴，其头则似鹿非鹿，似牛非牛，宽额而长喙，毛甚丰，能负重百余觔，鄂伦春人驯畜之，用时以木击树，闻声即来，饲以苔，用毕则纵之使去，即游山中。”[③]《卜奎风土记》记载：“鄂伦春人又在索伦之北，与俄罗斯接壤，地产桦，冠履以桦皮为之，无马多鹿，乘载与马无异，用罢任去，招之即至。”[④] 狍子则为鄂伦春人提供了主要衣食之源，除了食用狍子肉，鄂伦春人还利用狍子皮制作衣服、靴子、帽子、手套和被褥。据《依兰县志》记载：“麃子，满语曰尤戈英查，俗作狍，肉可食，其脊中板筋可抽晒干，揉而作线；皮可为袜帽等物。八月得者，名彬，其为上品。春日东来、秋日西去（物产门）。”桦树在鄂伦春人生活中也被广泛使用：“鄂伦春族，地宜桦，冠履器具庐帐舟渡，皆以桦皮为之。”[⑤]《黑龙江外记》卷八有记载：“山谷多桦木，土人以为箭苛，为鞍板，为刀柄。皮以贴弓，为车盖，为穹庐，为扎哈。缝之如栲栳，大担水，小盛米面，谓之桦皮斗。”[⑥] 由此可见，狍子和桦树满足了鄂伦春人生产生活中的大量需求，因此在他们的文化体系中具有重要地位和价值。

鄂伦春人长期以来过着游猎生活，他们的社会组织形式是父系氏族：“通古斯的氏族是由三类不同的人组成的，第一类是在本氏族出生的人，包括男性和女性；第二类是本氏族所收养和接纳的人；第三类是属于其他氏族，但与本氏族男子结婚的妇女。”[⑦] 在满洲通古斯人中，出席氏族会议的是达到一定年龄

---

① （清）何秋涛：《朔方备乘》（卷 2），31 页，台北，文海出版社有限公司，1964。
② 董万崙：《清代库雅喇满洲研究》，载《民族研究》，1987（4），102 页。
③ 姜维公、刘立强、于逢：《东北边疆卷十四：东三省政略》，哈尔滨，黑龙江教育出版社，2014。
④ （清）方观承：《卜奎风土记》，413 页，北京，中央编译出版社，2011。
⑤ （清）何秋涛：《朔方备乘》，45 页，台北，文海出版社有限公司，1964。
⑥ （清）西清：《黑龙江外记》，哈尔滨，黑龙江人民出版社，1984。
⑦ ［俄］史禄国著，吴有刚、赵复兴、孟克译：《北方通古斯的社会组织》，304 页，呼和浩特，内蒙古人民出社，1984。

的全体男性成员，即独立生活的个人、成年猎人等等，氏族会议称为“mokuni kowsen”，氏族首领称为“mukunda”。“氏族要负责其成员的嫁娶和筹办嫁妆和彩礼；分配氏族成员狩猎地域；保护成员不受神灵或敌人的侵害；当氏族成员需要时，予以援助，氏族成员同其他氏族成员发生纠纷而本氏族成员是正确的时候，氏族要帮助。总之，氏族意味着通古斯人的一切，没有氏族，他们就不能生存。”简单的社会也存在基本的社会分工：“男子的活动是狩猎，遇到危险猛兽时保卫狩猎集体，战时同敌人作战，制作某些需要男子的体力和技巧的器皿和用具。有时在需要男子时，男子也领导游猎部落，给马和驯鹿备鞍和在新的场所设营，准备烧柴，对驯鹿和马匹照料等。妇女的活动是生育子女，熟皮子、制作衣服和斜仁柱的覆盖物，用树皮和兽皮制作器具，为部落的全体成员做饭、教育儿童，对男孩的教育则仅限于妇女的能力范围内。”① 在婚姻方面：“男子不得同出生在本氏族的妇女结婚，族内婚被认为是乱伦，受到禁止。在北方通古斯人中，可以见到一夫一妻与一夫多妻两种婚姻形态。一夫一妻制最普遍，一夫多妻则很少见。”②

20世纪50年代以前，鄂伦春人已经建构起一个完整而成熟的游猎文化系统，这个文化性质与其所处的自然环境是协调一致的，其经济类型是自然攫取经济，自然资源是其生存基础，生活保障更多地取决于既有环境资源的稳定，狩猎文化的延续受环境的直接控制和左右。多少年来，希波克拉底（Hippocrates）、修昔底德（Thucydides）、博丹（Bodin, Jean）、孟德斯鸠（Charles de Secondat, Baron de Montesquieu）、拉采尔（Freederich Ratzel）和亨廷顿（Samuel P.Huntington）的说法虽然不同，但都认为一个地方的环境对形成人们的外貌和生活起着决定性作用。例如：气候在许多方面决定服饰和住宅的特点，决定农耕工具和交通工具等；植物群的种类决定住宅的材料及其样式，并与动物群的特点一起表现于日常生活乃至某些民族的文化经济发展的特殊性之中。环境对民族精神文化和心理素质的某些方面也产生一定的影响，表现在价值观念、宗教信仰、思想意识等方面，由此可见，环境在决定人类文化方面的作用

① ［俄］史禄国著，吴有刚、赵复兴、孟克译：《北方通古斯的社会组织》，403页，呼和浩特，内蒙古人民出社，1984。

② ［俄］史禄国著，吴有刚、赵复兴、孟克译：《北方通古斯的社会组织》，338页，呼和浩特，内蒙古人民出社，1984。

是重要的，任何一种环境在一定程度上总要迫使生活在其中的人们接受某种物质生活方式。文化人类学家很早就对文化与环境的关系进行了大量研究，20世纪50年代，美国著名人类学家斯图尔德（Julian H. Steward）创立了生态人类学。生态人类学主要考察自然环境对人类的影响和人类怎样适应、利用、改造自然环境的关系，其核心内容有二：一是文化是在适应当地的环境过程中逐步形成的；二是在一个文化中，总有一部分文化特征受环境因素的直接影响大于另一些文化特征，斯图尔德将之称为文化核心。文化核心的构成是社会的经济部门，这些经济部门的特征与生计活动和经济安排的关系最密切。在特定的自然生态和环境中，世代游猎于大、小兴安岭和黑龙江流域的鄂伦春人在文化、生产、社会组织、生活习俗等各个方面均体现出狩猎文化的特点，一直到20世纪中叶还基本保存着狩猎文化的完整形态。

第八章　现代化与民族传统文化①

第一节　鄂伦春族现代化的体系与过程

据2010年全国第六次人口普查，鄂伦春族总人口8659人，除少部分分布在全国其他16个省、市、自治区外，大部分居住在内蒙古自治区和黑龙江省东北部的大、小兴安岭一带。1949年新中国成立时，鄂伦春人仍在大、小兴安岭里从事游猎生产。1951年，政府在政治、经济、文化等各方面出台了各项制度和政策，扶持和改善鄂伦春人的生产、生活，促使鄂伦春人从原始社会直接进入社会主义现代化建设阶段。

定居初期，鄂伦春族人仍旧以狩猎为主要生产方式，当时的动物资源比较丰富，政府及时换发枪支和供应充足的子弹，狩猎生产力获得了大大提高。随着大兴安岭森林资源的开发利用，生态平衡遭到破坏，野生动物栖息地逐渐减少，野生动物数量随之减少，以狩猎为生的猎民收入急剧下降，狩猎业作为鄂伦春人传统生产方式已难以维持生存。分析狩猎生产逐年下降的原因有以下几个方面：第一，狩猎和生产对象的矛盾日益显著。以常识可以判断，在固定范围内不断进行狩猎，必然导致野生动物逐年减少，甚至会出现某些兽群种类绝迹的现象。第二，狩猎与护林防火的矛盾。新中国成立以前，鄂伦春族猎民在春秋两季有烧荒引兽的传统习惯，之后，国家首先实施护林防火的重大措施，教育猎民废除烧荒引兽的传统习惯，这样加大了猎手发现和猎取野兽的难度。第三，狩猎与林业开发的矛盾。国家对大兴安岭林区木材生产的逐年增加不断

① 本章内容由拙作《从鄂伦春族生产方式的嬗变谈民族主体性意识》（载《贵州民族研究》2011年第3期）扩充、修改。

冲击着鄂伦春人狩猎生产的原始环境，各种野兽也不得不避而远之，因而他们的狩猎生产势必面临着不可与往日相比的困境。第四，定居点与猎场距离逐年拉长。进入20世纪60年代以后，每次出远猎，往返赶路需要一个月或更长时间，往返一次费时费力，且猎手对新猎场也不够熟悉。

70年代末80年代初期，当地政府把巩固和发展农牧业生产作为工作的中心，提出“以农为主，多种经营，全面发展”的方针并引导、扶持猎民开展多种经营，希望通过农业生产，既保证眼下的生计，又有长远的发展前途。但是，由于转产涉及鄂伦春人文化转型，由此引发了从观念意识到具体农业技能的提高等诸多方面的一系列问题，这些问题集中反映在土地经营方式、收入、支出等方面。以农业为主导的生产发展缺乏后劲，主要基于以下原因：一是随着可耕土地的开采殆尽，国家退耕还林还草、天然林保护工程的实施，猎民耕地数量的大规模增长已不可能；二是畜牧业发展规模过小，大多数家庭什么家畜、家禽都不养；三是土地经营以荒废休耕为主要形式，不能从土地获利，更不利于自我生存能力的培养。仅从主观上分析，农业发展缓慢是由以下原因导致的：第一，渔猎与农业是两种完全不同的生产方式。对于狩猎生产，鄂伦春人既有丰富的经验，又有非常深厚的感情，而对于农业生产，他们认为劳动比较辛苦，耗时长收入又低，所以不感兴趣，既缺少农业生产经验和技术，又缺乏学习和掌握这种生产技术的热情。第二，农业生产技术差。大多数人都不擅长使用农具，政府发给每个家庭的农具因为不擅长使用而大多闲置，有缺少或者损坏的，一般家庭不愿自己出资购买。第三，缺乏经营管理经验。鄂伦春人起初进行农业生产是采取漫撒种子的方式，也就是把土地翻耕后，再把种子扬撒在地里，然后用土培上，一直等到秋天去收获，平时不进行除草施肥，由于耕作粗放，产量很低，遇到灾害就颗粒无收。农业生产以土地为劳动对象，农作物生长周期长且受自然条件的影响较大，农业生产经济要获得一年一次的丰收，从春耕、夏锄、秋收等要进行一系列的劳动，要具备农业所要求的土壤、季节、经营、交换、市场等方面的知识，还有农业所要求的勤劳、节俭等素质，因此从狩猎向农业的转换不可能短期完成。由此可见，传统生产方式的转换和替代必须以适合当地民族社会环境、生态环境为前提，如果对鄂伦春人传统生产方式进行农业模式的简单置换，显然是把在不同历史过程和自然环境中所创造、积累、形成的不同类型的经济文化进行简单移植。其结果不仅难以达到改变鄂伦春人传统生产方式的目的，而且还会因不适合特定的自然地理条件而带来意想不到的负面生态效果。

20 世纪 90 年代，政府从林区实际出发，提出了“以林为主，护养猎并举，多种经营”的生产方针。林业局和乡政府协商划出部分清林地面，组织猎民进山清林，平均一个劳动日可收入 10 元以上，林材按合同比例分成。但是，问题在于清林生产可以说是短期内的临时工作，不可能长期都有林可清，清林地面有限，越清越远，往返百里甚至几百里，这给生产带来很大不便。鄂伦春人也参加护林防火工作。每年春季 3—7 月，秋季 9—11 月是大兴安岭林区的防火季节，林业局组织护林防火队上山巡查护林，于是护林工作也成为鄂伦春人林业生产的一部分，国家发给的护林工资成为生产收入的一项来源。近 70 年来，由于猎民不占有林区资源，又没有进行林木加工的技术和设备，以林为主的方针贯彻不力，收效不大。鄂伦春人最早从事牧业生产是从养鹿业开始的，但是经过二十余年的反复实践，驯鹿饲养也未能建立在科学稳定生产的基础上，完全靠国家资助和政策扶持。有人将养与猎的关系看得很简单，甚至认为没有太大区别，这实际上是一种观念上的误差，对于农业民族来说，猎与养似乎很容易转换，但对于鄂伦春人而言，两者之间却有天壤之别。实际上猎与养属于不同的文化系统范畴，前者是单向索取型经济，不需任何投入，而后者属于双向索取型经济，即在索取生活资料的同时，还要予以一定的投入，否则这种索取过程就会中止。

在鄂伦春人面临生产出路的问题的情况下，乡镇企业开始在这里兴起，但是仅有几个鄂伦春人在这里工作，这与鄂伦春人传统的生活习惯，科学文化素质普遍偏低，缺乏经营管理理念等因素有关。乡镇企业从建立的那天起，就是面向社会的，面临筹措资金，购置设备，准备原材料，聘请技术指导，寻找商品销路等问题，并且，产品只有以过硬的质量得到社会的承认，才能在竞争中占据一席之地。发展乡镇企业不仅要求较充足的资金、技术，而且要求转变传统观念，建立新观念，如时间观念、分工与合作观念、商品信息观念等，这都是鄂伦春人难以适应的。副业生产中比较普遍的是人工栽培木耳，当地的自然条件非常适宜木耳的生长，村里人大多都认为种植木耳比种植庄稼更合算，由于庄稼受气候的影响较大，没有多大把握，而种植木耳却不需要投入很多人力、物力。2016 年鄂族新村人工栽培木耳共计约 7.5 万段，年收入达 9.9 万元，另外有 28 户家庭从事养殖业，其中养猪 80 头、家禽 2999 只，但无明显经济效益。他们从事劳动，其性质仍然是自我满足、自我消费。目前除农业外，有副业、商业、服务业等，绝大部分家庭从事劳动不过是屈从于生活压力罢了，他们基本上仍在为维持基本生存而奋斗，而且这些新的职业随时有中断的危机，维持生存是鄂伦春人进行经济决策的第一选择。

现代化浪潮席卷了包括鄂伦春族在内的每一个民族，他们居住的生态环境遭到破坏，民族传统文化经历巨大变迁，同时生存发展问题也面临着巨大的挑战和考验。总结新中国成立以来在国家推行的社会发展规划和受主流文化现代化进程的影响而经历的社会文化变迁过程。在党和政府的指导帮助下，他们的生产、生活水平得到了很大提升，然而，由于历史、社会等多种因素，鄂伦春人居住在自然条件相对较差，生存和发展条件较为恶劣的地方，表现出明显的边缘性、封闭性、过渡性等特征。且由于地理位置偏远，交通闭塞，信息不畅，经济社会发展缓慢等因素影响，鄂伦春人也和其他众多古老游猎民族一样，他们的处境给今天的社会留下了深刻的警示和启迪。

第二节　现代化进程中的民族传统文化

中国大、小兴安岭地区的鄂伦春人是比较典型的游猎民族之一，20 世纪 50 年代以前，他们生活在原始森林中。这种自然环境为鄂伦春人提供了天然的猎场，决定了他们以狩猎生产为主要经济生产方式，也使他们获得了足以维持温饱的衣食之源和基本的生活保障，使其有条件并满足于从事单一的狩猎生活。鄂伦春族直到 20 世纪 50 年代仍处于原始社会末期，保留着父系氏族组织制度，全“乌力楞”共同消费，按户平均分配。鄂伦春族只有本民族语言而没有文字，民族文化的传承与人的教育只能依靠神话、传说、故事等口头传授的方式来实现。在特定的自然环境和社会文化环境中，世代游猎于大、小兴安岭和黑龙江流域的鄂伦春人在文化、技术、社会组织、宗教信仰等各个方面均体现出狩猎文化的特点，一直到20世纪中叶还保持着狩猎文化的完整形态，建构了一个完整且成熟的游猎游居文化系统。这个系统与其所处的自然环境是协调一致的，其经济类型是自然攫取经济，自然资源是其生存基础，生活保障更多地取决于既有环境资源的稳定，狩猎文化的延续受环境的直接控制和左右，表现出如下特点：（1）生产、生活受环境因素控制，对自然资源环境产生直接依赖；（2）生产力水平低，生产方式简单、直接；（3）游猎、游居的生产、生活方式限制了人口数量的增长；（4）社会组织松散，社会没有阶级分层；（5）民族文化适应急剧变化环境的能力较差，容易受环境的影响而动摇、衰落。

本次调查为了了解当地鄂伦春人对本民族传统文化的了解情况，通过问卷、访谈方式对186户鄂伦春族家庭398人进行了入户调查。调查内容包括：民族歌舞；民族语言；民族娱乐活动；民族传统医药；民族婚、丧习俗；民族工艺品等文化事项。从调查结果显示的比例来看，对本民族文化的了解程度同年龄段有着十分明显的密切联系，毛皮制品和传统医药两项民族性、专业性较强，了解的人也最少，仅限于年龄较长者。民族歌舞和民族娱乐活动了解人数比例较高的两项容易传授也易接受，但也仅限于知道，在生活中很少从事，也就是说，年龄段越低，了解本民族传统文化的比例也越低。在调查中了解的实际情况是由于鄂伦春人没有本民族文字，通用汉语，其社会是口述史社会，口述文化具有自身的脆弱性。正如美国当代文化人类学家克莱德·M.伍兹所言："由于一定的文化总是处于一定的社会历史发展过程之中，所以文化总是因不断适应自然与社会环境的变化而不断变迁的。"①

世界上许多民族都经历了渔猎发展阶段，创造了最大限度地适应严酷的自然条件的住所，发明了狩猎、捕鱼、猎捕海兽的工具，为世界文化宝库作出了无可估量的贡献。但在今天这样一个渴求新的能源、矿产资源和农业资源的时代，由于对自然资源的不断开发，许多民族世代赖以生存的自然环境遭到了严重的破坏。这些从事传统狩猎、采集、简单农业生产的无文字的民族在同以西方文化为代表的文化对峙中，处境往往不佳，他们的社会遭遇了巨大的冲击，

① ［美］克莱德·伍兹著，何瑞福译：《文化变迁》，103页，石家庄，河北人民出版社，1989。

以至传统文化和生活方式残存无几，甚至出现整个群体的灭绝。[①]当今世界，各个国家和民族都把自身的生存和发展作为一个迫切或首要的问题，任何一个民族，无论其经济发展水平、文化特征、生活方式或价值观念如何，面对这个日新月异的世界，都会意识到实现现代化是其发展方向。人口较少、发展较慢的民族的现代化问题是许多民族国家面临的一个共同性问题，这些民族在世界已日趋现代化的今天仍处在刀耕火种、渔猎游牧等原始经济形态阶段，或无法实现传统生产方式的顺利转变。南非班图巴通加（Bantu-Tonga）部落的一位名叫玛戈丽萨·恩格文亚的妇女说："长年累月我们都在为活下去而苦苦挣扎。"[②]

在漫长的文化演进过程中，少数民族积累了各种各样的生存技能和知识，然而很多这样的知识和技能已经或正在消失。如今，人们对于民族文化的态度已开始发生变化，不再认为现代科学可以包医百病，现代化进程中的世界已经开始对这一文化劫难给予关注和讨论。科学家们正在学会如何从往往蕴含着少数民族洞察力的医药、禁忌、神话、宗教和其他地方知识中吸收有益成分，民族文化的价值和某些方面的优势在当代引起人们的重视，表明多元文化存在的世界对人类是有益的。中国政府认识到可持续发展的重要意义，当大、小兴安岭资源过渡开发出现自然灾害频仍的问题时，鄂伦春人传统的价值观念所折射出的游猎社会的心理特点，即强调人对宇宙的依顺以及人与自然，人与人之间的和谐关系，便对现代社会的索取过渡具有一定警示作用，鄂伦春族的传统文化尽显现代价值。因此，现代社会日益表现出的对少数民族传统文化的尊重，以及这种尊重营造的社会氛围一定程度上提供了民族文化生存、发展的空间。

① ［美］威尔科姆·E.沃什伯恩著，陆毅译：《美国印第安人》，73页，北京，商务印书馆，1997。

② ［美］乔治·彼德·穆达克著，童恩正译：《我们当代的原始民族》，52页，成都，四川省民族研究所，1980。

第三节　现代化对民族传统文化的影响

在整个国家社会主义现代化建设背景下，鄂伦春人经历了定居、禁猎、转产直至当前的以农为主、多种经营等急促而重大的社会文化变迁。可以推断从20世纪40年代末开始的国家对当地森林自然资源开发，引发鄂伦春人生存环境和社会形态的变迁主要体现在以下几方面。

一、人口与社会结构的变化

定居改变了鄂伦春人过去居住分散的特点，此时的猎民村已经是人口族属结构复杂的多民族杂居的社区，不同于鄂伦春族传统社会组织以血缘为基础，以猎场为地域空间形成的生产、生活单位的“ulir”。由狩猎经济特点所决定，游猎生产生活方式需要保障每个成员都有大片林地，因此一个“ulir”组织大致由六七户人家组成，最多不过十几户，少的仅有三四户，人口总数一般在10 ~ 50人之间。每个“ulir”占有一条河汊子，形成一个小型独立的社区群体，各个“ulir”之间很少有经济往来，除了每年定期用兽皮、药材等和进山来的官商、散客或坐商交换一些粮食、食盐、布匹和酒等物品外，基本上都是在自己活动的区域内进行狩猎生产，生活自给自足，因此过去鄂伦春人生产、生活的群体和社会成员单纯且规模相对较小。在以村镇为基础的新社区形成后，鄂伦春人由原来分散在各河流域的游猎氏族部落集中到各个定居点上，原有的社会结构失去了存在的环境和基础，原有的社会关系已不能适应新的社会结构，人们形成了新的社会关系。在血缘及后来地缘“ulir”阶段，鄂伦春人的社会行为通常由习惯法规范，定居以后，国家法律和新的社会关系准则取代了习惯法规范人们的行为，过去那种以血缘、亲缘联系为主的“ulir”已不复存在。

随着国家行政体制的推行，政府开始进行大兴安岭伊勒呼里山以北呼玛河流域原始森林的开发建设，近万名工人和技术人员及其家属，各类人群等大量涌入大兴安岭，十八站也成了国家重要的森林工业基地之一。铁路、森林运材线、客运公路、防火公路和国防公路组成四通八达的交通网，纵横交错，嫩江至漠河、韩家园子至加格达奇、三塔至塔源、黑河至洛古河公路，加格达奇至韩家园子铁路都经过乡境内。同时形成的复杂的外围社区从根本上改变了鄂伦春人传统的生存环境。如果说定居以前传统的以地缘和血缘形成的以相对的猎场为地域的生活、生产单位的“ulir”拥有某种准社区的性质，那么可以推断当前社会的社区——三个鄂伦春民族村以及外驻单位：部队、铁路、林场、农场、建筑工程队等构成鄂伦春人生活的社会环境。持续了近半个多世纪的进驻、开发、采伐，人口激增，猎场退化，野兽迁徙，猎源减少，最终导致了鄂伦春人传统狩猎辅之以采集、捕鱼生产难以为继。又加之大兴安岭森林资源、能源的危急境况，引发国家出台了一系列相应策略：退耕还林、天然林保护工程、禁猎转产。从鄂伦春族聚居地外围社区的数量与状况，鄂伦春族人口与异民族人口数量结构的比较与变化，大量盲目流动人口的迁移情景取向和数量的事实分析，可以断言，鄂伦春人传统生存环境文化空间的改变将是不可避免的，最终导致了鄂伦春人外围环境、自然资源、生存空间等发生了根本性的变化。

现代化建设以来，东北游猎民族地区人口发生了巨大的变化，大量汉族和其他民族人口迁入。按人口学家的分析，人口迁移一类是有计划的迁入人口，即国家在东北游猎民族地区建立国家林业局、工矿企业而迁入的工程技术人员、管理干部、工人等；另一类是自流人口迁移，这是一种自发性的人口流动，从人口稠密地区多余劳力向地广人稀的民族地区自发性的移动。大兴安岭地区的人口总数日益增多，20 世纪 50 年代，国家民委组织民族工作者对鄂伦春族历史文化进行调查，统计结果显示，1956 年十八站鄂伦春民族乡共有人口 731 人，其中鄂伦春族 659 人，汉族 65 人，其他民族 7 人。[①] 2016 年，全乡共有居民 1981 户 4697 人，其中鄂伦春族 197 户 528 人，汉族及其他少数民族人口 4169 人。1956 年至 2016 年 60 年间，十八站鄂伦春民族乡人口由 731 人增至 4697 人，人口增长 6.4 倍，人口密度增加了近 8 倍，人均占用土地面积由 3.4 平方公里下降为 0.4 平方公里；鄂伦春族人口由 659 人减至 528 人，1956 年鄂伦春族人口

① 内蒙古少数民族社会历史调查组：《黑龙江省呼玛县十八站鄂伦春民族乡情况》，1 页，呼和浩特，内蒙古历史研究所，1959。

占全乡人口比例为 90%，2016 年则为 11%。这主要是由于在半个多世纪时间里林区开发进驻了大批移民，这些移民人口性质结构复杂，他们中有当年的下乡知青，有从外地来的职工、干部及其家属，还有大量欲摆脱生存困境的流动人口，既有以一两个民族人口为主逐渐形成的村屯，也有几乎整个村屯都是迁移来的其他民族村屯。外来人口的大量涌入从根本上改变了鄂伦春人与异族人在当地的人口数量比例，除了汉族人口占绝大多数，达斡尔族、鄂温克族、蒙古族的人口数量也占相当比例，此外，还有一定数量的朝鲜族、回族、满族人口。大量人口的迁入，如果从全国利益考虑，自然有其合理性，但是我们又不能不考虑到人口的流动必然会使民族地区出现许多新情况和新问题。调查显示，具体到人与人之间的生存竞争，鄂伦春人在观念、技能上往往处于弱势状态，还有大量社会问题表明，在与外界的种种互动及竞争劣势已在相当程度上，构成了民族自我认同的困扰和社会秩序的纷乱。

二、自然生态环境的恶化

鄂伦春人所生活的大兴安岭地区，自然环境的主要特点是森林生态系统，所谓森林生态系统是指森林中的生物之间、生物与环境之间相互影响，相互协调，协同演化。森林生态系统具有一定的自我稳定能力，在外力作用下，能够在一定范围内进行自我调解，从而保持和恢复原有的结构与功能，采伐量过大或大面积开采会使森林生态系统结构彻底瓦解，从而丧失自我调节能力。① 对大兴安岭森林资源大规模采伐起始于 1880 年，清政府正式取消对东北的封禁，关内人口涌入。接着中东铁路的修建，俄国和日本的侵略以及所带来的商业性和掠夺性采伐，使大兴安岭的森林生态遭到严重破坏。② 而大兴安岭腹地的广大地区由于交通不便，较为封闭，基本上保存了较好的原生形态，当时，鄂伦春人就是在这里过着原始狩猎生活，极少的人口和简单的游猎生活使鄂伦春人与大自然和谐相处。20 世纪中后期，国家对大兴安岭原始森林进行大规模的开发利用，木材生产、采伐往往以破坏自然环境、森林资源、生态系统为代价换取木

① ［美］克利福德·格尔兹著，韩利译：《文化的解释》，93 页，南京，译林出版社，1999。
② 洪时荣：《鄂伦春民族现代化的抉择》，92 页，乌鲁木齐，新疆人民出版社，1995。

材效益的方式进行。这种采伐方式造成原生森林的基本消失，森林覆盖率大幅度下降，优势树种——原始兴安落叶松基本消失，代之以阔叶次生林。原始森林消失的结果不仅使生态系统发生结构性变化，森林生态失衡，功能和效益减退，而且使依赖原始森林生存的珍贵物种大量减少以至濒临灭绝。曾经栖息的国家一、二类保护动物如东北虎、驼鹿、熊、马鹿几乎绝迹，就连繁殖能力较强的狍子也很少见，1996 年民族乡禁猎的原因之一就是要保护濒临灭绝的野生动物。当然，鄂伦春人以生存为目的进行的狩猎不是野生动物锐减的原因，问题的根本是野生动物失去了生存的环境，大兴安岭丰富的植物、禽类、昆虫类等其他珍稀物种资源也遭到了同样厄运。

大兴安岭河谷宽阔，是我国最大的森林沼泽分布区，森林沼泽是指地表过湿或积水地段并以湿性植物和沼生植物物种为主。湿地位于低洼和河源区，有持水性良好的泥炭和植物，是巨大的蓄水库，具有蓄积洪水，减缓洪峰，调节河川径流的作用，还具有改善地域气候条件，治理污染等多种生态功能。境内森工企业 50 年来对湿地不断地开发利用，改造后的湿地由于排水不畅，树木根系受窒息等原因，形成大量的“小老树”林，不仅不能成材，植树保存率很低。改造后的湿地由于春季土壤湿度大，难以下种，夏秋季易涝，加上本地无霜期短，不利于农作物生长，不适于进行农业开发。大兴安岭生态结构的破坏影响本地气候，各种自然灾害频繁发生，森林的自然防疫功能减退导致森林病虫害呈上升趋势，虽然林业部门加大了防治力度，但采用的化学防治措施对其他生物也造成了威胁和不同程度的伤害。如果就人与大自然的关系而言，狩猎采集阶段是人与大自然和谐相处的最佳时期，那时候，人类猎取大自然的动植物而食之，获取大自然的产物而用之，本身也是生态平衡的一环；到了农业、畜牧阶段，人类开始开垦土地，种植谷物，选择牧场驯养牲畜，改造大自然的工程就此开始了，但因为那时人口少且生产力低，所以对地球的触及仅限于皮毛，尚未造成严重的后果。工业革命为自然资源的利用开创了新的可能性，在为人类开发我们星球上所有地带的自然资源创造了必要的科技条件下，这种可能性正在迅猛增加。[①] 人类大规模地开采地下资源，对地球的触及已经伤筋动骨，不仅产生了大量的垃圾、废气和废水，危及地表、海洋和大气，破坏了人类自身

① ［新西兰］雷蒙德·弗思著，费孝通译：《人文类型》，84 页，北京，华夏出版社，2000。

的生存环境，而且对所有生物的生存都造成了极大的压力。由此可见，人类物质的积累来自于对地球的索取，而文明的进步则是以牺牲大自然的和谐共生为代价的。

人类发展史上主要存在三个文化系统，即非定居的渔猎采集文化系统、农牧文化系统和工业文化系统。鄂伦春人定居以前基本上处于第一文化系统。第一文化系统的特点是以单向索取自然资源为主要特征，在索取过程中无需对自然资源的再生产进行投入，这主要是因为当时的人口十分稀少，丰富的自然资源完全可以承受这种无须投入的索取。当人口逐渐增加到自然资源再也无法承受人们肆无忌惮的单向索取时，在投入基础上进行索取的农牧文化系统产生了。工业文化系统阶段，则是利用一种物质创造出另一种物质，最主要的特征是创造，而创造的代价是资源的消耗。[①] 从理论上讲，资源是指一切可被人类开发和利用的物质、能量和信息的总称，它广泛存在于自然界和人类社会中，或者说资源就是指自然界和人类社会中，一种可以用来创造物质财富和精神财富，具有一定量积累的客观存在形态，如土地、矿产、森林、海洋、石油、人力资源、信息等。在经济学的研究框架中，效益是最受关注的，效益原则是最基本的经济学准则，也被理解为人类生产行为的基础，是指人类劳动所产生的成果，对社会产生的有用的和积极的影响程度和作出的贡献。本书中所指的资源和效益就是借用经济学领域中的概念，随着对鄂伦春族所处地区森林资源的过度采伐以及人们对效益最大化的渴求，鄂伦春族传统文化日益势微。

以上鄂伦春人生态环境—自然资源条件，生活空间使用范围的大幅度减少导致传统狩猎辅之采集、捕鱼生产难以为继，引发生产方式、生活方式的转换。对于任何一个族群、民族而言，生存环境的变化是难以避免的，因此，生存发展问题也是难于避免的。任何非现代化的族群接受现代化时都要经过转变，对于一些人口众多，社会发育水平较高，进行文化调整和重建的能力较强的民族来说，转变意味着发展。然而对于人口相对较少，经济、政治、文化积淀相对薄弱，在变化了的生存环境中处于相对弱势的民族而言，将面临诸如生存竞争压力，自然资源的利益分配、控制与使用等方面的问题，失去土地和资源后的转变则意味着文化的断裂与生存危机。美国人类学家本尼迪克特（Ruth Benedict）

① 都永浩：《鄂伦春族：游猎、定居、发展》，104 页，北京，中央民族学院出版社，1993。

在《文化模式》中提出："个体生活历史首先是适应由他的社区代代相传下来的生活模式和标准。从他出生之时起，他生于其中的风俗就在塑造着他的经验与行为。到他能说话时，他就成了自己文化的小小创造物，而当他长大成人并能参与这种文化的活动时，其文化的不可能性亦就是他的不可能性。"① 自然生态环境与人类的物质生活、精神生活密切相关，对经济社会发展影响巨大，任何一个民族或一个人类集团的繁衍生息都需要有一个固定的生活地域及所能利用的自然资源条件，这是人类生存的起码条件。如何使国有资源分配合理，既满足国家总体发展需要又要照顾到当地人民的生存发展需要是所有政府都希望处理好的关系。恶劣的生态环境是导致少数民族群众贫困的根源之一，采取有力措施，改善民族地区的生态环境，是维护和发展少数民族经济利益的基本要求。

三、传统文化空间的变迁

鄂伦春族传统狩猎活动的延续需要一定的空间场域，狩猎空间因此成为狩猎文化的重要元素，也是狩猎民族传统生活地域的主要组成部分。部落猎区的分布呈现出鄂伦春人的生存领域及活动范围，也彰显出部落间的关系，在鄂伦春人看来，猎场是他们生存的依托，也是他们生命中最重要的元素，具有特殊且神圣的意义。此空间意义可以彰显出鄂伦春人看待山林、动物等自然生态的价值体系，进而透视出鄂伦春族文化在信仰、阶级、性别、身体等层面的意义。根据鄂伦春族变迁的历史，族群部落较早的居留地是在贝加尔湖以东，黑龙江以北，直到库页岛的广大地区。17 世纪中叶以后，鄂伦春人逐渐南迁至黑龙江南岸大、小兴安岭地区，分别在呼玛尔河流域，逊河、沾河、乌云河、嘉荫河流域，阿里河流域，多布库尔河流域和托河流域五个流域过着游猎生活。鄂伦春人早期是为了因应生活而自然迁徙，后来则因为国家与外来民族等外来因素的介入，导致了生活空间的重新配置，同时也伴随着狩猎文化、土地制度及资源使用权的转换。

鄂伦春人生活空间的转变过程大致经历了清朝政府的移民实边政策，日本、沙俄等国家对中国东北地区森林和矿产资源的掠夺，社会主义新中国对森林资

① ［美］本尼迪克特著，王炜译：《文化模式》，73 页，北京，华夏出版社，1987。

源的开发利用。从20世纪中叶到现在，鄂伦春人又先后经历了下山定居，告别山林生活，环境保护工程，国家森林公园，旅游产业开发等深具现代化和公共化的意义演变，在其空间意涵上，鄂伦春族的传统场域成了具有公共空间意义上的社会场域。此一系列过程将鄂伦春族传统上散居的居住空间配置改变为当下的生活空间。另外国家建设对资源与环境的利用，汉族等其他民族的流入以及鄂伦春人对新猎场的不断探求，导致了空间场域的变化、调整、转换与不断移动，同时也改变了鄂伦春人的生活方式和狩猎活动的进行。我们可以从鄂伦春族狩猎以及生活空间的转变窥见权力运作的轨迹。在原住民文化体系中，其生产、生活所涉及的空间转变，并非是自然演进的过程，而是贯穿了权力的运作，权力运作在空间中扮演了重要的角色。在权力化的空间探讨中，法国社会思想家米歇尔·福柯认为，空间是权力、知识等论述转化成实际权力关系之处。在看待社会中权力与空间关系时，权力的操控是经由一个不断扩张的社会制度复合体而运作，从而在不同的建筑类型中开展，然而，“建筑/机构”并不等于权力本身，而是权力运作的场域和彰显。①

综上所述，鄂伦春族的空间转换涉及了国家政府、外国势力、不同民族之间权益的博弈，但我们也可以由上面的论述发现，不同的利益群体权力运作的方式有所不同。但汉族和其他少数民族群体的迁入，在鄂伦春族传统居住地出现的不同民族的杂居、混居以及异族通婚等文化交流现象，则体现为文化的自然演变的过程。在本项研究中，鄂伦春人生存空间的转换，自1643年从黑龙江北岸迁移至南岸，经历清朝200多年的统治，到民国、日伪等不同统治时期，政府都希望通过控制鄂伦春人的空间场域来实现他们的统治权。面对各种权力的形塑，鄂伦春族的传统社会组织方式、道德观念以及人与自然的关系，对待山林的情感与态度等文化元素都会在空间场域中遭遇冲突，狩猎文化开始演变。鄂伦春人逐渐疏离山林，狩猎文化知识缺乏传承，而对于文化价值的认定，主流社会的社会规范与价值观念慢慢渗透到鄂伦春族社会，被鄂伦春人所认同或重新构建，代替了他们观念中的猎场所具有的民族传统意义，进而产生出新的、颠覆性的、赋权的空间论述。这些政策的实行，改变了鄂伦春人原有的生活方式形态，同时面对各种权力的形塑，国家机器、市场经济与外来文化的进入，

① ［法］福柯著，陈怡含编译：《福柯说权力与话语》，245页，武汉，华中科技大学出版社，2017。

传统文化知识日渐式微和缺乏传承，民族认同正在面临民族意识重构的挑战。

随着现代化和城镇化进程的推进，鄂伦春族人口不断外迁，现代生活方式也使得族人与他们的猎场空间渐行渐远，由此疏离山林环境，失去了传统文化的生产空间，在面对传统文化变迁时，鄂伦春人势必会产生新的文化论述。进一步检视鄂伦春人的空间文化，在当代社会的认同下，他们开始强调“祖先的智慧”，重新提出敬仰自然、尊重自然、顺应自然等生态思想，重新进行传统仪式、民族歌舞、民族节日的庆典活动，各种狩猎文化旅游体验活动即是一个例子。在此过程中，除了争取有关生态保育、山林空间的论述、定义权力，也凝聚巩固民族的向心力。

四、民族文化认同的冲突与建构

当本项研究试图透过史料与田野访谈，论述鄂伦春族传统文化变迁的过程及影响，鄂伦春人的“文化认同”也是值得关注的一个问题。“文化认同”（cultural identity）是在人文社会科学视角下讨论的话题，“文化认同”通常体现为一个民族的内部成员对民族共同体的一种情感依附与文化体认，是人们在长期共同生产生活过程中形成的对民族的起源、历史、习俗、信仰、社会组织方式等的体认，因此“认同”的形成是一个历史性的过程，认同标示了共同体和个体的过往，与共同体和个体所处的社会、文化与经济关系之间有密切的关系。在此基础上形成的文化符号，是界定自己和他者的标识，其核心体现为对文化价值的认同，文化认同是民族认同、国家认同的重要前提和基础。在当代的后殖民论述中，“认同”一直是论述的焦点，全球社会不同民族和文化广泛交融的情境下，文化认同对于维护民族共同体具有重要意义。

狩猎文化是鄂伦春人传统生活的重要核心，是将知识—实践—信仰实际融入生活的一种文化表现，包含居住山林千百年来培养出的关于自然与宇宙的智慧，无论信仰、占卜、祈福、祭祀、禁忌都和自然生态资源的利用与经营密不可分。从鄂伦春人狩猎文化演变过程中可以窥见，鄂伦春族的狩猎文化面临着旅游、市场经济、民族旅游产业开发、生态保护等诸多元素交织的现代社会，狩猎文化于是经历了变迁。当民族文化发生改变的情境下，传统文化方式和文化意涵都会发生改变，文化意义发生转变进而影响到民族共同体的自我认同，鄂伦春族社会产生了认同的危机。萨义德（Edward Wadie Said）在“东方主义”论述中，提出西方国家将东方国家描述成野蛮、原始、落后的未开化世界，这种认识和看法完全是想象和臆造出来的，体现了欧洲中心主义思想和强烈的文化偏见，这些思想也会影响到东方国家或民族对于自我认同的建构和诠释。然而，这些概念在文化中被生产、消费，将会产生与“认同”相关的意义，进而影响到民族的文化认同危机。换言之，透过各种文本的再现，有关“狩猎”的各种诠释与认知，必然会影响以“狩猎”为文化与认同核心的鄂伦春人。换言之，人们会依据认同来进行自我定位，并以此重构、改变历史的认同。

认同如同历史文化现象一样，会历经不断地变化与转换，文化认同并不会被永恒地确定在某个社会群体内，而是会被不断演变的历史、文化与权力所影响，因此，认同产生、变化甚至消失都与社会和经济的发展状态具有相应的因果关系。鄂伦春人藉由当代社会对民族传统文化的呼唤来重新建构民族文化认同，亦即透过对过去的重述，生产出认同，这期间近半个世纪经历了认同的解构与重构，这对于鄂伦春族的狩猎文化具有深刻的认同政治的意义，凸显了在狩猎文化变迁中，探究个体自我认同的意义。民族认同与狩猎的论述显然产生了新的（现代化）样貌。进一步分析，当传统文化空间的界限崩解，人群会更紧密地联系于地方、社区或国家、区域、社会团体，以之作为民族认同的标识，同时增加了国族主义、地域主义以及高度亲缘关系的联盟。

现代化浪潮席卷了包括鄂伦春族在内的每一个族群，他们原有的生存环境被破坏，传统生存环境逐渐瓦解。定居后生存环境的根本改变导致了鄂伦春人传统文化生长基础的丧失，民族传统文化演进过程基本断裂，文化交流全面展开，从此拉开了鄂伦春人如何适应急剧变化的环境，以求生存、发展的帷幕。

萨阿米人是北欧的少数民族，生活在芬兰——斯堪的纳维亚地区，总人数约在 10 万 ~ 13 万人之间，主要分布于挪威、瑞典、芬兰的北部和俄罗斯西北部科拉半岛的北极圈和亚北极圈地区。萨阿米人生存条件十分恶劣，不仅饱尝丘陵林立，遍地沼泽及不毛之地给他们生活所带来的困苦，而且要同严寒与暴风雪作斗争。萨阿米人所居住的地区每年从 9 月份开始降雪，日甚一日，直到次年 5 月，冰雪都不会融化，从 11 月下旬，太阳便从地平线上消失，待到第二年 1 月中旬才重新出现。这段时间暴风雪随时都会出现，气温下降到 –30℃以下，严酷的自然环境使萨阿米人无法从事农业，于是养鹿业和捕鱼业成为维持民族生存的主体产业。挪威、瑞典、芬兰等国家政府对萨阿米人传统的驯鹿饲养给予了很大支持与关照，政府每年拨款几百万美元用来发展养鹿业，有关组织如农业部、商业部、养鹿者协会等采取了许多具体措施来保障驯鹿饲养者的利益，其中包括提高鹿肉的收购价格；对经营鹿肉的公司给予适当的销售津贴；为养鹿牧人从日本、加拿大进口机动雪橇并予以免费供应；用优惠价格向萨阿米人提供汽油；并在供应现代化养鹿设施的材料、机械方面也给予特殊照顾。政府还规定只有萨阿米人才有饲养驯鹿的权利，而且必须是萨阿米牧人的后代，其父母、祖父母或外祖父母之中必须有一人曾以养鹿为固定职业，养鹿法才承认他是有权养鹿的人。针对各国政府在萨阿米地区开采金属矿藏、兴修水利和开发森林，规定除了给予一定的经济补偿外，还对萨阿米人发展其他经济提供必要帮助；规定地方当局有责任对萨阿米人就业问题进行妥善安排。除了养鹿外，他们还在各自国家的建筑行业，交通运输部门，商业和服务行业中找到工作。随着时代的发展，萨阿米人传统的生活方式有了很大改变，位于北极圈内 155 公里的挪威考托克诺（Kautokeino）地区的变化尤为明显，历史上遗留下来的木板棚屋已由今天现代化二层小楼所代替，屋内安装了现代化设施，楼前庭院布置得井井有条，昔日的乡村小路已经拓宽成平整的柏油路了，新式的小轿车奔驰在公路上。

因纽特人（Inuit），现在则被称为“阿拉斯加州原住民”（Alaska Natives），生活在从西伯利亚、阿拉斯加到格陵兰的北极圈内外，总人口约 13 万，具体分布在格陵兰、美国、加拿大和俄罗斯。他们生活在北极极艰难困苦的环境里，传统上依靠在海上捕鱼和在雪地里打猎为生，在过去漫长的岁月里，他们在北极生存了下来。而且无论是人与人之间，还是人与大自然之间都极其和谐，直到 19 世纪中期，他们的生活状态仍然相当于人类历史上的新石器时代。随着外界捕鲸者、传教士以及毛皮商人们接踵而至，为了追逐利益，大量船队涌入了北极，结果是东西方文化在这里交汇，传统渔猎文化和现代经济在这里碰撞。因纽特人的文化和生活受到了影响，现在他们和其他地区一样，进入了现代化时代，因纽特人的生产工具已经采用了现代化的生产、运输和通讯手段，至少在北美，猎人们使用诸如来复枪、雪橇、动力飞船以及收音机和四通八达的运输车辆。近二百年来，阿拉斯加西北部和北部的因纽特人就已经进入了世界资本主义支配的那种越来越有力的经济和政治力量中去了。因纽特人在近一个世纪的时间里走过了人类历史上几十万年的跨度，完成了从新石器时代向现代化的过渡。而且，他们也是保持着狩猎、采集型的生活方式，但却已经迈入了现代文明的民族，因纽特人还在那里，并且还是因纽特人。[①]

事实证明任何一个民族仅靠他人的扶持生存，就会逐渐丧失自食其力的能力和愿望，丧失民族的斗志和向上的精神，只能衰退，不能真正地发展，因此，必须通过激发其民族主体性意识来推动民族社会的发展。著名哲学家李为善认为，人要成为主体，具有主体性，必须要具有主体意识，而主体意识的觉醒过程正是主体的生成之路。[②]意识有两种，一种是对外部事物的意识，另一种是自我意识或主体意识，主体意识就是人的主人意识或自主活动的意识，亦就是要作外物的主人，同时作自己的主人、自己掌握自己的命运的意识。主体的内在意识主要表现为民族精神，它是对本民族的历史传统和特殊文明的意识，人的主体性意识的充分发挥会构成推动社会发展的重要力量，它不仅可以产生超越现实和创造未来的强烈愿望，而且可以产生征服困难和开拓进取的顽强意志，因此，构建民族主体性意识成为当今鄂伦春人在社会主义建设中所面临的首要问题。我们知道，任何一个民族经济形态的变革都不是一蹴而就的，鄂伦春族人口较少，经济发展滞后，需要在外力影响下促成变革的实现。但我们对变革应该有一个清醒的认识，应使鄂伦春人更新观念，认识自己的长处，自觉地寻求迅速发展之路。任何民族的发展都是基于民族群众对自己的正确认识，基于群众有强烈的自身发展要求，并在实践中努力开创出来的，为此，必须激发民族主体性意识。如何继承民族意识的优秀成分，比如互助意识，吃苦耐劳精神，坚韧不拔的意志等等，使之同现代意识如开放意识、竞争意识、危机意识、商品意识有机地结合起来，这是鄂伦春人适应现代化、城镇化发展的关键因素之一。只有通过振兴民族文化使鄂伦春人显现出他们独特的文化个性，发挥他们的特长，才能维护甚至增强他们的民族主体意识。

---

① 关小云：《大兴安岭鄂伦春》，24页，哈尔滨，哈尔滨出版社，2003。

② 李为善、刘奔主编：《主体性和哲学基本问题》，12页，北京，中央文献出版社，2002。

实现现代化，自立于民族之林是少数民族的希望之路，发展之路，是少数民族必须作出的抉择，而要走好这条路，实现这一目标，关键在少数民族自己要自强不息，自力更生。现在在一些少数民族社会中存在着单纯的等、靠、要和吃民族特殊饭的情形，鄂伦春人的主体性意识欠缺使得他们一直无法适应急剧变化的现实，无法把握机会，实现自身的价值，还导致个人对自我缺乏责任感，行为缺乏目标，反而对社会的依赖进一步加强。当然，少数民族地区的现代化过程需要政府的帮助，但那只是外部条件，事物发展的根本原因在于自身。少数民族如果自己没有实现现代化的愿望和要求，不能为之努力奋斗，那么外界的一切帮助都不能让他们实现这一目标，因此国家的帮助必须与民族自力更生精神紧密结合，必须激发其自身发展活力。少数民族的群众，特别是民族代表人物一定要有这种自觉的认识，既要有远大的目标，又要有安身立命之道。萨阿米人和爱斯基摩人近年来民族经济和文化教育都取得了巨大发展，国家的优惠政策和资助，自给自足的自然经济向商品经济的过渡，旅游事业的发展以及专业人员的培养都是他们经济、文化、教育勃兴的原因。而最重要的还是萨阿米人和爱斯基摩人的民族内聚力和自信心，他们有发展民族经济、文化的渴望，有摆脱文化落后、经济贫困的信心，有保持民族文化又为我所用的吸纳现代技术优势的决心。尽管起步较晚，同先进民族还有一定差距，但他们已取得了惊人的成就，他们不仅仅保存了民族传统特点，而且积极进取、跻身现代化。因此，从某种意义来说，萨阿米人和爱斯基摩人又成了人类文明的样板，从这里既可以反思人类的过去，又可以展望人类的未来。

第九章　鄂伦春族非物质文化遗产保护现状

第一节　少数民族非物质文化遗产保护工作的提出与实施

《说文解字》记载："保，养也。"本义为把孩子搂在背上，呵护孩子成长。"护，救视也，从言双声。"本义为保卫、保护，使不受侵犯和损害。保护，指尽力照顾，使自身或他人、或其他事物的权益不受损害，出自《尚书》："分别民之居里，异其善恶；成定东周郊境，使有保护。"（《尚书·周书·毕命》）我们所讨论的文化遗产保护即指庇护、维持、承继、使不受损失，兼具有保全、保存、保留、保管、保护、保修、保障等含义。联合国教科文组织将"保护"界定为："确保非物质文化遗产生命力的各种措施，包括这种遗产各个方面的确认、立档、研究、保存、保护、宣传、弘扬、传承，特别是通过正规和非正规教育和振兴。"① 中国政府顺应国际组织的立意和理念，结合自身基本情况，提出："国家对非物质文化遗产采取认定、记录、建档等措施予以保存，对体现中华民族优秀传统文化，具有历史、文学、艺术、科学价值的非物质文化遗产采取传承、传播等措施予以保护。"② 中国政府在推进民族民间文化遗产抢救保护的进程中，制定和颁布了一系列相关政策和法规；对非物质文化遗产进行了全面普查登记；确立了国家级非物质文化遗产名录和代表性传承人名录；建立了非物质文化遗产博物馆；设立文化生态保护区，全面推动民族民俗节日活动；实施了一系列民间文化遗产数字化工程，把非物质文化遗产纳入大、中、小学教育课程和教

① 参见联合国教科文组织于2003年在巴黎通过的《保护非物质文化遗产公约》。

② 参见中华人民共和国第十一届全国人民代表大会常务委员会第十九次会议于2011年通过的《中华人民共和国非物质文化遗产法》。

材等。中国文化遗产保护创立了生态保护、原真保护、活态保护、整体保护、景观保护、传承人保护等多种保护形式，逐步建立起比较完备的、有中国特色的非物质文化遗产保护体系，在全社会形成了广泛的文化遗产理念，一定程度上促进了中国文化的传播与发展。

《国务院关于加强文化遗产保护的通知》于2005年发布，通知提出了保护文化遗产对于人类社会生存和发展的重要意义："保护文化遗产，保持民族文化的传承，是连结民族情感纽带、增进民族团结和维护国家统一及社会稳定的重要文化基础，也是维护世界文化多样性和创造性，促进人类共同发展的前提。"同时特别指出了少数民族文化遗产和非物质文化遗产保护工作的必要性和紧迫性："加强少数民族文化遗产和文化生态区的保护。重点扶持少数民族地区的非物质文化遗产保护工作。对文化遗产丰富且传统文化生态保持较完整的区域，要有计划地进行动态的整体性保护。对确属濒危的少数民族文化遗产和文化生态区，要尽快列入保护名录，落实保护措施，抓紧进行抢救和保护。"根据国务院通知精神，2005年，云南省公布《云南省民族民间传统文化保护条例》，条例涉及非物质文化遗产的保护和抢救，推荐与认定，交易与出境，奖励与处罚等相关规定。此后，许多地区也陆续出台了一系列民族民间文化保护条例，如《广西壮族自治区民族民间传统文化保护条例》《贵州省民族民间文化保护条例》《福建省民族民间文化保护条例》《宁夏回族自治区非物质文化遗产保护条例》《新疆维吾尔自治区非物质文化遗产保护条例》《北川羌族自治县非物质文化遗产保护条例》《保亭黎族苗族自治县非物质文化遗产保护条例》《云南省纳西族东巴文化保护条例》《长阳土家族自治县民族民间传统文化保护条例》等，着手实施各项民族民间文化的保护工作。2011年，《中华人民共和国非物质文化遗产法》通过颁布，其中第六条规定："国家扶持民族地区偏远地区贫困地区的非物质文化遗产保护，保存工作。"[①]这项条款对继承和弘扬少数民族优秀传统文化产生了重大影响，推动了少数民族非物质文化遗产保护工作的进程。

① 参见中华人民共和国第十一届全国人民代表大会常务委员会第十九次会议于2011年通过的《中华人民共和国非物质文化遗产法》。

20世纪中叶，中国政府组织文化工作者对部分文化遗产进行了调查和研究工作，走访民间艺人、收集珍贵实物和资料、拍摄图片，进行文字记录，录音记录，汇编普查文字资料以及大量录音、录像资料。对汉族和少数民族的社会状况和文化形态做了全面的调查和记录，统计非物质文化遗产资源总量近87万项。《国务院关于加强文化遗产保护的通知》中提出："开展非物质文化遗产普查工作。各地区要进一步做好非物质文化遗产的普查、认定和登记工作，全面了解和掌握非物质文化遗产资源的种类、数量、分布状况、生存环境、保护现状及存在的问题，及时向社会公布普查结果。"普查工作是非物质文化遗产保护的一项基础性工作，目的在于全面了解和掌握各地区、各民族非物质文化遗产资源的种类、数量、分布状况、生存环境、保护现状及存在的问题，对各类非物质文化遗产形态、成果，优秀的非物质文化遗产传承人进行调查、登记、采录、建档工作。[①]以此为基础，国家政府分别于2006年、2008年、2011年和2014年确立了四批国家级非物质文化遗产名录共计1372项，其中国家级少数民族非物质文化遗产624项，占国家级项目总数的45%。文化部特别指出："重点关注边疆省区少数民族的项目；重点关注有利于增强海峡两岸和海外华人文化认同的有关项目；重点关注与周边国家共同拥有的少数民族项目。"[②]少数民族非物质文化遗产涉及被各少数民族视为其文化遗产的各种实践、表演、表现形式、知识和技能及其有关工具、实物、工艺品和文化场所。主要包括少数民族口头传说和表述，包括作为非物质文化遗产媒介的语言；少数民族传统表演艺术；少数民族社会风俗、礼仪、节庆；少数民族有关自然界和宇宙的民间传统知识和实践；少数民族传统手工艺技能；少数民族文化空间。也包括对人口较少民族非物质文化遗产范围和内容的界定。

① 参见国务院于2005年通过的《关于加强文化遗产保护的通知》。

② 2009年《文化部关于申报第三批国家级非物质文化遗产名录项目》有关事项的通知中提出。

第二节 鄂伦春族非物质文化遗产概要介绍

根据《尚书》《左传》等古文献的记载，在中国沿长白山以北至黑龙江中下游，南起朝鲜半岛至松花江流域以及额尔古纳河沿岸乌桓山和鲜卑山的广大地区，自先秦起就生活着肃慎、秽貊和东胡等三大族系，后又经过历史演变，出现了匈奴、鲜卑、柔然、回纥、突厥、党项、契丹、女真以及后来形成的满、朝鲜、蒙古、达斡尔、鄂温克、鄂伦春、赫哲等民族。这一包括森林、山地、草原和江河水域的自然生态环境孕育了独特的社会文化类型，根据古代文献描述他们的生存状态是“夫余东北千余里”“处于山林之间”“土气极寒”“常为穴居”“好貂”“俗善骑射”等。有关中国北方渔猎民族的历史文献和考古资料为我们勾勒出了狩猎文化这一具有世界区域特征的古老文化，世界上很多生活在次北极圈的民族都属于这种文化类型，如我国北方鄂伦春族、鄂温克族、赫哲族等狩猎民族，北美洲的印第安人，俄罗斯境内西伯利亚远东地区的俄罗斯族、埃文克、那乃人、雅库特族，日本北海道的阿依努人。这些民族生活的地区与欧洲北部斯堪的那维亚半岛以东的挪威、芬兰、瑞典等构成了一条“次北极圈渔猎文化带”，这条文化带在世界文化版图上占有重要的位置并具有很大的典型性。我国鄂伦春族等北方民族在长期的狩猎生活中形成了具有显著地域和民族特色的桦树皮文化、摩苏昆文化、古伦木沓节文化、赞达仁文化、狍皮手工艺文化等已经列入国家级非物质文化遗产保护名录，其他列入省级非物质文化遗产名录的项目有鄂伦春族萨满服饰、鄂伦春族狩猎文化、鄂伦春族口弦琴、鄂伦春族桦树皮镶嵌画、鄂伦春族传统服饰、鄂伦春族萨满祭祀、鄂伦春族吕日格仁舞、鄂伦春族萨满舞、鄂伦春族剪纸、鄂伦春族刺绣等 12 个。通过对这些文化形态的认知，对于了解和研究包括鄂伦春族在内的北方各渔猎民族的历史、社会、经济、文化和宗教不无裨益，对于我们探讨民族民间文化的形成、特征和内涵以及所具有的历史、科学和艺术价值也具有重要的参考价值。也可以促进研究其他北方渔猎、游牧民族，包括满族、蒙古族、赫哲族、鄂伦春族、鄂温克族、达斡尔族等满–通古斯语族诸民族古老文化的渊源、演变和文化交流。

一、鄂伦春族传统手工技艺——桦树皮制作技艺（第一批国家级非物质文化遗产名录）

20 世纪中后期，中国考古工作者分别在镜泊湖“莺歌岭”遗址、肇源县“白金宝”遗址以及呼伦贝尔盟木图那雅河东岸和额尔古纳右旗拉布达林富兴砖窑古墓葬中先后发现了用桦树皮制作的弓袋、箭囊、罐形、壶形、盒形桦皮桶以及桦皮人像等桦皮制品几十件，均为北方先民鲜卑、契丹和室韦人遗留下来用于生产生活的桦树皮器皿。[①] 中国东北狩猎民族的桦树皮文化发展的历史至少可以追溯到 3 千年以前，古人以弓箭为重器，可用于狩猎生产，亦可用于防御工事，早在远古时期肃慎人就曾以桦树为材质制作弓箭朝贡给帝舜，据《竹书纪年》记载：“帝舜有虞氏二十五年，息慎（即肃慎）来朝，贡弓矢。”（《竹书纪年》）后来大禹平定九州以及周武王、周成王时期，肃慎族人都派使者前来朝贡，其中最著名的被称为“楛矢石砮”，据说就是用桦木制作的弓箭，弓箭以其坚固锐利而备受青睐，也成为北方民族与中原王朝进行文化交往的媒介和信物。[②] 及至清代，朝廷在吉林等地设桦皮厂，令壮丁剥桦皮入贡内务府，《吉林纪略》有记载：“拉发北数十里，特设桦皮厂，有章京，有笔帖式，有打桦皮人，每岁打桦皮入内务府，辽东桦皮遂有市于京师者矣。”[③] 桦树皮可以用做军需品“兴京桦木皮……均者裹鞍蹬及弓把，谓之暖皮……”[④] 后来的鄂伦春人、鄂温克人、赫哲人和达斡尔人传承了这一文化：“鄂伦春地宜桦，冠履、器皿、庐帐、舟渡，皆以桦皮为之。”[⑤]“山谷多桦木，皮以贴车为盖，为穹庐，为扎哈（桦皮船）。纵缝之，如栲栳，大担水，小盛米面，谓之桦皮斗……呼伦贝尔、布特哈居就水草，转徙不时，故以穹庐为室。穹庐，国语曰蒙古博，俗读博为包。冬

---

① 干志耿、孙秀仁：《黑龙江古代民族史纲》，97 页，哈尔滨，黑龙江人民出版社，1987。

② 楛（hù）矢石砮是关东最古老的民族肃慎族的奇特物产，是昔年与中原联系的纽带和媒介。楛矢，就是用长白山区的楛木（有学者认为是桦木）制作的箭杆；石砮，就是用松花江中坚硬的青石磨制的箭头。

③ 杨宾等撰，杨立新等整理：《吉林纪略》，51 页，长春，吉林文史出版社，1993。

④ 杨同桂辑：《沈故》，新北，广文书局，1968。

⑤（清）方式济：《龙沙纪略》，26 页，哈尔滨，黑龙江人民出版社，1985。

用毡毳，夏用桦皮及苇。”①“桦皮厚盈寸许，取以为室，覆可代瓦，房作墙壁户墉，即以山中所产之木用之，费不劳而工省。满洲旧风，无殊周之陶复陶穴也其诗云野处穴居传易传，桦皮为屋鲜前闻。”②

以上文献记载显示，桦树皮制品在鄂伦春、鄂温克、赫哲族等民族中被广泛使用，生活用品有碗、盆、桶、篓、箱、盒、摇篮、挎包等，用来储水，贮藏粮食，酿酒，存放衣物、装饰品或者其他物件；生产工具有箭囊、弓袋、刀鞘、鹿哨、绳索、网漂子等；居住建筑有“斜仁柱”“撮罗子”“佳乌”“木罗贝”以及交通工具桦皮船等，还有用桦树皮制作的小孩子的玩具，女人的首饰、神像盒、神偶、神像、萨满面具等祭祀用品。桦树皮制品具有轻便、耐用、防水、防潮、不易变形等特性，因而成为北方游猎民族生产生活的必需品。白桦树属乔木，树皮轻薄，呈灰白色，每年6月树皮湿度较大，变得松软，较容易和内层木质分离，因此容易剥取。剥树皮的工具一般是使用带点弯曲的长刀，人们一般会选择粗壮笔直、树皮较光洁、无硬结的桦树，然后根据自己需要的尺寸用长刀在树干划取合适的面积。被剥落的树皮需要进行处理，有树结的地方可以刮平或者去掉，然后放在水上蒸使其变得柔软，再进行压平。接下来就是具体的制作了，大概包括裁剪、画图、刻花、着色、黏合（缝合）、打磨等几道工序。所需要的原料有桦树皮，用于提取颜料的树叶、花朵、野果等，用于粘合的松树脂，用来缝合的鹿（狍）筋线，工具则需要用鹿角或狍子角打磨的骨针等。先将桦树皮剪成准备制作的物件需要的形状和大小，再将花纹样式画在树皮表面，多是云纹、几何纹或者动植物和花草的纹样，然后用烧红的铁丝或骨针沿着花纹的线条烫出或者刻出图案，这两种刻花的方法分别叫“烫纹”和“刻纹”，然后给花纹图案着以喜欢的颜色，用松树脂进行粘合，也可以用狍筋线缝合，最后用细砂纸打磨平整、光洁和美观。制作好的一件桦树皮物品可以用十年以上，时间越久，树皮的颜色越深。这些以桦树皮为原料加工制作的生活器皿，经过传承、使用和传播，及至现代，人们对一些传统技艺进行了创新，创造发明了桦树皮镶嵌画，桦树皮文化被不断赋予更多的审美理念、艺术精神

① （清）西清：《黑龙江外记》，409页，哈尔滨，黑龙江人民出版社，1984。
② 关连珠等注译：《康熙乾隆咏吉林》，105页，长春，吉林人民出版社，2015。

和文化意义。[①]

桦树皮制作技艺是狩猎民族创造的一种独特物质文化，它以白桦树的大量生长为环境前提，白桦树生长在北半球寒带及寒温带，具体分布在俄罗斯远东地区、西伯利亚、蒙古东部、朝鲜北部、北美、欧洲等地及中国大、小兴安岭和长白山广大地区，即“次北极圈桦树皮文化带”，这个文化带上生活着不同的族群：因纽特人、那乃人、萨米人、鄂伦春人、鄂温克人，由于生活环境的相似，历史上他们都曾经大规模使用桦树皮制作的器物，从盛食物的器皿到狩猎工具，从饰品到圣物，学者将他们共同创造的文化形态称为“桦树皮文化”。[②]恩格斯在对人类历史发展历程进行分析阐述时曾说：“人类社会发展到蒙昧的高级阶段时，狩猎经济随着弓箭的发明，成为这一时期的主要经济部门。同时，为了适应这一经济的发展，产生了用树皮制造和编织用具以及独木舟等技术。”[③]因此，可以认为利用树皮制造各种生产、生活用具是人类社会发展到一定阶段的必然产物，广泛存在于世界范围内的渔猎民族社会中。

二、鄂伦春族曲艺——摩苏昆（第一批国家级非物质文化遗产名录）

作为最能体现中国民间特色和风采的表演艺术——曲艺，是以口头讲述和歌唱表演，即“说”和“唱”为主要表现手段的说唱艺术统称，说唱的题材主要有历史故事、英雄祖先传说，抒发爱恨情仇和反映日常生活，体现出了曲艺艺术的民间性和群众性。“曲艺”是人类较早创造的一种民间艺术，在我国汉族和少数民族地区都普遍存在，中国众多少数民族在历史发展过程中创造了种类繁多的曲艺曲种，如苗族的“即然更”、哈萨克族的“克萨”、赫哲族的“依玛堪”、达斡尔族的“乌钦”、布依族的“八音坐唱”、锡伯族的“新疆曲子”、鄂伦春族的“摩苏昆”等，这些曲艺曲种形成发展于不同的地域环境和民族文化中，因此具有强烈的地方性和民族性，同时又与特定民族的风俗习惯、神话传说、宗教信仰、价值体系有密切的关联，因此能够得以传习、继承和弘扬。

① 赵复兴：《鄂伦春族研究》，85 页，呼和浩特，内蒙古人民出版社，1987。

② 苏日台：《北方狩猎民族原始艺术》，载《内蒙古社会科学》，1992（1）。

③ 马克思、恩格斯著，中共中央马克思恩格斯列宁斯大林著作编译局编译：《马克思恩格斯选集》第 4 卷，19 页，北京，人民出版社，1995。

摩苏昆（morsukun）是鄂伦春语，词的本义含有悲伤的诉说，这是由一个失去父母的鄂伦春族姑娘乌娜季汗悲惨遭遇的传说而得来的。传说有一个叫乌娜季汗的姑娘，父母早逝，只有百般疼爱她的哥哥与她相依为命。可是，自从凶狠的嫂子进了家门，软弱的哥哥慑于嫂子的淫威，不敢再疼爱她了。可怜的乌娜季汗受尽百般虐待，她便经常唱“摩尔布音”悲歌向山川河流、草木花鸟和死去的父母哀诉自己的不幸。邻居家有个乌特听到后非常同情她的遭遇，认她作了妹妹，时时关心和保护她。狠心的嫂子为了阻止她和乌特接触，把她卖到很远的地方当了童养媳，刁婆婆恶丈夫对她的摧残比狠毒的嫂子还凶，当乌特前来接她回家的时候，她已含恨死去。乌特悲痛万分地在乌娜季汗的坟茔上哭得死去活来，恍惚中乌特好像感受到了乌娜季汗又来到了他身边，摩尔布音的歌声也随之飘来。后来，乌特走到哪里就把乌娜季汗悲惨的遭遇诉说到哪里，乌娜季汗“摩尔布音”悲歌也就飘到哪里，天长日久，人们就把这种说唱故事叫成“摩苏昆”了。[①] 发展到后来，人们已不仅限于说唱悲伤的故事，还说唱高兴的故事，于是人们对悲剧和喜剧两种色彩的说唱有了区分，把喜剧说唱称为“乌伦恩沁”。“摩苏昆”的著名曲目有《英雄格帕尔》《波尔卡内莫日根》《阿尔塔内莫日根》《鹿的传说》《双飞鸟的传说》《阿尔旦滚滚蝶》《雅林觉罕与额勒黑汗》《卡尖包姐夫的故事》《逃婚的故事》《我的母亲赛仁娇》等数十部曲目。

“摩苏昆”形成于19世纪末期，在形成后的半个多世纪里逐渐发展成为鄂伦春族社会主要文化传播手段，表演者以说一段唱一段的方式讲述故事和表达情感，常常以“说”的方式叙述故事情节，以“唱”的形式进行人物语言、情感和心理活动的表达。《英雄格帕尔》是目前采集到的篇幅最长的“摩苏昆”代表作品，唱词达1900行，十万余字，是我国少数民族文化中的瑰宝。这篇作品极富浪漫主义色彩并采用多种文学表现手法，展现了民族英雄格帕尔同恶魔犸猊之间斗争的恢弘画卷。故事以鄂伦春人祖先古老的生存年代为背景，在漫长的自然采集和游猎生活中，原始人类在适应、认识和利用自然的过程中进行了不断的努力和尝试，也付出了巨大的代价和牺牲。人们把对生活的感受和理解，对宇宙的探索和认知通过故事得以陈述，同时渗透着人类先民万物有灵的宗教

① 全国政协文史和学习委员会暨内蒙古自治区、黑龙江省政协文史资料委员会：《鄂伦春族百年实录》（上册），157页，北京，中国文史出版社，2008。

观和自然崇拜的原始形式，折射出了一个古老民族的人生观、价值观、文化观和宗教观。在一个没有文字书写的民族里，人们日复一日地传唱着这些故事，诉说着他们对英雄祖先“莫日根”[①]的敬仰，在传唱、诉说的过程中，他们进行了民族文化的传承和认同，一个民族共同体由此得以建构。

三、鄂伦春族民族节日——古伦木沓节（第一批国家级非物质文化遗产名录）

鄂伦春人的民族传统节日有祭太阳、祭月亮、祭北斗星、古伦木沓节、春祭大典、送火神上天、米特尔节、抹黑节等。古伦木沓节由祭祀火神“t’ɔɔ purk’an”的仪式演变而来，仪式起源于鄂伦春人的一个古老神话：

> 很早以前，有一个妇女早晨起床烤火，火星迸到她身上，她一生气，把火乱捣动了一阵，这之后，她把火熄灭，就搬家了。可是搬到别处，她想生火，却怎么也生不起来了。她到邻居家去寻火种，走到半路，看见一个老太婆在那里坐着，这个老太婆的一只眼睛是好的，另一只眼睛则淌着鲜血。她问老太婆怎么了？老太婆气冲冲地说：还不是由于你方才乱捣火，才把我的眼睛戳瞎了一只！这个妇女一听知道是自己触怒了火神，当时吓得就跪了下来，哀求老太婆宽恕她的过错。老太婆告诫说：回去点火去吧，今后再不要那样乱捣火了。这个妇女回家后再点火时，火就着起来了。[②]

“火”在鄂伦春人心目中占据着重要地位，他们将“火”人格化并加以崇拜，后来又赋予“火”民族祖先的特殊身份，鄂伦春人对“火”的祭祀，不仅是对神灵的祭祀，也代表着对自己祖先的祭祀，因此鄂伦春人对火非常崇敬，平时严禁向火上泼水或在烤肉时用刀子去叉，免得触怒火神。每年除夕晚上，在斜仁柱（类似帐篷的原始住房）南面，距离二十米远的地方，一左、一

① “莫日根”在鄂伦春语中是指箭法高超的“好猎手”“英雄”的意思。

② 《中国少数民族》修订编辑委员会：《中国少数民族》，134页，北京，民族出版社，2009。

右燃烧起两堆篝火，斜仁柱内的篝火也要燃烧得格外旺。午夜时分，全家人都要分别面向东边、西边和斜仁柱内的篝火祭拜火神，同时还要往篝火里扔些兽肉、洒些烧酒，以示对火神的敬献，以此祈求火神的庇佑，初一、初二人们互相拜年时也要先拜火神，然后才拜人。① 火不仅成了鄂伦春人的圣物，更成了神与鄂伦春人之间最为直接的联系，自古以来，鄂伦春人每到年节或吉日，家家户户都要在自家门前燃起篝火，并焚香跪拜祷告，以求火神保佑平安，饭前还要向火塘洒酒抛肉，以示供奉，长此以往，形成了一种世代传承的民间习俗活动——古伦木沓节："节日庆祝活动通常在每年的春季举行，届时人们身着传统民族服饰，带着好酒好肉及帐篷等物，举家骑马到预定地点参加活动。节日期间，活动内容丰富多彩，白天举行射箭、赛马、玩木牌等活动；夜间拢上篝火，请萨满跳神，祭神祭祖。"②

节日庆祝活动一般在每年的春天（公历 6 月初）举行一次，氏族长或部落首领会提前派人通知散居各地的人们活动举行的具体时间和地点，到时人们会一家子一家子地骑着马带着好酒好肉及帐篷等物品到指定的地点参加。活动在氏族长或部落首领"穆昆达"（moxunta）的主持下进行，仪式开始，按照惯例穆昆达首先走上祭坛以酒祭祀天、地，同时颂唱祭文（鄂伦春语），其他族人也跟随穆昆达一边洒酒祭天地一边颂唱祭文（鄂伦春语），大意是："尊贵的火神啊，你是我们鄂伦春人至高无上的守护神，是您给了我们赖以生存的温暖、光明和生命。今天，我们各流域的所有成员和他们的贵客及宾朋，都怀着真挚的敬意虔诚地集聚在您的身旁。等到月亮升起的时候，我们再举行隆重的生火仪式，请您屈尊稍候。"③ 场面隆重且庄严肃穆。祭祀天地后，每个流域的人选好自己的位置，搭建"斜仁柱"，架起锅灶，烧火煮肉。④ 接下来人们开始对歌、赛马、射箭、摔跤等活动，一直持续到傍晚举行祭火仪式，萨满手持火把，口念颂词

① 铁木尔·达瓦买提主编：《中国少数民族文化大辞典·东北、内蒙古地区卷》，129 页，北京，民族出版社，1997。

② 柳成栋：《黑龙江省世界及国家级非物质文化遗产》，载《黑龙江史志》，2012（10）。

③ 《中国少数民族》修订编辑委员会：《中国少数民族》，134 页，北京，民族出版社，2009。

④ 鄂伦春人按照居住的各河流域不同进行区分，如居住在呼玛尔河流域的鄂伦春人；居住在阿里河流域的鄂伦春人；居住在多普库尔河流域的鄂伦春人；居住在托河流域的鄂伦春人；居住在毕拉尔河流的鄂伦春人。"斜仁柱"是鄂伦春人传统居住建筑，呈圆锥形，骨架用树干搭建，周围用桦树皮或者狍子皮覆盖。

（鄂伦春语），大意是：“啊，我们知道了，天上仁慈的各路神灵，像地上各方的贵客宾朋一样，都来参加我们鄂伦春民族的篝火节了。在这让人开心的日子和最庄重肃穆的时刻，我受神的旨意，把这象征幸福、吉祥的火种，交给德高望重、至尊至爱、大富大贵的人物手中，祈求火神和各路万能的神灵。保佑天下所有的人像青山一样健壮，像流水一样兴旺。啊，吉日良辰来到了，赶快点起熊熊篝火吧！让神圣的篝火像展翅的金色凤凰一样，起舞欢唱吧。”然后，萨满用火把点燃其他人的火把，最后将火把交给族长，族长用火把将篝火点燃，当篝火渐渐燃起后，几个家庭的成员凑在一起围坐在篝火旁，请萨满或年长者进行占卜或者祷告，占卜通常是用狍子的肩胛骨进行骨卜，占卜者口念祷词，将肩胛骨放在火上灼烧，然后根据骨头裂纹的走向和长短来预测事情的吉凶，也有用树枝或者枪支进行占卜的，鄂伦春人也习惯用斧头悬斧祈祷或用烟袋装灰等形式祭火，祈祷人们平安吉祥和多打猎物，随着夜色渐深，人们手拉起手围着篝火一边唱一边跳直到天亮。古伦木沓节庆祝活动通常会持续几天，在鄂伦春族文化里，“火”象征着幸福、吉祥和兴旺，会给他们带来美好的生活。

四、鄂伦春族民歌——赞达仁（第二批国家级非物质文化遗产名录）

民歌是民间文学的一种，形成于某个特定地区的特定族群中，由人们口头创作和传唱。民歌大都产生于人们的生产劳作中，能够较真实地反映一定历史时期人们的生活状态和情感追求，歌词简单、平实、易懂，曲调流畅，朗朗上口，易于传唱，是民间文化和民族艺术的重要组成部分。中国民歌产生历史久远，早在远古时代，华夏先祖在狩猎、采集、祭祀等活动中采用歌唱的方式叙述事件和表达感情，成为后人了解和认识原始文化的重要素材。不同民族因其地域、环境、语言、宗教等的不同会形成具有显著民族风格的歌曲，“赞达仁”是鄂伦春族民歌，主要是指但又不限于山歌小调类型的民歌。在传统的狩猎生活中，人们在山林中打猎归来都要一边唱着“赞达仁”一边往回走，猎人们喜欢的歌曲有《打猎归来》《打红围》《猎场》《撵鹿回来》《黄骠马的乳汁》《鄂伦春小唱》等，欢快的歌声表达了猎人们狩猎的喜悦，也消除了狩猎的辛苦。“赞达仁”的演唱可以有歌词也可以没有歌词，有歌词的歌曲结构对称，节奏比较整齐，间腔也比较统一；而无歌词的歌曲一般会运用“那依呀”“那依斯希那耶”等大量衬词演唱，曲调比较高亢，即兴性很强，有时演唱者也会将上述两种形式一起唱。“赞达仁”歌曲类型广泛，涉及各个方面，有表现日常生产生活的猎歌、颂歌、情歌、儿歌、喜歌、苦歌等，还有婚歌、丧歌、祭祀歌、酒歌等在各类仪式中演唱的歌曲。在鄂伦春族社会里，“赞达仁”曲目数量多，传唱广且内容和形式都很丰富，成为鄂伦春族民间文学的主要形式，除此之外，鄂伦春族民间音乐还有两种，分别是“吕日格仁”和“萨满调”，前者属于歌舞曲，后者则属于宗教歌曲。在演唱“吕日格仁”的时候，人们常常是手拉着手围成一个圆圈跟随歌曲节奏前后左右摆动，气氛活跃。“萨满调”大都在祭祀场合或萨满跳神时由萨满说唱，有特定的说词和唱词，并具有较强的目的意义性。满－通古斯诸民族民歌种类丰富多样，这些民歌从不同的侧面反映了满－通古斯诸民族的劳动生活、民族历史、宗教习俗、文化心理、审美情趣等重要内容并通过一定的文学结构、艺术手法和语言表现出来。

五、鄂伦春族传统技艺——狍皮制作技艺（第二批国家级非物质文化遗产名录）

人类自远古时代就懂得利用动物皮毛遮羞和取暖，兽皮制作技艺是很多狩猎民族都拥有的手工技艺，这一文化现象具有独特的地域性和民族性。在我国古代典籍中就有关于鄂伦春人“衣兽皮”的记载：“气候最寒，雪深没马，冬则入山居土穴，牛畜多冻死，饶獐鹿，射猎为务，食肉衣皮。”[①]“江省鹿类最繁，狍鹿为用尤多，呼伦贝尔、布特哈、兴安各城诸部落，每以狍皮为囊，野处露宿，全身入囊，不畏风雪，狍皮则为衣裤之用，入市出售，印以花纹，极为温暖耐久。”（《黑龙江述略》）鄂伦春人在长期狩猎生活中创造了用动物皮毛制作衣服、袍子、靴子、帽子、手套、萨满服等服饰；被褥、睡袋、垫子、帷帐、子弹袋、烟袋、马具搭袋等生产生活用品以及皮鼓、神偶、神像等宗教仪式用品，这些物品是用狍子皮，麋鹿皮和犴皮等动物皮毛制作的，其中尤以狍皮制品最为普遍和广泛，因此这项手工艺被称为“狍皮制作技艺”，鄂伦春族狍皮制品广泛应用并满足于日常

① 王仲荦：《魏晋南北朝史》，607 页，上海，上海人民出版社，2016。

生产生活，在鄂伦春族社会中具有重要的文化功能，形成了独特的兽皮文化。

鄂伦春族狍皮制作都是由妇女完成的，制作程序主要包括皮张采集、晾晒、鞣皮、裁剪、缝合、纹饰、刺绣等。皮张的采集一般都是在狩猎过程中完成的，猎人们凭借生活经验将能够利用的兽皮留下来，先进行晾晒，接下来用带齿的刮刀去除油脂污垢，使其变得净滑，再用有刃的刮刀反复刮揉皮张，使其变得柔软。这个过程称为“鞣皮”或“熟皮”，是将生皮鞣成熟皮的过程，所用的主要工具——刮刀呈环形，长约 70 厘米，宽约 4 厘米，一面带刀刃，一面是木柄，刮刀因所处理的兽皮种类不同长短大小也略有不同。皮子鞣好后根据皮子和所制衣物大小进行裁剪，制作帷帐等大的物件通常需要几十张狍子皮拼接缝制而成。缝合则用狍筋、鹿筋或犴筋经晾干捣成细丝再搓成线，这种线结实耐用。缝制好的衣物可以根据自己的喜好在衣领、袖口、帽檐、裤脚、裤腰或者衣袍的对襟绣一些花纹和图案，还有在覆盖“斜仁柱”皮围子的开口处缝绣的。传统上鄂伦春族妇女都用骨针缝制花纹，有云卷纹、波浪纹、几何纹等，图案有人物的，动植物的或者星星月亮等自然物的，花纹或者图案可以直接绣上，也可以将剪好的花样缝在上面。一件狍皮制品承载着一个古老民族的手工技艺，包含了多种狩猎文化元素和符号，体现了鄂伦春人对生活，对自然，对生命的认知和对民族信仰，民族精神的传承。

第三节　鄂伦春族非物质文化遗产保护现状

中国政府将文化和谐建设作为当前中国社会文化发展的首要任务，保护和发展少数民族文化是中国政府维护生态平衡、促进社会和谐发展的重要国策，对少数民族，特别是人口较少民族非物质文化遗产的保护工作给予了高度重视。鄂伦春族人口较少，面对民族文化濒临消失的现状，各级政府、社会组织和鄂伦春人都在做抢救工作。

一、各项法律制度保障和推动非物质文化遗产保护工作的进行

中国鄂伦春族人口的52%居住在黑龙江省，少数民族文化是黑龙江省非物质文化遗产的重要组成部分。黑龙江省共有53个少数民族，少数民族人口近200万，占全省总人口的5.26%，其中世居民族有满族、回族、朝鲜族、蒙古族、锡伯族、赫哲族、鄂伦春族、鄂温克族、达斡尔族和柯尔克孜族等10个少数民族。为保障非物质文化遗产工作的贯彻落实，黑龙江省政府组建了黑龙江省非物质文化遗产保护工作领导机构，成立了由文化厅，发改委、财政厅等9个厅局组成的黑龙江省非物质文化遗产保护工作厅际联席会议和专家委员会，成立了黑龙江省非物质文化遗产保护中心，随后又陆续建立健全了地、市、县级非物质文化遗产保护工作机构。制定出台了一系列非物质文化遗产保护办法：《黑龙江省非物质文化遗产名录评定暂行办法（草案）》《黑龙江省非物质文化遗产保护工作厅际联席会议制度》《黑龙江省关于文化遗产保护工作的意见》《黑龙江省非物质文化遗产保护工作专项资金管理办法》等等。尤其提出了“坚持濒危项目优先保护原则，及时有效地组织实施抢救性保护；坚持我省独有项目和少数民族特别是人口较少民族项目为重点原则，促进本土文化传承与发展。”[①] 若干制度条例明确提出了非物质文化遗产保护工作的目的、方针，工作原则、名录体系建立以及传承人的保护和工作具体办法，促进和指导着鄂伦春族非物质文化遗产保护工作的进行。政府对于保护鄂伦春族非物质文化遗产具体做了如下工作：深入鄂伦春族聚集区对文化资源进行调研；进行文化遗产的普查、登记；确立传承人，根据传承人不同的技艺特点，确立县、市、省级保护名录和传承人，跟踪采访调查；挖掘整理非物质文化遗产的文字、图片、音像资料，归类建档，建成数据库，实现记录式保护。此外，内蒙古自治区和黑龙江省联合成立了“鄂伦春族研究会”，有关高等院校、研究机构每年都召开主题不同的研讨会，学者们结合鄂伦春族的历史文化及发展现状，运用历史学、文化学、社会学、民俗学等学科理论和方法进行研究工作，发表和出版论文、

① 参见黑龙江省第十二届人民代表大会常务委员会第二十八次会议于2016年通过的《黑龙江非物质文化遗产条例》。

著作。近十年来，中央电视台、内蒙古电视台、黑龙江电视台以及鄂伦春自治旗政府独立或联合拍摄鄂伦春族文化题材的专题片、纪录片几十部，广泛大量搜集民族文化实物进行博物馆展示、宣传和教育活动。

二、在普查工作的基础上建立各级非物质文化遗产名录体系

自2006年开始，黑龙江省在全省范围内开展了非物质文化遗产普查登记工作，形成了比较完备的非物质文化遗产四级名录体系，至2019年，已经确认联合国项目2项，国家级项目34项，其中少数民族项目15项，占国家级项目总数44%。省级名录303项，市级名录505项，县级名录768项，涵盖民间文学、传统音乐、传统舞蹈、传统美术、民俗、传统医药等非遗十大类别。其中，“望奎皮影戏”和“赫哲族伊玛堪说唱”分别被联合国教科文组织列入“人类非物质文化遗产代表作名录”和“急需保护的非物质文化遗产名录”。国家级项目分别是民俗类（5项）：鄂伦春族古伦木沓节、五大连池药泉会（圣水节）、鄂温克族瑟宾节、朝鲜族花甲礼、达斡尔族传统婚俗；传统技艺类（4项）：赫哲族鱼皮制作技艺、鄂伦春族狍皮制作技艺、桦树皮制作技艺、鄂伦春族桦树皮船制作技艺；传统美术类（1项）：方正剪纸；曲艺类（6项）：赫哲族伊玛堪、达斡尔族乌钦、鄂伦春族摩苏昆、东北大鼓、东北二人转、绥棱二人转；传统戏剧类（3项）：望奎皮影戏、龙江皮影戏（双城皮影戏）、评剧；传统舞蹈类（1项）：达斡尔族鲁日格勒舞；传统音乐类（5项）：罕伯岱达斡尔族民歌、鄂伦春族赞达仁、杨小班鼓吹乐棚、森林号子兴安岭森林号子、蒙古族四胡音乐；传统体育、游艺与杂技类（1项）：黑龙江传统魔术。另外确立省级非物质文化遗产236项，以及市、县各级非物质文化遗产多项，并建立了省、市、县三级非物质文化遗产名录体系。黑龙江省非物质文化遗产名录从少数民族节日庆典到手工技艺、民间艺术、体育竞技等展现出浓郁的北方地域特色和民族特色。2016年《黑龙江非物质文化遗产条例》公布施行，条例提出：“县级以上人民政府文化主管部门应当开展非物质文化遗产调查，并运用文字、录音、录像、数字化多媒体等方式对非物质文化遗产进行真实、系统和全面的记录，建立非物质文化遗产档案及相关数据库。除依法应当保密的外，非物质文化遗产档案及

相关数据信息应当公开，便于公众查阅。”[①] 普查工作不仅认定和抢救了一批濒危的少数民族非物质文化遗产项目，而且较为全面地了解和掌握了各地区、各民族非物质文化遗产资源的种类、数量、分布状况、生存环境、保护现状及存在的问题。对于推动非物质文化遗产保护工作，推动少数民族非物质文化遗产保护工作具有一定的指导和保障作用。

三、确立非物质文化遗产传承人谱系制度

非物质文化遗产的活态性凸显了非物质文化遗产项目传承“以人为本”的特性，项目传承人相关传习活动的开展是保护非物质文化遗产的重要举措之一，因此，国家在建立健全非物质文化遗产代表作名录体系的同时，也在着力建立国家、省、市、县四级非物质文化遗产传承人名录体系，同时制定适合我国国情的非物质文化遗产项目传承人保护制度，为传承人的传承活动提供全面保障。中国政府特别重视传承人的保护工作，提出：“建立科学有效的非物质文化遗产传承机制。对列入各级名录的非物质文化遗产代表作，可采取命名、授予称号、表彰奖励、自主扶持等方式，鼓励代表作传承人（团体）进行传习活动。通过社会教育和学校教育，使非物质文化遗产代表作的传承后继有人。”[②] 传承人的调查和认定是建立非物质文化遗产传承机制的前提和基础，为此需要对各个门类的杰出传承人进行深入调查访谈，在此基础上进行传承人的认定和登记。文化部对非物质文化遗产传承人的认定资格条件，传承人具有的权利、义务和对传承人传承工作的支持方式等都做了具体说明和规定，截至 2018 年，文化部先后命名了五批国家级非物质文化遗产代表性项目代表性传承人，共计 3068 人。与此同时，各地区也非常重视对传承人的保护，纷纷开展地方性非物质文化遗产项目代表性传承人的认定命名工作，建立本地区的非物质文化遗产项目代表性传承人制度，如黑龙江省政府通过的《黑龙江省非物质文化遗产条例》规定：“县级以上人民政府可以采取命名、授予称号、表彰奖励、资助、扶持等方式，

① 参见黑龙江省第十二届人民代表大会常务委员会第二十八次会议于 2016 年通过的《黑龙江非物质文化遗产条例》。

② 参见国务院于 2005 年通过的《关于加强我国非物质文化遗产保护工作的意见》。

支持代表性传承人进行传承活动。”“县级以上人民政府文化主管部门应当根据需要，采取下列措施，支持代表性传承人开展传承、传播活动：提供必要的传承、传播场所；提供必要的经费资助其开展授徒、传艺、交流等活动；支持其参与社会公益性活动和对外文化交流活动；支持其开展传承、传播活动的其他措施。”①

根据以上条例规定，政府对非物质文化遗产传承人的命名包括确定非物质文化遗产传承人的人选，共确立国家级传承人 15 人（其中 4 人已经去世），省级传承人 337 名（其中 17 人已经去世），其中国家级鄂伦春族非物质文化遗产传承人 7 人，传承人基本情况介绍如表 9–1。同时也出台了关于国家级非物质文化遗产项目代表性传承人的管理办法：“代表性传承人享有下列权利：开展传艺、技艺展示、艺术创作、讲学及学术研究等活动；获得传承、传播工作或者开展相关活动的报酬；提出非物质文化遗产保护工作的意见、建议；开展传承活动有困难的，可以向文化主管部门申请扶持；其他与代表性项目保护相关的权利。”② 对传承人本人及其家庭成员、社会活动范围等进行多方面访谈、记录，做口述史和个人生命史的完整调研。将传承人所掌握的技艺和传承的内容用文字、图片、录音、影像、实物等方式记录下来，建立档案，进行保存。为传承人建立的档案具体内容应包括传承人的所有基本信息，如姓名、性别、职业、受教育情况，成长历程，家庭情况，居住地址等。传承人所传承的文化遗产介绍，具体涉及遗产产生发展的环境条件，生态资源，地域文化以及所传承项目具有的文化功能和文化意义。项目传承的主要方式方法，涉及到的地方、组织、人群、规则、禁忌、仪式，另外对于传承人开展的传承活动，传承工作的实施进展情况要做跟踪记录，对传承人的创作作品要进行保存和展示。除此之外，地方政府要根据相关规定为传承人的传承活动提供必要的环境、资金等条件支持和保障。传承人在政府的支持指导下进行了多种方式传习活动，如制定项目传承计划和目标；采取在家收徒、办学习班和去学校讲学等多种方式开展传承

① 参见黑龙江省第十二届人民代表大会常务委员会第二十八次会议于 2016 年通过的《黑龙江非物质文化遗产条例》。

② 参见黑龙江省第十二届人民代表大会常务委员会第二十八次会议于 2016 年通过的《黑龙江非物质文化遗产条例》。

工作；参加国内外各种形式的展览会、研讨会和文化交流活动；并且向政府、档案馆和博物馆等相关部门提供完整的项目操作程序、技术规范、原材料要求、技艺要领等知识。

表 9-1　国家级非物质文化遗产传承人（鄂伦春族）简况

传承人	性别	年龄（2019 年）	项目类别（项目编号）	项目名称	所在地区
葛长云	女	71 岁	传统技艺（Ⅷ－112）	鄂伦春族狍皮制作技艺	黑龙江省黑河市爱辉区
孟兰杰	女	71 岁	传统技艺（Ⅷ－112）	鄂伦春族狍皮制作技艺	黑龙江省黑河市爱辉区
郭宝林	男	75 岁	传统技艺（Ⅷ－83）	桦树皮制作技艺	黑龙江省大兴安岭地区
孟淑珍	女		曲艺（Ⅴ－43）	鄂伦春族摩苏昆	黑龙江省大兴安岭地区
莫宝凤	女	84 岁	鄂伦春族曲艺（Ⅴ－43）	鄂伦春族摩苏昆	黑龙江省大兴安岭地区
关金芳	女	64 岁	鄂伦春族传统音乐（Ⅱ－107）	鄂伦春族民歌（鄂伦春族赞达仁）	黑龙江省大兴安岭地区
额尔登掛	女	89 岁（离世）	鄂伦春族传统音乐（Ⅱ－107）	鄂伦春族民歌（鄂伦春族赞达仁）	内蒙古自治区鄂伦春自治旗

四、非物质文化遗产博物馆展演与保护

非物质文化遗产在长期的发展和传承过程中是以物质文化为载体的，如非物质文化遗产形成和发展的空间场域，操作技艺的工具、器皿、手工艺品等，雕塑、绘画所用的材料，涉及民间艺术的曲谱、乐器、服饰等。非物质文化遗产相关的实物和载体已经通过建立博物馆、民俗馆、民族村、文化生态保护区等环境设施，辅以声音、文字、图片、录像等技术手段进行典藏、展示、宣传和教育等活动，这是目前利用博物馆进行非物质文化遗产保护传承的主要方式。国家和各级政府大力兴建非物质文化遗产展演和保护基础设施，包括各种类型的民族民间文化生态保护区、生态博物馆、民俗展览馆、传习所等。对北方少

数民族非物质文化遗产进行展演和保护的有黑龙江省民族文化馆、哈尔滨市朝鲜族民俗博物馆、漠河鄂伦春民族博物馆，内蒙古博物院、呼伦贝尔市民族博物馆、鄂温克族博物馆、根河市敖鲁古雅乡民族博物馆、北方狩猎民族桦树皮文化博物馆等，均藏有一定数量的非物质文化遗产相关实物和资料。这种保护方式是以静态保护模式为主，以展品陈列、辅以文字、图片、影像资料说明，侧重于文化信息的介绍与传播，将非物质文化遗产的实物载体展示给参观者，让参观者了解非物质文化遗产在物质形式上的呈现，博物馆是当前进行非物质文化遗产传习的主要场所之一，并且在今后仍将继续。

五、运用多媒体实现数字化保护和传承

《关于加强我国非物质文化遗产保护工作的意见》指出："用文字、录音、录像、数字化多媒体等手段，对保护对象进行真实、全面、系统的记录，并积极搜集有关实物资料，选定有关机构妥善保存并合理利用。"非物质文化遗产数字化保护近些年已经在全国范围内被采用，旨在利用数字化技术和网络平台展示、传播中国和世界非物质文化遗产知识。2006 年，由中国艺术研究机构研发的"中国非物质文化遗产网・中国非物质文化遗产数字博物馆"在互联网上面对观众开放，网络资源囊括了四批次 10 个类别（民间文学，传统音乐，传统舞蹈，传统戏剧，曲艺，传统体育、游艺与杂技，传统美术，传统技艺，传统医药，民俗）1372 个项目和 3145 个子项目的非物质文化遗产知识的介绍，其他内容还包括相关政策、法规文件，国家级非物质文化遗产代表性项目名录，代表性传承人及其传承项目介绍，国家级文化生态保护区。除此之外，国际组织的重要会议、公约、文件，联合国教科文组织确定的非物质文化遗产名录（名册）等都可以在数字博物馆中搜索到，网络还及时介绍各种非物质文化遗产保护工作的近期工作动态、专题会议、论坛报告，为学者和研究机构提供学术资源以及信息资源。中国少数民族非物质文化遗产项目与子项目相关信息内容，包括类别、公布时间、类型、申报地区或单位、保护单位、项目内容及传承人的介绍等在都可以网站查找到，观众可以获取此项非物质文化遗产的简要信息，例如，国家级非物质文化遗产鄂伦春族曲艺——摩苏昆的传承主体族群、传承区

域、历史渊源、艺术特色、形成发展、文化功能等信息内容。

数字博物馆采用文字、图片和视频等相结合的方式对非物质文化遗产进行说明介绍，例如《中国非物质文化遗产》《皮影戏》《扎染》《木版年画》《磁州窑火》《霸王锣鼓》《奉贤滚灯》《顾绣》《江南丝竹》《鲁庵印泥》《锣鼓书》以及大量以少数民族非物质文化遗产为题材的纪录片《刀锋上的精灵：中国傈僳族刀杆节》《最后的山神》《神鹿啊神鹿》《鄂伦春族》，对被列入联合国“急需保护非物质文化遗产名录”——赫哲族“伊玛堪”代表性传承人口述史影像志的拍摄等，这些纪录片将一个个古老民族的文化景观系统、全面地呈现出来。随着新兴社交媒体和网络平台的出现，各类社会组织或个人有采用微博、QQ公众平台、微信公众平台等进行非物质文化遗产知识的即时分享和传播互动，也有一些非物质文化遗产保护课程和专题报告在网络课堂进行直播或传授，与此同时，非物质文化遗产数据库也进行了积极建设。当然也存在很多非物质文化遗产，包括少数民族非物质文化遗产保护的数字化建设，与新媒体结合的传播还停留在文字和图片上，一些网站上几乎没有可以学习的视频资源或者很长时间没有更新内容，一定程度上影响了非物质文化遗产知识传播的即时性和广泛性。但总体来看，省、市、县、乡镇，包括社区各级非物质文化遗产保护网站的开放与运营，大大加快和推动了我国非物质文化遗产传播与保护工作的进程，基本实现了非物质文化遗产及其保护工作的信息化、公开化和国际化。

第十章　鄂伦春族非物质文化遗产传承实践

第一节　传承：非物质文化遗产的相关阐释

在非物质文化遗产相关研究中，“传承”是大家常用的概念，联合国教科文组织在《保护非物质文化遗产公约》中提出：“各个群体和团体随着其所处环境；与自然界的相互关系和历史条件的变化不断使这种代代相传的非物质文化遗产得到创新，同时使他们自己具有一种认同感和历史感，从而促进了文化多样性和人类的创造力。”① 揭示了非物质文化遗产是环境、自然和人类创造性活动的产物，强调了非物质文化遗产传承的意义，即“文化认同感”和“文化多样性”，其中的“代代相传”即指“传承”，“传承”一词由古汉语“传”（传授）和“承”（承接）转变而来，因此“传承”具有“传习”与“继承”的意义，具体指学问、技艺、教义等在师徒间的传授和继承的过程。在现代人文科学中，“传承”一词最初主要用于民俗学、文化学的研究，后又延伸到人类学、民族学、考古学、社会学等学科领域。民俗又称民间文化，是指一个民族或一个社会群体在长期的生产实践和社会生活中逐渐形成并世代相传、较为稳定的文化事象，可以简单概括为民间流行的风尚、习俗。其中的“世代相传”可以理解为民俗是在特定历史条件和特定地域中由特定民族群体遵循、传习、承继，并使之得到延续和发展，具有一定规范性和相对稳定性。民俗学家乌丙安把民俗大概分为四类：“经济的民俗，社会的民俗，信仰的民俗和游艺的民俗。”② 张紫晨则从民俗的具体内容角度，将其分为：“巫术民俗；信仰民俗；服饰、饮食、

① 参见联合国教科文组织于2003年在巴黎通过的《保护非物质文化遗产公约》。

② 乌丙安：《中国民俗学》，36页，沈阳，辽宁大学出版社，1985。

居住之民俗；建筑民俗；制度民俗；生产民俗；岁时节令民俗；生仪礼民俗；商业贸易民俗；游艺民俗”①，大概包括了我们所研究的非物质文化遗产的主体内容。在西方学术研究领域，则将民俗大致分为精神领域、行为领域和语言领域三大类。

若将“传承”与文化相关联，则是指一种文化模式中能够保持相对稳定和得到延续的文化元素，文化传承的核心内容大概就是民俗的传承，可以分为物质民俗的传承和精神民俗的传承。“传承”的内涵则不仅指具体的文化现象本身，更重要的是探讨传承的方式、过程与意义，考察一种文化的变迁过程。美国学者帕特里夏 P. 菲利普斯（Patricia Pulliam Phillips）曾说：“传承乃是一种主体的、大规模的时空文化的连续体，它限于指一种技术或整个文化中的持久形貌，它占有一段相当长的时间，以及一种在量上面不等，但在环境上却有其意义的空间。”② 在文化人类学学科领域，用来指文化的承继相似的专业术语有“涵化”（acculturation）“濡化”（enculturation）“同化”（assimilation）等，“涵化”一词由美国民族学家约翰·威斯利·鲍威尔（John Wesley Powell）于 1880 年首先提出，是指因异质的文化接触所引起的原有文化模式的变化，其结果常表现为三种形式：接受、适应、反抗。“濡化”则是指人区别于其他动物的学习经历，人在生命开始和延续中借此获得适应自己文化的能力。由美国人类学家梅尔维尔·赫斯科维茨（Melville Jean Herskovits）于 1948 年在《人类及其创造》一书中首次应用。“同化”最初是生物学概念，用在文化学领域是指文化环境不同的个人或团体，与另一不同的文化模式相接触，融合成为同质的文化单位。同化的结果是个人，更多的情况是群体放弃了他们本来固有的文化形式，吸收了另一种文化形成一种新文化。文化涵化、文化濡化、文化同化都是文化变迁的具体形式，也就是文化元素从传统到现代，从此地到彼地或在不同族群之间的传习与变异，正如美国人类学家克利福德·格尔兹所言：“我所坚持的文化概念既不是多指的，也不是模棱两可的，而是指从历史沿袭下来的体现于象征符号中的意义模式，是由象征符号体系表达的传承概念体系，人们以此达到沟通、延存和发展他们

① 张紫晨：《中国民俗与民俗学》，44 页，杭州，浙江人民出版社，1985。

② 张紫晨：《中外民俗学词典》，224 页，杭州，浙江人民出版社，1991。

对生活的知识和态度。”①

“传承”这一概念从本质上反映了人类对文化的历时性、跨域性的传播与承续的实践，在人类的文化进化史上，能够被传承下来的文化一定是人们生产生活实践的结果，也是民族共同体认同和文化选择的产物。非物质文化遗产的传承包括对民间口头传统和表现形式；表演艺术；社会实践、仪式、节庆活动；有关自然界和宇宙的知识和实践；传统手工艺等的传习与承继。非物质文化遗产形成于人们的生产实践，也是在人们的日常生活中得到传承的，具体方式可以是口耳相传，也可以借助文字、工具、实物、空间等非语言媒介进行传承。民俗学和文化人类学对民俗、民间文化的传承方式基本形成了“口承”和“书承”两类，也就是“口头性传承”和“书面性传承”：前者主要指借助语言，如话语、歌唱、乐声等口耳相传的方式传递知识和信息；后者主要是通过文字、画面、图像、色彩等媒介进行文化传承。除此之外，文化还可以借助身体进行传承，即“身体传承”（行为传承），如表情、手势、舞蹈、技艺操作等等，器物、场域、空间等也是文化传承的重要载体。在前文字时代，人类社会主要依赖口头和身体进行文化信息的交流与保存，这是属于共时性、情境性的交流，需要通过人与人直接接触。随着文字的发明和使用，以文本进行知识传递的书承方式迅速被普及并得到广泛应用，信息的贮存、交换和传播方式突破了时间和空间限制，人们可以进行历时性、跨地域的信息传递。从口承到书承是文化记忆和文化传承的重大跨跃，相较于文字传承，口头传承具有一定的不稳定性和脆弱性，但它依然是人类社会，尤其是无文字社会进行文化表达和信息交流的必要方式，更是阐释文化模式和理解文化意义的重要途径。因此不同类型的口承方式和口承资料对人类的发展都非常重要，应该加以保护和承继，这对于非物质文化遗产而言是必须要考虑的问题。

非物质文化遗产的故事、传说、歌唱以及各种知识技能、实践表演等只有借助于口头和身体进行传承，才能保持其活态性。非物质文化遗产的文化传承具有地域性、生态性、民族性等特点，而且因为其表现形式的不同呈现出复杂多样的形态，既表现为民族心理、民族习惯、信仰、宗教、思想等情感、观念、

① ［美］克利福德·格尔兹著，纳日碧力戈译：《文化的解释》，103 页，上海，上海人民出版社，1999。

精神的传承，又表现为音乐、舞蹈、美术、曲艺、戏剧等艺术表演能力的传承，还表现为体育竞技、杂技、手工技艺、中医药知识和技能等应用性知识和技能的传承。因此非物质文化遗产的传承方式可以有不同的分类系统，按其传承载体分，包括语言传承、行为传承、器物传承；按其传承主体分，包括集体传承、个体传承、家庭（或家族）传承和社会传承等。

第二节　鄂伦春族文化传统传承方式

特定的文化都有其自身生存发展的规律和特点，也会在历史发展过程中形成适于环境和生存条件的文化模式和传承方式，文化正是通过民族共同体的集体记忆和普遍认同得以在代际之间进行传习和承继。鄂伦春族的传统文化，按照传承主体不同主要有家庭（族）传承、集体传承和萨满传承等三种传承方式。

一、家庭传承

在中国传统社会里，按照习俗，男孩到了一定年龄就要除了跟随父亲学习生产、耕作等基本的农事活动，如果父辈是从事雕刻、陶艺、木匠等手工技艺行业，则儿子通常也是这些技艺的继承者，女孩则要跟随母亲学习织布、裁剪、刺绣、印染等手工艺，这些传习活动主要都是在家庭内部完成的，所以通常被称为“家庭传承”或“家族传承”，是指：“在有血缘关系的人们中间进行传授和修习，主要表现在传统手工艺、医术以及其他一些技艺性比较强的行业中，长辈往往就是晚辈学习技艺的传授者。”在传统游猎社会，鄂伦春族男孩要跟随长辈学习狩猎，女孩则学习采集和制作手工艺品，如桦树皮器皿、狍皮制品，还要学会熟皮子，晒肉干等。父母将祖传技艺传给子女，在教习时间、教习内容和教习方式等方面没有明确的规定和限制，主要都是生产生活中随时随地进行的，所以这个过程也是父母对子女进行谋生手段的训练。除了父子（母女）之间的言传身教，长辈通常都可以是晚辈的老师，随时都会得到年长者的指点和传授，这其中既有单向的一对一的技艺传授，也有群体传习。长辈向晚辈传授手艺的过程也是年轻人进行文化认知和适应既定生活方式的过程，因此它的意义是双重的，包含了生产生活技能和社会文化规范两个方面，同时强调了民族认同感和归属感。

鄂伦春人擅长歌舞，每个乌力楞都有较出色的歌手、说唱故事能手，每个姓氏家族也都有资深的口头文学传承人，因此，可以从每个氏族部落或血缘家族中考证家族传承世系的谱系，即通过"我爸爸（或妈妈）我爷爷（或奶奶）、我姥姥（或姥爷）和我的亲属长辈们曾经讲过什么，唱过什么来追索那并无文字记录的历史"[①]。据相关历史资料记载，每个乌力楞有 10% ~ 20% 的歌手和说唱能手，一般的歌手和讲唱人约占总人数的 20% ~ 30%。田野点的老人讲道：

> 那时候大伙都乐意聚在一块儿，一唱唱到大半夜，一讲讲到天放亮，实在乏了才回去睡觉，第二天下晚儿接着来。能讲能唱的人多得是，这个部落的歌手聚在一块儿，上那个部落比赛（唱歌）是经常性的，可有意思了，比现在舞台上演的节目还热闹呢。歌手对歌对到后面就现编词儿，那才能显示出这个歌手是不是有几下子哪！部落里只要有大事，像是提亲、定亲、娶亲、迎亲、坐席都得唱。

在传统社会里，鄂伦春族民间文化发祥于民间，传承于民间，社会成员都是文化的创造者和传承者，所以文化具有强大的生命力。

二、集体传承

在众多门类和形式的非物质文化遗产中，节日民俗占有很大比重。节日大都起源于原始祭祀活动，它的形成与人们原始崇拜、宗教禁忌有关，到了唐代才逐渐发展成为娱乐礼仪型的社会群体活动，出现了许多娱乐、文艺或体育活

① 乌力楞是鄂温克语音译，由"乌力尔托"一词引申而来，意为"子孙们""住在一起的人们"。曾是分布在额尔古纳河流域、以游猎经济为主的鄂伦春和鄂温克族的家庭公社组织。每个乌力楞包括四至七八个同一父系血缘的小家庭，多者达十余个。乌力楞是一个自给自足的基本经济单位。生产资料公有，共同劳动，猎获品平均分配。乌力楞重要的生产、生活问题由家族会议集体讨论决定。

动，变得欢快喜庆，迎合了人们的生活和情感的需要，很快发展成为一种风俗，得以保留和延续，因此节日是人类社会发展到一定阶段的产物，是一个民族或族群的历史文化长期积淀形成，慢慢渗入到社会生活的过程。“民俗”又称“民间文化”，是指“在广大民众中传承的社会文化传统，是被民众所创造、享用和传承的生活文化。这种社会生活文化既是一种历史文化传统，也是民众现实社会生活的一个重要组成部分”[①]。汉族传统节日，如春节、元宵节、寒食节、清明节、端午节、中秋节、重阳节等；少数民族节日，如回族“开斋节”和“古尔邦节”、傣族“泼水节”、彝族“火把节”、纳西族“三朵节”、拉祜族“葫芦节”、傈僳族“刀杆节”、鄂伦春族“抹黑节”、塔塔尔族“撒班节”、柯尔克孜族“诺若孜节”等，这些节日大多根据天文、历法、数学以及二十四节气推演而来，从文献上至少可以追溯到《诗经》《尚书》等。中国传统节日民俗无一不是从远古流传而来，呈现了古代人民的社会生活景象，蕴含着丰富而深刻的宇宙知识和生命智慧，体现了祖先对自然规律的认识和生生不息的民族精神，对中华民族乃至全人类来说是非常宝贵的非物质文化遗产。

节日民俗是一定地域内人民群体共同创造，共同遵循并通过群体世代相承，一种风俗或民俗一旦形成之后，逐渐成为大家遵守的规范或社会制度。作为一个社会的成员，从出生到死亡都必须遵守约定俗成的风俗或民俗，否则他就会受到来自社会群体的心理或情感上的种种压力、谴责甚至制裁。这种习俗或民俗的传习不是靠哪一个人物，而是来自群体记忆，也可以称之“族群记忆”或者“集体记忆”，就是在一个群体里的人们所共享、传承以及一起建构的事或物，换言之，其起源、传承和延续主要是靠集体的记忆和集体无意识代代传承。群体传承有时发生在一个文化区（圈）的范围内，有时发生在一个族群的范围内，通常一个社会的所有成员共同参与，并对其社会成员具有一定的规范力与约束力。[②] 哈布瓦赫（Maurice Halbwachs）用他的集体记忆理论阐释了这一点，他认为社会通过历法、节庆的方式进行记忆，凝聚自身，因此社会记忆和呈现自身过去的形式是社会中的人的回忆，通过节庆纪念些什么，例如对祖先的崇

① 叶涛：《中国民俗》，11 页，北京，中国社会科学文献出版社，2008。

② 文化区（culture region），是指具有某种共同文化属性的人群所占据的地区，在政治、社会或经济方面具有独特的统一体功能的空间单位，文化区的英文名称亦可写作“culture area”。

拜，村落、地域等共有的信仰，使所有人大概在每年的同一时候，按照一定仪式，唤起共同体的观念和记忆，文化由此得以传承。

三、萨满传承

“萨满”（saman）一词源自满－通古斯族语，意思是“智者”“晓彻”，学界普遍认为，萨满教源起于史前时代并且广泛存在于世界各地，东起白令海峡、西迄斯堪的纳维亚之间的乌拉尔－阿尔泰语系各族人民，伏尔加河流域居住的芬兰人，东西伯利亚与西西伯利亚以及北美爱斯基摩人、印第安人和澳大利亚土著人都普遍信仰萨满教。在中国东北和西北边疆地区操阿尔泰语系满－通古斯语族、蒙古语族、突厥语族的许多民族，包括鄂伦春、鄂温克、赫哲和达斡尔族等等都曾信仰萨满教，在特定时代里萨满教对这些民族的生产、生活、文化风俗、社会习惯等各方面产生过重大影响。萨满被认为是沟通灵异和具有特殊能力的巫师，能够控制天气、预言、解梦、占星以及疗愈疾病，萨满跳神的时候都穿着萨满服，手持神鼓，唱词伴随着鼓、铃、舞、乐爆发出来，是一种与神沟通的特殊语言，他代神立言，宣启神谕，再由辅祭者（二神）解释给他人，实现了信仰的个人体验向群体体验的转化。

鄂伦春人一提起萨满，都认为他们神通广大，歌艺过人，因为担任萨满者除了要熟悉萨满仪式、神曲祭词，具有在人与神之间进行沟通的能力，还需具备一定语言表达能力和说唱表演水平，善于随机应变，他们不但擅长说、演、弹、唱、跳，还具有编唱词曲调的技艺。萨满通常都是稍有名气的歌手和说唱家，鄂伦春族民间艺术的传承和发展与萨满活动有着密切的关系。鄂伦春人 G 说：“在早，大神萨满了不得（dei）呀，比现在编歌的可厉害多了，那些唱的词儿我都不懂，现编现唱的，顺出来又精练又顺溜，像水流儿似的，可有味儿了。二神萨满也不简单，大神唱的上句儿你得麻溜儿顺口接下来，接不对劲儿，卡住了可不行。我母亲就当过二神，她接大神唱或是念叨，我也大多都听不明白，各种比喻相当多啦！我母亲就是能说能唱的，一般办喜事找亲家对唱歌手，都请她去。”[①] 由此可见，萨满大多都是说唱艺术的创造者、传播者和继承者，有

① 孟淑珍：《黑龙江摩苏昆》，285 页，哈尔滨，黑龙江人民出版社，2009。

些民间讲唱能手本身就是萨满大神或二神。李水花是鄂伦春族著名说唱家和民歌手，也是当地著名的萨满，讲唱了长篇说唱故事《英雄格帕尔》《娃都堪与雅都堪》《双飞鸟的传说》《鹿的传说》《雅林觉罕和额勒黑汗》以及叙事歌《薇丽彦和英沙布》、故事《摩苏昆的由来》、民歌《会亲家》《道喜》《劝小姑子》《加乎威》等作品经整理后发表在北方文艺出版社出版的《英雄格帕尔》和黑龙江省民研会编著的《黑龙江民间文学》中，促进了民族民间文化的保护与传承。

第三节　鄂伦春族非物质文化遗产传承实践案例

生存环境和生产方式的改变极大影响着人们的文化选择，地方政府、社会团体、专家学者都在探讨抢救非物质文化遗产传承的路径方法，分别从传承主体、传承空间、传承环境等视角提出了原生态传承、专业传承、教育传承、文本传承、媒体传承等对策建议。以下根据笔者的田野调查资料介绍鄂伦春族非物质文化遗产传承具体实践案例。

案例 1：G（男），鄂伦春族，1945 年出生于黑龙江省大兴安岭地区塔河县十八站鄂伦春民族乡新鄂村，2014 年被评为国家级非物质文化遗产—桦皮船技艺传承人。桦皮船是鄂伦春人独有的在传统的狩猎生活中必不可少的水上交通工具，主要用于捕鱼、狩猎和运输猎物。桦皮船长约 5 米，宽约 1 米，船体呈梭形，两头翘起的骨架是用松木或桦木做成的，船底和船帮是用大张并且没有孔洞的桦树皮制作，再用松木削成的木钉加固各部位，桦皮船的优点是船体轻便，不易腐烂，载重量可达 300 ~ 400 斤。作为游猎民族的后代，G 从十几岁便开始跟随父亲狩猎和学做桦皮船，20 世纪 80 年代以前，桦皮船都是用来满足生产生活需要，90 年代以后则主要供博物馆收藏展示，1990 年，他制作的 6 条桦皮船在北京亚运村迎亚运活动中展出并收藏。G 自己都记不清做过了多少条桦皮船，笔者走进G的家的时候，看见他正带着自己的女儿女婿在院子里做桦皮船，老人一边做一边介绍桦皮船的制作方法，从选择、剥取桦树皮，选用松木，到刀、斧头、铁子等工具的使用，制型、钻眼、粘合等技艺的掌握，每个步骤工时的要求。如果一个人做一条8～9米长的船大概要十天完工，而做100厘米的模型船一天就能完成。成为国家级非物质文化遗产传承人以后，G也增强了自身的责任感和使命，多次尝试对桦皮船的传统制作工艺进行改进，老人说现在的桦树都太细，不适合做大船，这些年自己确实也在尝试用其他材质的木头，让船既保持原有的特点，又能节省材料，因为现在的好的木材越来越难找了。如今整个村子会做桦皮船的人寥寥无几，跟着学习的人也很少，只有两个汉族徒弟和自己的女婿。乡里的民族中心校开设了民族手工艺课，一个月请他去教一两次，都是做模型船，学生们倒是很感兴趣。如今桦皮船的使用已经脱离了生产生活领域，其展示与收藏功能大大超出了实用功能。除此以外，G夫妇在政府的扶持下在呼玛河边上投资兴建了一个“鄂伦春风情园”，风情园以体验鄂伦春人的狩猎生活和狩猎文化为主要特色，如射箭、拜山神、吃野味，欣赏民族歌舞，他们自己制作桦皮船，缝制民族服装，家里的马匹也放养在河滩，供游客骑乘。老两口经常带着游客，扛着自己的桦皮船去呼玛河上游漂流，他们说，想通过旅游的形式，向世人展示自己民族的文化，每年都有来自全国各地的游客慕名来访，还有很多南方的客人。

案例2：J（女），鄂伦春族，1956年出生于黑龙江省大兴安岭地区呼玛县白银纳村，2018年被评为国家级非物质文化遗产——鄂伦春族民歌（鄂伦春族赞达仁）传承人。J精通鄂伦春语和民族民间艺术，如唱民族歌曲，讲民间故事，跳民族舞蹈，制作民族服饰，还会制作萨满服饰，跳萨满舞，是极具代表性的文化传承人。在J的记忆里，小时候唱歌就是大家生活的一部分，走在树林间，有人唱出上句，就会有其他人接着唱下句。自然万物、季节变换、故事传说、婚丧嫁娶、喜怒哀乐都可以被长辈们唱进歌里，有时用一个曲调唱不同的词，还能唱出不一样的味道，J从小就跟着大人唱歌也喜欢唱歌。J从十几岁就开始收集、整理鄂伦春族民歌，只要一听到以前没听过的歌便记录下来，还经常向村里的老人请教，几十年间，共整理记录了近600首鄂伦春族民歌，包括《兴安岭美丽的地方》《试探你的心》《打猎送行》《佐领训话》《鹿之歌》《请娘娘神》等，被先后多次收录在少数民族民歌集中，广为流传。J还积极参与文化交流和文化传承活动，多次走进校园教唱民族歌曲，并且自发组建了一个民间艺术团，教年轻人唱歌，有些不方便亲自来参加的，她就通过网络媒体教。经过几年的发展，艺术团初具规模，团员达到上百人，大家利用闲暇时间编排民族歌舞，开始只是在村民的小院里演出，后来，他们受邀到哈尔滨、北京、福建、广东等多地演出，为了演出的需要，J便组织村里的女人做了几百件鄂伦春族传统服饰。在J看来，要教会年轻人唱歌，先要教会他们说鄂伦春语，因此，J在教民歌的同时，也教年轻人说鄂伦春族语言，讲述民族故事和民间传说。J深刻地感受到，随着老人们的相继离世，能说鄂伦春族语言，讲故事、唱民歌、懂狩猎文化的越来越少，文化传承就是要渗透进生活中去，让大家耳濡目染，日子久了自然而然也就会了。基于对民族文化深深的热爱，J也认识到了传统文化在现代社会所面临的危机，认为一定要尽力进行保护和传承，而且要让村里的人都认识到鄂伦春族文化的魅力，参与到民族文化的抢救工作中来，她认为自己现在最重要的责任和使命就是把本民族的文化传承给年轻人。

案例3：M（女），鄂伦春族，1956年出生于鄂伦春自治旗乌鲁布铁镇，2010年被评为内蒙古自治区非物质文化遗产——兽皮制作技艺传承人。M说在她小的时候，家里人的穿戴都是用狍皮制作的衣服、靴子、帽子、手套，生活用具大多也都是用桦树皮制作的。盆、篓、包、筐，这些都是母亲亲手制作的。她八岁起就开始帮母亲做一些零活，像是剪边、缝线、打磨、压花，很快就能够独立完成一些简单用具的制作了。M还介绍了用狍皮制作衣物的方法，首先就是要熟皮子，先用脚把皮子蹬住，再用刮刀把皮子上的脏东西反复刮去，直至干净，然后三四个人转圈抻皮子，让它平整，抻不好皮子就会鼓包影响成品质量，待皮子软了光滑了就算熟好了，然后根据需要进行裁剪，裁剪的功夫同样重要，否则皮毛不对称，会影响成品质量，再用狍筋或者鹿筋缝合，狍筋在使用之前要经过处理，要搓得像线一样细，用狍筋缝的衣服不腐烂还结实。M认为做皮活儿最需要的就是耐心和细致，狍皮哪个部位做什么材料，材质好的料要放在什么地方，需要细心琢磨才能不浪费用料，做一件长皮袍子大概要用半个月时间，而一个狍角帽一天就能完成。M还将她的手艺传给了儿子，如今母子俩成立了自己的工作室，一间屋子里挂满了正在晾晒的狍子皮、桦树皮，各种工具和模具。她说自己现在用的狍子皮都是从海拉尔那边养殖场买回来的，一张从一百多到几百块不等，她去一次就买几十张回来晾好了用，买回来的皮子都是熟好的，直接就能用了，现在都用机器熟了，不满意的地方再用手熟熟。尽管已经六十多岁了，M每天也还是要做一阵子皮活，怕一搁下技艺就生疏了，每年一过完春节就开始忙了，因为到了六七月份，随着旅游旺季的到来，会有一大批中外游客来购买民族手工艺品。M还注册成立了自己的公司——鄂伦春自治旗乌日罕民族工艺品有限公司，注册资本为50万元，主要经营项目有：鄂伦春民族桦树皮制品、鄂伦春民族手工艺品、鄂伦春民族服装、鄂伦春民族根雕制作、鄂伦春民族兽皮制作、鄂伦春民族萨满服饰、鄂伦春民族传统肉干加工、销售、鄂伦春民族撮罗子搭建、鄂伦春民族历史生活展示等等。成为非物质文化遗产传承人以后，M收了很多学生，有鄂伦春族，也有汉族和其他少数民族的，这些学生除了旗里的人，还有来自北京、天津、上海、广州等地学设计的大学生，一些香港和美国的手工爱好者，经常通过微信视频向她学习狍皮制作技艺，M也会定期去学校为学生讲授手工艺制作课程。M经常说："会这门手艺的人越来越少了，谁想跟我学狍皮技艺，我都免费教，直到学会为止，我愿意把自己掌握的民族技艺毫无保留地传授给更多人。"老人多次参加国内外各种类型的文化展览展示活动：2009年参加“第十一届亚洲艺术节”；2010年参加全国西部首届非物质文化调演；2011年参加“百名非物质文化遗产项目代表性传承人迎春展示活动”，同时也获得了“鄂伦春族民间手工艺师”等许多荣誉称号，如今老人将自己全部时间和精力都用在民族文化的传播和传承事业上。

案例4：1993年，在黑龙江省鄂伦春族研究会成立大会上，与会的会员们共同探讨民族节日的事宜，最后达成共识，将鄂伦春族传统上在春季祭祀火神的节日“古伦木沓节”时间定为每年6月6日，自此黑龙江省5个鄂伦春民族乡每年都举行“古伦木沓节”庆祝活动。对于民族节日的传承主要体现在一年一度的庆祝活动上，1991年，鄂伦春自治旗阿里河镇在嘎仙洞举办了鄂伦春族首届“古伦木沓节”，村民们表现了极大的热情，几乎全村的人都来参加。2018年6月23日，黑龙江省逊克县新鄂鄂伦春民族乡举行了第27届古伦木沓节，节日活动内容如下：8：00—8：30，祭祀山神仪式（山神广场）；9：00—10：00鄂伦春族群众全家福（博奥韧广场）；10：20—10：40，迎宾仪式；10：40—11：20，参观民族文化传承教育基地和进行民族体育竞技比赛（新生乡学校）；11：20—11：40，参观岭上人博物馆；11：40—11：50，品尝当地特色美食（文化长廊）；11：50—12：00，走访瑟尔魄乌娜吉桦皮手工艺厂；14：15—15：30，参观原始部落体验区（原始部落景区）；19：00—20：00，文艺演出（乡文化站）；20：00—20：30，祭祀火神（博奥韧广场）。文艺演出节目单：1. 舞蹈：《吕日格勒》；2. 独唱：《美丽的兴安岭》（莫彩柱）；3. 三句半：《赞家乡》（夕阳红艺术团）；4. 舞蹈：《中国》（刺尔滨艺术团）；5. 二重唱：《寻找我的心》（吴海凤、吴丽霞）；6. 舞蹈：《小苹果》（刺尔滨艺术团）；7. 合唱：《鄂乡故事》、《没有共产党就没有新中国》（夕阳红艺术团）；8. 舞蹈：《手套舞》（刺尔滨艺术团）；9. 独唱：《父亲的草原母亲的河》（施洋）；10. 舞蹈：《广场舞串烧》（夕阳红艺术团）；11. 女声重唱：《superstar》；12. 舞蹈：《欢庆篝火》（刺尔滨艺术团）。祭祀火神仪式结束后，博奥韧广场上广场舞曲渐渐响起，在场的人们牵起手跳起欢快的广场舞，万人载歌载舞到天明。2019 年 6 月 24 日，黑河市爱辉区新生乡举行鄂伦春族古伦木沓节庆祝活动，鄂伦春族人民身着民族服装，唱着鄂伦春民歌，在迎宾门前敬迎宾酒。来宾们参观爱辉区民族教育文化传承基地、鄂伦春族新居、岭上人博物馆、瑟尔魄乌娜吉桦树皮手工艺厂、原始部落体验区，观看鄂伦春婚俗、摩苏昆说唱、口弦琴实景表演体验，参加射箭、打布鲁、拉杠等趣味民族传统体育运动项目，品尝野猪肉干肠、老山芹汤、狍肉粥等鄂伦春传统美食，参加庆祝活动的还有来自俄罗斯腾达区的少数民族代表。活动期间还在爱辉区少数民族文化传承教育基地举行了黑河市爱辉区与青岛市城阳区对俄产业合作签约仪式、爱辉区与大连民族大学战略合作签约仪式和大连民族大学实训基地揭牌仪式。

案例 5：呼玛县白银纳乡鄂伦春民间艺术团是由群众自发组织的一个民间艺术团体，这个艺术团的所有成员都是白银纳乡的普通农民，参加演出大多也都是义务性的。艺术团团长介绍说，2006 年艺术团成立之初，正好赶上要参加呼玛县解放建政 60 周年庆典，艺术团经过多方奔走，争取到了 15000 元的购置服装费，不足的部分，她们就四处借服装，借不来就自掏腰包补上，她们也自己设计动手缝制，服饰上的图案大多取材于自然，花草、云霞、鸟兽，衣服整体色彩鲜明艳丽。艺术团刚成立的时候没有场地，她们就在自家小院练习，白天务农，晚上回来吃完饭都八九点钟了，还坚持练习，一练就到后半夜，排练的节目都是向人们展示了鄂伦春族历史文化为主，很受欢迎，被人们称为“鄂伦春族的精灵”。从那时起，鄂伦春民间艺术团承担了大兴安岭地区“北极兴安岭旅游文化展示”的任务，走进了更多人的视野，十余年共出演 2000 多场，表演了《斗熊》《神韵》《大山的回声》《鄂伦春族萨满舞》《鄂伦春族吕日格仁舞》等鄂伦春族传统舞蹈，先后在“中国北方少数民族歌舞服饰展”“黑龙江省第四届、第五届少数民族文艺会演”“中国第八届民间艺术节”等多场大型演出活动中屡获大奖，艺术团团长被评为国家级非物质文化遗产代表性项目代表性传承人，此外艺术团还积极与东北其他少数民族，如达斡尔族、赫哲族、满族、鄂温克族等以及俄罗斯少数民族进行文化交流活动。

案例6：2006年，内蒙古自治区呼伦贝尔市成立了“五彩呼伦贝尔草原儿童合唱团”，这是中国第一个少数民族儿童合唱团，成员都是由来自鄂伦春族、鄂温克族、达斡尔族和蒙古族的儿童。合唱团有近40名儿童，年龄最大的13岁，最小的5岁，他们用5种民族语言演唱民歌或童谣，如《五彩传说》《草原童年的歌谣》《海拉尔河》《乌拉勒吉》《梦中的额吉》《五彩的敖包》《百鸟会》等，“五彩呼伦贝尔”儿童合唱团的演出活动非常多，在2008年还登上了央视春晚的舞台，除此以外，合唱团还设立了“五彩儿童基金”，用以资助少数民族儿童的文化和教育事业。这个特殊的民间艺术团体在内蒙古自治区乃至全国都引起了人们的关注，他们的歌声激发了人们对民族民间音乐的热爱，在中华人民共和国建国70周年之际，他们还特别制作演唱了《我和我的祖国》。

“五彩呼伦贝尔”儿童合唱团团员情况（年龄为入团年龄）：

“敖成6岁（鄂温克族）；杜宏达9岁（达斡尔族）；敖斯卡乐6岁（巴尔虎蒙古族、已退出，现为巴尔虎儿童合唱团团员）；乌达木8岁（巴尔虎蒙古族、已退出，现为巴尔虎儿童合唱团团员）；格仁娜6岁（鄂伦春族）；甘迪格12岁（布里亚特蒙古族）；乌仁9岁（布里亚特蒙古族）；青格乐呼11岁（巴尔虎蒙古族）；杜贵玛10岁（巴尔虎蒙古族）；孟和图日11岁（巴尔虎蒙古族）；玛哈依尔·阿莎丽6岁（鄂伦春族）；巴达玛斯仁12岁（布里亚特蒙古族）；英格玛12岁（鄂温克族）；巴达玛12岁（布里亚特蒙古族）；赛娜8岁（巴尔虎蒙古族）；达西道尔吉9岁（布利亚特蒙古族）；巴特尔道尔吉13岁（鄂温克族）；鲁加南特勒8岁（达斡尔族）；苏文祥11岁（达斡尔族）”①

① 五彩呼伦贝尔草原儿童合唱团2006年成立时团员基本情况。

案例7：在我国少数民族自治地区普遍建立了民族中小学校，内蒙古自治区呼伦贝尔鄂伦春自治旗有民族小学8所，民族中学3所，少数民族在校生3653人，占全旗在校学生总数的21.78%，鄂伦春族在校生601人，占全旗在校学生总数的3.58%。鄂伦春自治旗实验小学是一所民族小学，学校于1959年建立，现有教学班23个，教职工135人，在校生1019人，其中鄂伦春族学生59人，其他少数民族学生214人，少数民族学生占全校学生总数的26.79%。在政府弘扬民族文化政策指引下，鄂伦春自治旗实验小学开设了民族舞蹈学习班、民族乐器学习班，以及凸显民族文化特色的学校艺术节。学校自行组织编写了《鄂伦春语》《鄂伦春体育》等教材，但学校鄂伦春族教师较少，大部分都是汉族教师，有时在社会上聘请擅长鄂伦春族民歌和舞蹈的人来学校上课，但这些课程都不是常设的，要根据实际情况进行安排和调整。鄂伦春自治旗鄂伦春中学始建于1981年，现有初中教学班6个，高中7个，在校学生448人，其中鄂伦春族学生192人，在职教职工100人。2002年，鄂伦春自治旗开设民歌课，聘请精通民族语言的本民族老师任教。2004年，鄂伦春中学开设了民族手工艺课，聘请通晓绘画、了解民族风情、具有剪纸技能的本民族人士任教，学生在制作民族工艺、剪纸课上积极认真，兴趣浓厚。因为平时要完成正常的教学任务，因此民族文化课都是安排在周末的时间，通常是每周六上两节民族语言或者民族舞蹈、民族歌曲或者民族手工艺制作课程。据笔者在田野调查中了解到，民族文化课程由于其非常规性，实际实施起来存在一定困难，或者由于师资问题，或者由于时间问题，经常发生中断现象，所以教学效果并不十分理想，即使学生们在课堂上学到了点皮毛在生活中也并不能得到应用，学校的很多相关工作也是为了完成任务或者做出来给别人看。

《黑龙江民族教育条例》相关内容：

“第十一条，招收学习本民族语言文字的少数民族学生的民族学校，实行本民族语言文字授课加授汉语文或汉语文授课加授本民族语文教学以下简称‘双语’教学。‘双语’教学的民族学校，学制可适当延长，班额可适当放宽。‘双语’教学的民族学校应在搞好本民族语言文字教学的同时加强汉语文教学。第十二条，招收有语、无文字少数民族学生的民族学校，可用本民族语言辅助教学。用本民族语言辅助教学的民族学校，提倡利用活动课时学习本民族语言会话。第三十四条，民族学校应重视对学生进行本民族优秀文化传统教育，开展具有民族特色的民族语演讲会、文艺会演、体育比赛等各种活动，促进民族语文、民族艺术、民族体育事业的发展。”①

《鄂伦春自治旗民族教育条例》相关内容：

“第二条，本条例所称民族教育，是指自治旗行政区域内，对鄂伦春族及其他少数民族公民实施的以学校教育为主，以传授科学文化知识和传承本民族优秀传统文化为基本内容的各级各类教育。本条例所称民族学校是指公办的民族幼儿园、民族小学、民族中学、民族职业技术学校等以少数民族公民为主要教育对象的民族教育单位。第十九条，民族学校应当重视对学生进行本民族优秀传统文化教育，开展具有民族特色的文化、艺术、体育等活动。第二十条，自治旗教育行政部门应当鼓励民族学校用本民族通用语言进行教学，开设鄂伦春族语言课程，鼓励各民族学生参加学习。”②

案例8：十八站鄂伦春民族乡民族中心校包括小学9个班级和中学6个班级，在校学生总数479人，学校有教职工总数75人，其中教师65人，鄂伦春族教师16人，大多是中等师范学校的毕业生，也有部分老师工作后继续进修大专或者本科以上的。校长是汉族人，但是比较重视民族教育，学校每天都会安排一次民族语言课，一次一个半小时，每周五节，除了民族语言课，还有民族舞蹈课、桦树皮手工艺课，教课的都是鄂伦春族老师，除了鄂伦春族学生，汉族学生也跟着一起学。十八站民族中心校教育理念比较清晰，并且有系统的课程设置，有自己的校本教材，包括音乐、体育，都是老师们自己编写的。

① 参见1997年黑龙江省第八届人大常委会第31次会议通过的《黑龙江省民族教育条例》。

② 参见2002年鄂伦春自治旗第十一届人民代表大会第四次会议通过的《鄂伦春自治旗民族教育条例》。

第十一章　非物质文化遗产传承若干问题分析

第一节　非物质文化遗产传承主体问题分析

我们已经讨论了非物质文化遗产内涵特性，非物质文化遗产是在族群世代相继的传承中延绵不绝的，它的本质特征是活态流变性，强调的是口传心授、言传身教。因此，传承主体是非物质文化遗产存续的根本，具体就是指持有某一项非物质文化遗产的族群整体，即民族共同体。非物质文化遗产的创造与传承，集体参与性很强，在一定的区域和人群中，特定的节日庆典、技艺传习活动都是大家认可和共同遵循的习俗，出于生产生活的普遍需要，每个社会成员都会参与其中，自觉遵守约定俗成的习惯或规则，是他们成为社会成员的标识。鄂伦春族的狍皮衣物，桦树皮器皿等手工艺品，是他们在传统环境条件下必不可少的生活实用品，面对特定的生活方式和现实的功能需求，妇女必须学习和掌握这些技艺，女孩子到了八九岁都开始跟随母亲或者长辈学习制作，因此在鄂伦春族传统社会里几乎所有妇女都是这些手工艺的生产者和使用者，可以说她们既是文化的创造者、持有者，也是文化的传播者、继承者。这种技艺成了确定她们社会身份和融入集体的标识之一，这也使得社会成员不会也不愿意使自己脱离于族群之外。统一的制作工艺，统一的文化法则把每个社会成员维系在一起，共同创作，形成规范，代代相传，因此文化的传承具有承继性和相对稳定性。

课题组在田野调查过程中发现，在对鄂伦春族传统文化的认识上，与老年人和年轻人相比，中年人具有更好的记忆力和分辨力，他们对现代社会事物和现象有相对开明的认识和观点；与年轻人相比，他们的生活阅历更丰富，对民族文化也有一定的认识和感情，而且在鄂伦春族总人数中所占比例最大，因此他们是笔者田野访谈的主要对象。笔者在与他们接触时，发现他们基本上都能够用本民族语言进行日常生活的沟通，而且他们在进行民族内部交往时，都是使用鄂伦春语，因为多数人认为鄂伦春语比汉语更利于语义的沟通和情感表达。对民族语言的熟悉程度和使用频率是个体能够理解、参与并演绎民族文化的重要前提，因此，中老年鄂伦春人几乎都会唱几首民族歌曲，跳几曲民族舞蹈“斗熊舞”“吕日格仁”。大家兴致盎然时，都争先恐后地唱或是两个人甚至更多人对唱、合唱，经常听到的歌曲有《打猎归来》《渡口情歌》《勇敢的鄂伦春》《跳神曲》等。有时年长者在场，也会给演唱者指出不足之处，现场气氛会很热烈，能够感受得到他们对民族传统音乐的热情和感情，唱不完的歌曲，跳不尽的舞蹈，表现出的那份兴致、骄傲和满足仿佛在宣告那是仅属于他们的遗产，常常在采访将近结束时，仍旧意犹未尽。内蒙古鄂伦春自治旗阿里河镇M对笔者讲，她总会不自觉地哼唱她们民族自己的歌，做饭的时候，走路的时候或者干什么活的时候。笔者在田野期间，桦树皮、狍皮等手工艺品的制作者也都是50岁以上的中老年人，尤其是60岁以上的老人对传统文化形态有着清晰而深刻的记忆和热爱，其中饱含了对过去生活的怀念与留恋，他们亲身经历了狩猎生活向定居生活过渡的整个过程，也感受了民族文化在不同时期的变迁形态。正是通过这些年长者，我们才得以了解鄂伦春族的历史和文化，他们也是鄂伦春族非物质文化遗产得以传习的关键所在。因为见证了传统文化正在逐渐消失的现象，他们普遍认为自己的文化需要尽快地被保护，可以见得，中老年人对自己的族群和文化都是喜欢和热爱的，并且具有强烈的情感和民族认同感。虽然也感受得到在他们身上民族传统文化其实已经流失了很多，当唱起某些歌曲时，对歌词和曲调拿捏不定，演唱起来显得很生疏，但他们仍是民族文化持有和传承的主体。

在笔者接触的鄂伦春族40岁以下的年轻人中，几乎没有人对本民族语言或者民族音乐、舞蹈感兴趣，平时也不会积极主动去学习。当问到他们是否喜欢听或者唱本民族歌曲时，鲜有人会，或者仅限于一两首，而对民族手工艺品的制作或者桦皮船、兽皮衣服的制作，几乎没有人会，顶多略知一二，他们对传统狩猎技术更一无所知，也没有太大的兴趣学习农耕技术。年轻人基本不会讲本民族语言，也听不懂年长者之间用鄂伦春语的日常对话，不会说本民族语的人自然唱不出具有民族传统韵味的歌曲，加之现代生活娱乐活动丰富多彩，各种媒介形式已经进入鄂伦春人的生活，引起了年轻人的极大兴趣和追捧热潮，他们又是最易于接受新鲜事物的群体，他们更喜欢流行歌曲和追求社会各种时尚，包括流行服饰、电子产品和网络文化，想让他们对传统文化感兴趣或者作为自己追求的事业，除非是他们认为有用或者有利益，否则已经不符合现实情况。在鄂伦春族年轻人身上体现出来的对传统文化疏于认识的情况，大概源于他们并不曾生活于狩猎时代，不曾在民族传统文化的环境下长大，民族文化并没有在他们身上实现代际传递。离开山林，离开狩猎生活，鄂伦春族传统文化生存的原生态环境已不复存在，鄂伦春人对其传统文化已近消失的状态普遍具有共同意识，表现出的无可奈何或者是麻木不仁大概是因为他们不知如何应对，学者们普遍感慨于没有民族文字而造成的民族传统文化略显无以为继的事实。

政府在保护非物质文化遗产方面积极行动，如开展普查、登记、建档，建立传承人制度，建设博物馆、遗产地、遗址，设立传承基地，利用节假日、各种形式庆典活动等进行宣传、普及、传播及传承活动。通过一系列的举措和行为，少数民族地区的民众确实对自己的民族文化有了一定的自觉意识，尤其是民族精英都能够带头承担起民族文化的保护传承工作。这些民族精英在以往的民族事务中也表现出了一定的主体性，他们大都拥有较高的才智和能力，具有相当的资历和权威，被当地社会所公认，并会产生一定社会影响力。这些人能敏锐地感受到时代的变化，会成为新鲜事物的倡议者和领导者，也是政府在民族地区实施政策的积极响应者和实践者。在非物质文化遗产保护工作中，民族精英大都会成为领导者和组织者，同时他们又会成为掌握某项知识技能的文化传承者。民族地区自开展非物质文化遗产保护工作以来普遍面临的状况是：传承人年纪较高，相继离世，继承人则人数太少。传承人的传承危机是目前所有口头与非物质文化遗产面临的问题，在人口较少民族中体现得更加突出，那些主要通过口传心授流传的口头文学、音乐、舞蹈、手工艺等非物质文化遗产保护将难以为继。然而狩猎文化的保护不仅仅是要保护“摩苏昆”“赞达仁”“古伦木沓节”或者“桦皮制作技艺”等几近失传的项目，也不仅仅是几个传承人就能够使其延续发展的。文化传承的动力来自于族群内部和文化体自身的需要，它是社区成员之间相互学习、相互借鉴，共同创造、共同认可的集体行为，是一种自然而然的承接和传递，因此才能具有较强的稳定性和持久性。人口较少民族社群规模较小，且在居住地内往往有人口比例更多的其他民族混合居住，即便是那些人口相对聚居的自然村，也有很多其他民族的人口居住，而且被人口占绝对优势的其他民族所环居。尽管政府对他们进行了集体安置，帮助他们盖了新房子，但在他们生活居住的区域内，由于人口较少，与异族通婚已相当普遍，所以现实的情况也是与其他民族混杂居住。据不完全统计，十八站鄂伦春民族乡新鄂村家庭中族际通婚超过80%，这样的家庭在当地被称为“团结户”，加速了民族之间的交往和融合，使人口较少民族的母体文化丧失了生产和传承的条件和空间。

在人类历史发展过程中，民族文化之所以能够传承下来，是因为它生存于一个特定文化空间里，以整个族群群体为传承人，在一个较稳定的区域与族群内进行延续和传习，通过群体认同的文化观念与生活习惯，把反映生活习俗、道德意识、民间信仰等文化元素集合在一起，共同遵循和延续世代相传的既定模式。群体传承显现出了一个地区或民族相对稳定的生活状态，在特定社会结构中，由于共同的信仰崇拜及民俗习惯，源自共同祖先的亲缘关系，在族群内部，在父子之间、母女之间、亲属之间互相传授技艺，逐渐形成一种常态式的传承模式，由此形成了某些文化形态在材料技艺、内容形式上的一致性。通过稳定的内容叙述，保证了信息传递的准确性、连贯性，集体传承模式一直非常稳定，不易产生断裂或被篡改的现象，是族群主要的文化传承手段，这种传承模式在传统的生存环境里一直具有很强的生命力。民众是非物质文化遗产真正的实践者，是文化的承载者，民族共同体是人口较少民族文化的最终传承载体和传承主体。

第二节　非物质文化遗产传承环境问题分析①

非物质文化遗产是有生命的，它的传承环境也就是其生存的文化环境，亦

① 本节及第三节内容由拙作《民族地区生态环境变迁研究》（载《前沿》2011年第15期）扩充、修改。

即文化空间，包括自然环境空间和社会环境空间，可以被阐述为“一个集中了传统文化活动的时间、地点，这段时间和这一地点的存在取决于按传统方式进行的文化活动本身的存在”。鄂伦春人生存的大小兴安岭的自然环境是非物质文化遗产产生和成长的土壤，鄂伦春人丰富的民间口头文学，如神话传说、英雄故事、民歌、笑话等都来源于他们的狩猎生产生活，而利用桦树皮制作各种生产、生活用具也是与原始的游猎生活相适应的。他们的歌声、他们的舞蹈是山林环境的产物，是对山林、对大地、对树木、对动物和整个大自然的感受与回应，这种发自内心的感受是他们情感的抒发，并进而形成了鄂伦春人的民族精神和文化性格。赋予鄂伦春人无限情感的是辽阔的自然空间，是自然赋予了人和文化无限的生命力。

狩猎文化是鄂伦春人千百年来在大、小兴安岭和外兴安岭地区的游猎生活中，与特定的生态环境相适应的文化行为。

作为东北乃至华北地区的绿色屏障，大兴安岭山脉及森林植被抵御着西伯利亚寒流和蒙古高原旱风的侵袭，使太平洋暖湿气流在此涡旋，为松嫩平原营造了适宜的农业生产环境。林区内湿地面积达 86 万公顷，已知湿地植物 79 科 178 属 384 种，其中包括苔藓植物、蕨类植物、裸子植物、被子植物，等等。大兴安岭是我国唯一寒温带明亮针叶林区和生物基因库，保存着天然完整的寒温带森林和湿地生态系统，林内生长着各类植物 966 种、鸟类 250 种、兽类 56 种、鱼类 84 种、两栖动物 17 种、森林昆虫 444 种。大、小兴安岭是我国最大自然森林生长区，自然林区所辖面积 1067 万公顷，是我国北方水系黑龙江、松花江、嫩江等的水源涵养区。大、小兴安岭还是我国高纬度多年冻土的主要集中分布地带，面积近 40 万平方公里，多年冻土在内的寒区有着自己独特的环境特性和生态体系。更重要的是大、小兴安岭生态地位特殊，在维护区域生态安全方面发挥着重要的、不可替代的作用，是国家生态安全的重要保障区。自然生态是文化生存的前提和基础，大、小兴安岭不仅仅是自然和经济意义上的资源开发区，也是承载了环北极地区生态意义的地球环境保护区，更是鄂伦春人生命和文化的生发地，是他们出生长大的地方，是他们进行生产生活的空间，是他们创造物质财富和精神财富的场域。作为一个有着自己文化特色的狩猎民族，鄂伦春人明白他们的衣食住行皆来自自然，森林生态资源是他们生存和发展的前提和基础，即自然生态是文化生态产生的必要条件，因此在鄂伦春人的观念里，他们敬畏自然并遵从自然规律，他们知足乐观且遵守着合作分享的社会准则，如此建构了鄂伦春人的主体民族性格。

有数据表明，经过近 50 年对森林资源的过度采伐开发，大、小兴安岭为国家提供各种林产品愈 1.8 亿立方米，造成兴安岭的森林以每年 5 公里的速度向后退。加之对野生动物滥捕滥杀的商业活动，其结果必然是生态环境恶化，自然资源枯竭，因森林减少而产生的生态问题难再修复，而且关系到未来的国家安全，生态危机引发了生计危机，生计危机又导致了鄂伦春人狩猎文化的解体。文化生态系统是环境、族群、经济相互作用形成的复合体，其中涉及两个主体内容，分别是族群和环境，也就是说，文化保护需要文化持有者在特定的生态环境条件中实现，因此，文化保护的切入点应该在生态环境系统与文化系统的契合中寻找，于是“文化生态保护实验区”的理念油然诞生。中国政府在《国家“十一五”时期文化发展规划纲要·民族文化保护》中提出：“文化生态保护实验区是实现非物质文化遗产活态传承、整体性保护、可持续性保护的重要方式，文化生态保护区建设的第一工作是对一个相对完整的文化形态进行确认和对构成其文化生态关系核心的非物质文化遗产进行特性分析，然后进行科学的区域划定。在特定的区域中，通过采取有效的保护措施，保护和修复非物质文化遗产和与之互相依存的生态环境。”① 同时学界一致认为，民众是非物质文化遗产的持有者，是构建和调适文化生态保护区各种关系的主体，因此提出要尊重民众对文化权益的诉求，是开展文化生态保护区工作的基础。至 2019 年我国已经确立 18 个国家级文化生态保护实验区，各省、市、自治区结合地区生态环境情况和文化特色相继确立了数量不同的文化生态保护实验区。民族文化生态保护区的建设，为民族传统文化打造了生存发展的空间，具有一定意义，但是人为建构的环境是否是文化的生存常态，是否是脱离了民族主体、处于相对独立和隔离状态下的文化形态，是需要进一步关注的问题。

人类作为自然界发展的产物，无疑应当充分尊重自然界和自然界发展的客观规律，在科技理性取代宗教成为人们新的崇拜对象的今天，虽然技术文明对

① “文化生态保护实验区”由中国政府在民族文化保护的主要思路《国家“十一五”时期文化发展规划纲要·民族文化保护》中提出的。

自然的支配力度已经大大超过了以往，但人与自然的和谐与平衡却没有超过以往。由此我们必须承认这样一个简单事实，即现代经济无论多么“现代”，都不应该也不能超越自然生态法则，现代经济只有符合生态经济规律才能成功。针对大兴安岭森林资源长期滥砍、滥伐、滥杀、滥猎导致的自然生态严重被破坏的现象，1984 年 9 月 20 日第六届全国人大常委会第七次会议通过了中华人民共和国《森林法》和 1986 年 4 月 28 日国务院通过了实施细则，内容包括：植树造林、森林防火、林政管理、野生动物保护等。1998 年 8 月国务院开始实施国家退耕还林，天然林保护，要求超过坡度 25° 的耕地退耕还林，具体做法是从过去单纯依赖于天然林取材到分类划分为商品林和公益林，发挥各自功能，不断扩大人工林面积，培育经营好现有森林，使森林资源的数量和质量都得到明显改善，森林结构趋向合理，通过调减木材产量，天然林资源真正得到休养生息。以上法律、政策的实施一定程度上缓解了对自然资源的继续破坏，但要使大兴安岭森林生态系统得以恢复，必须要进行森林生态系统再造。

森林再造工程是一个漫长而艰辛的历程，如果鄂伦春人能够参与进来是最好的，但必须首先处理好一个问题。在我国，森林国有化，森林工业归林业管理局统一管理，地方没有林权，这在一定程度上限制了他们从事林业的积极性。如果让鄂伦春人真心实意搞林业，应尽快制定相应的特殊政策，划拨部分自然资源，把支配权交给鄂伦春民族乡，用于鄂伦春族经济的发展。具体做法可参照下面一个案例，位于菲律宾西南部的巴拉望岛（Palawan island）是菲律宾最大的原始森林区之一，这里山岭连绵，具有丰富的自然资源，岛上居住着巴塔克人（Battaks）、塔格巴努亚人（Tagbanuas）和巴拉望人（Palawans）。与世界上许多其他地区一样，菲律宾热带植被的消亡也是和国家发展政策有关，毁灭性的商业采伐加上毫无节制地向巴拉望岛移民使当地森林资源大面积地消亡，造成了该岛大批土著居民部落解体和随之发生的经济社会边缘化，该岛也是当前一场关于如何处理原始森林的激烈的全国环境保护问题论战的主题。从 20 世纪 70 年代后期开始，菲律宾政府对高地居民的政策从试图简单地把他们驱逐出森林区，转变为将他们纳入一系列旨在既稳定高地生态系统又改善高地居民经济生活的项目中。这些项目是建立于社会林业和农艺林业的观念之上，前者承认高地民族实际上有权享用那里的资源；后者则提倡有益于生态的同时种植树木和粮食作物。政府一方面试图让高地人享用高地的资源，鼓励他们再造森林并采用其他有益于生态的管理手段。另一方面通过政府与森林再造项目合作为高地居民提供有效期为25年的“管理证书”，到期后可再延长25年，《森林法修正案》和“社会林业项目”在理论上都鼓励群众参与森林再造工程。①

第三节　非物质文化遗产传承价值问题分析

在田野点接触到的鄂伦春族老人讲述：

早先在山上的时候，大人都会讲故事，老人和小孩也都会唱歌、跳舞，我们都是一大家子一大家子地，一下晚儿接着一下晚儿地，有都是好唱好讲的（人），大伙都乐意听，有时候一唱唱到大半夜，一讲讲到天放亮了才睡觉，半大孩子最乐意听，听完一个还不过瘾，再让讲唱另一个……

在早（过去），除了打猎，忙活忙活家务，有都是空儿，冬天，天儿早早地就黑了，没事了，总得有热闹吧，就这么说说唱唱，唱唱跳跳地过日子呗。

女的围着火堆一边做皮活儿，一边说啊唱啊的，有时候一个人说唱，有时候两个人连起来你唱我接的，有时候大伙儿你一句我一句儿地凑合起来，可热闹了，不耽误做活儿，还解闷儿。

唱苦的跟着哭，唱有乐子的哈哈地乐，半宿半天的，也不腻歪，谁知道都是谁编出来的啊，有都是，什么样的都有，要不大伙怎么乐

① ［美］乔治·彼得·穆达克著，童恩正译：《我们当代的原始民族》，94页，成都，四川省民族研究所，1980。

意听呢。

早先哪像现在，有电灯，有电影，有电视，在山里头打围过日子的时候，这些（指民间讲唱活动）就是个热闹呗……

可以见得，民间说唱是游猎生活中不可缺少的文化元素，也必然成为鄂伦春人的情感需求。由于鄂伦春人普遍爱讲爱唱，善歌善舞，每个部落或氏族都有几个特别出色的，每到生产劳动之余、婚丧嫁娶之际或是祭祀活动，成为带头人，大家便跟着歌舞起来，文化传播形式体现了家族性的特点。古伦木沓节是鄂伦春族每年最重要的祭祀活动，按照传统习惯在春季举行，活动以氏族或部落为单位举行，氏族长或部落长会提前派人通知散居各地的人们，人们会带着好酒好肉及帐篷、马匹等到指定地点参加庆祝活动。活动仪式通常由氏族长“穆坤达”组织，大家讲着故事，唱着歌曲，跳着舞蹈，各种民族活动要持续几天几夜。20 世纪末期，古伦木沓节开始由政府主办并定于每年的 6 月 6 日举行，组织形式由民间自发变为官方组织、政府出资。参加节日庆祝活动的人员早已突破了血缘、地域甚至民族的界限，笔者所见的古伦木沓节更像是一个开放的盛会，欢迎四面八方的来客，大家都用汉语交流，表演的是各个民族的节目，许多鄂伦春族传统文化的基因已然消失了，大家并不了解每个节目活动的活动属性、历史渊源、文化内涵和象征意义，参加的人更多倾向于聚众娱乐。相对比较，在传统生产方式中，在本土经济环境下，古伦木沓节体现的关键词是“民族”“节俗”“地域”“认同”，而在当代社会文化导向下，如今的古伦木沓节则更多承载的是“节庆”“活动”“表演”“娱乐”。对古伦木沓节的观察与研究恰恰也契合了目前学术研究的一种取向，我们对族群与文化及其生态之间的关系研究，能够为政治和经济的发展提供一面镜子。

一个民族是历史形成的人类群体，民族自形成始，就从自身内在的、本能的需要出发，在自然环境与人类社会中展开了一系列的活动，从而形成了一个民族的各种文化现象。其发展过程中受到自然条件和社会进程的双重影响，前者主要造就了民族的文化特征，即在不同的生态环境、自然地理中所形成的适应自然、认识自然和改造自然的价值观念和方法；后者主要造就了民族的社会属性，即社会组织、社会分层、阶级分化等。各个民族生活的环境不同，在自然与社会中所展开的活动方式就不同，构成了各个民族不同性质、不同形态的文化，即不同的文化模式，文化模式具有鲜明的民族特征，是区别于其他民族的显著标志。露丝·本尼迪克（Ruth Benedict）认为，文化模式是相对于个体行为来说的，人类行为的方式有多种多样的可能，这种可能是无穷的。但是一个部族、一种文化在这样的无穷的可能性里，只能选择其中的一些，而这种选择有自身的社会价值趋向，选择的行为方式，包括对待人之生死、青春期、婚姻的方式，以及在经济、政治、社会交往等领域的各种规矩、习俗，并通过形式化的方式，形成风俗、礼仪，从而结合成一个部落或部族的文化模式。[①] 美国人类学家威斯勒（Clark Wissler）认为，普遍的文化模式包括以下 9 个部分：（1）语言；（2）物质特质；（3）美术；（4）神话与科学知识；（5）宗教习惯；（6）家庭与社会体制；（7）财产；（8）政府；（9）战争。[②] 各民族以一定的方式适应自然环境，在生产生活中探索自然规律所得出的知识与经验，是他们对包括自身在内的宇宙、自然以及自身社会存在的感性认识和理性思考，是民族文化发展的基础，更是民族思想意识产生、形成的本源，亦是实现民族社会自身和谐及其与自然和谐的观念、知识、情感、智慧的综合思想体系，是在较低生产力水平上的人与人、人与社会、人与自然的关系的最优解决。

在鄂伦春族多层面、多类型的民族传统文化中，最具价值意义的是他们的文化生态观（Cultural Ecology），这一文化价值观以宗教信仰、艺术活动、伦理道德为载体，体现在民族体日常生产生活的整个过程中，形成了一个完整的生态思想体系，继而升华为整个民族的共性认识。文化生态观的思想源于文化生态学，文化生态学又称“新进化论”或“多线进化论”，最早由美国人类学家斯图尔德（Julian H.Steward）在其著作《文化变迁理论》中提出并进行了详细的论述。这一理论取代了 20 世纪初期由美国人类学家摩尔根（Lewis Henry Morgan）等人提出的古典进化论，古典进化论主张从文化与环境相互适应的角度来理解文化类型之间的差别，并且把不同类型的文化看成是一个相互制约的动态平衡

① ［美］本尼迪克特著，王炜译：《文化模式》，62 页，北京，华夏出版社，1987。
② ［美］威斯勒著，钱岗南、傅志强译：《人与文化》，北京，商务印书馆，2004。

体系，[①] 文化生态学的研究指向是人与环境的适应。资源丰富的大小兴安岭是鄂伦春人生存的自然环境，游猎生活是鄂伦春人的传统生活方式。鄂伦春人的文化生态观首先强调人对自然的敬畏，他们在广袤的森林里采集狩猎，迁徙不定，对自然界中无穷无尽、千变万化的自然现象感到迷惑不解，因而对各种自然现象产生了一种畏惧心理，于是就祈求、崇拜，形成了万物有灵论和普遍的自然崇拜思想。鄂伦春人信仰各种自然神，包括 tilɑtʃ'a purk'an（太阳神）、peja purk'an（月亮神）、tələn purk'an（北斗七星神）、axtee purk'an（雷神）、ətin purk'an（风神）、urə purk'an（山神）等，他们会在特定的节日举行祭拜仪式，在敬自然神时都充满了感激之情。[②] 猎人在山上狩猎时，无论吃饭或喝酒，都要先敬山神"urə purk'an"，吃肉时要割下三块向上扔抛，喝酒时要用筷子或手指蘸酒向上弹三下，表示先敬山神。鄂伦春人崇拜自然涵盖了自然界的方方面面，一切被神化了的自然要素都是他们敬畏的对象，鄂伦春人经常与各种野兽打交道，对熊、虎、狼等猛兽也产生了一种敬畏心理。值得一提的是，在一些祭祀仪式和生产活动中，鄂伦春人称一些自然物和动物为主人，并赋予它们人际亲族关系的称谓。[③] 鄂伦春人通常称"t'aʃk'a"（虎）为"uturu"（太爷）或"purk'an"（神）；称公熊为"jəjəəj"（爷爷）称母熊为"t'ajt'ej"（奶奶）等。鄂伦春人认为虎、熊等凶猛野兽与自己的祖先有着一种血缘亲族关系，据说在很早以前，鄂伦春人是不准猎熊的，因为他们认为熊原来是人，后来才变成了熊。鄂伦春人进而认为熊是自己的祖先，进行图腾崇拜。猎人打猎不能咒骂野兽，不说"一定把它的头割下来"或"把腿打断"此类的话，而且会为某些动物举行丧葬仪式。

鄂伦春人对自然现象的迷惑以及从而产生的万物有灵观念，虽然是出于恐惧心理并具有朴素的唯心主义色彩，但人类作为自然界发展的产物，无疑应当充分尊重自然界和自然规律。鄂伦春人在对待人与自然的关系上走过了一条从直观观察经情感升华，到知识、经验积累和文化意识成熟的过程，最终实现了人与自然的和谐相处。他们的思想意识不是征服自然，而是在对自然的适应能

① Julian H.Steward. *Theory of Culture Change: The Methodology of Multilinear Evolution*. Urbana: University of Illinois Press, 1990, p.7.

② 赵复兴：《鄂伦春族游猎文化》，34 页，呼和浩特，内蒙古人民出版社，1991。

③ 关小云：《大兴安岭鄂伦春》，36 页，哈尔滨，哈尔滨出版社，2003。

力和生产力低下，科学技术欠发达，人的主体意识模糊等主客观条件下的，最优解决和处理人与自然关系的主观能动性的体现。研究资料表明，在我国各民族中都不同程度地存在着内涵丰富，思想深刻的文化生态观的内容。目前，国内学术界对于民族传统文化中存在的生态意识的诠释也是多视角、多层次的，总体态度是积极的、认同的。对民族生态价值观的诠释为当代生态意识的建构提供了丰富的思想资源，也提供了一种适应生态环境的模式，我们必须正视这些传统文化所体现的现代价值的特殊意义，并对其加以深入挖掘和保护，探索其向现代意识转换的途径。

鄂伦春人的狩猎禁忌是他们对于整个生态系统的道德关怀。鄂伦春族猎人过去都遵守"因时捕猎"的狩猎规则，在每年春秋季节动物的交配期和产卵期通常不进行捕猎，也会因不同的狩猎期捕猎不同种类的动物，而且不猎打正在交配中的动物，不猎打正在孵卵或哺乳的雌性动物，不猎打幼崽、怀孕的母兽以及天鹅、大雁、鹤等被认为是吉祥或特殊的生物。作为一个狩猎民族，鄂伦春人与生俱来一种对自然的热爱情愫和保护自然的美德，我们在调查中发现，由于鄂伦春人生活中吃穿住用无不取自于森林，所以他们不随意乱砍滥伐，非常爱护花草树木。在野外生火做饭，他们不去砍正在生长的树木，而是到河边去捡拾枯死的树枝或"漂流木"烧火。鄂伦春人世代生活在森林生态系统中，他们的生产、生活直接同自然环境接触，因而对于自然的情感是他们生存与发展，创造物质与精神文化的基础，充分体现了狩猎民族与自然生态间亲密而又和谐的关系。从人与自然关系的角度看，在与自然和谐相处的过程中，人的主体意识逐渐发展的情感表现为热爱、敬畏、感恩、愧慰以及祈请。鄂伦春人显然是把自然神灵看作是一个类似人的亲族的有机体系，他们将动物、植物等有生命的机体看作是宇宙和自然的主人，和自身具有平等的地位，这是鄂伦春人极具特殊意义的生态观，反映的是他们对于人与自然关系的辩证认识。而现代社会的主体意识强调的是人类对资源的最大化利用和索取，反观鄂伦春人的生态观则是对现代理念的文化批判和否定，我们应该从他们的传统文化中汲取这些极具现实意义的内容来改良我们现存的，不适应可持续发展的观念和行为。

美国著名人类学家玛格丽特·米德（Margaret Mead）无论是对萨摩亚人的青春期研究，还是对新几内亚三个原始部落的性格与气质关系的探查，都一直致力于揭示文化对人格与行为模式塑造的决定性作用，即认为文化的多样性对人格和心理塑造的决定性作用。米德认为：“人性几乎出人意料地、精确而又矛盾地反映各种社会条件。不同文化中个体间的差别，就像同一文化中个体间的差别一样，几乎都是由条件，特别是孩提时代的条件所造成的，这种条件又是由文化决定的。”① 由生活方式、思维方式、文学艺术、宗教信仰等方面构成的鄂伦春族社会文化对他们的民族人格特点的形成起了决定性作用。鄂伦春族自形成始就与自然结下了不解之缘，在同自然打交道的过程中，他们对其的情感便会流露并刻写在本身所特有的民族文化中。与今天人们对其文明的高度重视不同，鄂伦春族人的人格特点强调人对自然的敬畏以及人与环境，人与人之间的和谐关系。我们认为鄂伦春人的品格正是他们所创造的文化品格的再现，在与鄂伦春人接触中我们感受到，他们都特别注重品德的培养和社会伦理的建树。鄂伦春人勇敢、坦诚、大度、仁慈，对一切人都很友善，如某家生活困难或办婚丧之事，大家都乐于相助，不求报答。据有关史料记载，过去“乌力楞”内部按户分配生产生活资料时，优先分给老、弱、病、残者皮张和肉食。过去猎人驮肉回来后，不管相识与否，见面都能分给一份，毫不吝惜，在这个原始共产主义大家庭中，人人都感到无比的亲切和温暖。② 在同鄂伦春人接触中，我们对他们简单朴素的生活观念非常感慨，他们对于食物、衣饰、器具等物质条件没有更高的要求和索取，只限于满足日常所用。过去鄂伦春族社会没有明显阶级分化和阶级压迫，各种物质条件较贫乏且有限，生活也极其简单，然而在他们的心灵深处，却感到非常满足和幸福，他们热爱和平的环境，热爱自由的生活。鄂伦春族的传统道德修养和社会伦理以人与人之间的和谐为核心内容，注重对自我欲望的节制及自律，提倡忠、孝、节、义，崇尚勤劳朴实、和睦相处、互助共享、尊老爱幼、待人以诚，我们可以在实际生活中探索民族伦理道德疗治当代社会疾病的有效途径和方法。

民族传统文化是保持在每一个民族中的由历史流传下来的文化，是每个民族的固有文化，包括民居、服饰、器皿、用具、语言、文字、民间文学、文化

① ［美］玛格丽特·米德：《萨摩亚人的成年——为西方文明所作的原始人类的青年心理研究》，98页，杭州，浙江人民出版社，1988。

② 赵复兴：《鄂伦春族游猎文化》，34页，呼和浩特，内蒙古人民出版社，1991。

艺术、民族节日及民俗活动等。[①] 任何民族的传统文化都是在历史进程中形成和发展起来的，都有其特定的内涵和占主导地位的基本精神，是一个民族的历史遗产在现实生活中的展现。尽管随着民族关系与民族生存方式的改变，民族传统文化的内容与形式也会随之变化，但并不会随着历史的逝去而完全消失，它会以某种方式积淀在民族的文化之中，并以特有的方式在今后的社会生活中或显或隐地呈现。并且，少数民族的某些品格会在更高的基础上在现代人身上重现，因为人类的品性是相通的。在当今某些领域出现失范的状况下，要使社会生活保持健康、有序的状态，少数民族传统文化的内涵价值仍然可以发挥较大作用，例如，当人们认识到可持续发展的重要意义，当民族地区自然资源因过度开发引发的资源枯竭现象，出现了自然灾害频仍的问题时，民族传统文化的价值观念所折射出的人类社会的心理特点，即强调人对自然环境的依顺以及人与自然，人与人之间的和谐关系，便对索取过度具有启迪作用，民族传统文化显示出现代价值。因此，尽管现代化进程不可抗拒，但是现代社会日益表现出的对少数民族传统文化的尊重以及这种尊重营造的社会氛围，有助于克服现代社会中因片面强调利己导致的种种社会病态，促进现代人的行为反思，也将进一步促进人类美好和谐生活愿景的实现。

非物质文化遗产是民族共同体在生产、生活、仪式活动中创作出来的，构成了他们日常生活中不可或缺的部分，继而发展成为反映族群生活，表达民族情感的重要方式。非物质文化遗产是一种代际传承的文化实践过程，是通过重复参与祖先曾经从事过的文化活动，体会到祖先从事这一文化实践的感受和心情，感受和领悟祖先的信仰认知，通过这样的重复和参与活动，人们往往能够感受到祖先的在场，与祖先有一种亲近感和认同感，从而对祖先的某种认知或精神产生认同，自觉而有效地传递这种精神，这种精神正是一个具有共同祖先的群体或民族的价值观的具体呈现，由此强化了民族精神，增强了民族认同，培养了社会的一致性。民族本身就是动态的不断变化的群体，民族文化亦然，当代社会下，每个民族或族群的文化都处于内外交流、创新和发展时期，在非物质文化遗产产生的原生环境里，其文化形态是与族群的生活观念、信仰仪式融为一体的，而在现代社会情境下，非物质文化遗产则已经脱离了民众的日常

---

① ［新西兰］雷蒙德·弗思著，费孝通译：《人文类型》，74页，北京，华夏出版社，2000。

状态，如渔猎或游牧的生活方式、社会组织形式、生活观念以及信仰仪式等。从文化人类学的认知角度出发，非物质文化遗产作为活态的代际文化，呈现了人类的文化轨迹，承载了人类的智慧，要想使之延续存在，必须要在现代社会中具有相应的历史价值、科学价值、艺术价值或者其他文化价值。不同民族因其所处地理环境的差异及历史变迁的元素，各自形成了具有不同内容的文化模式，但他们传统文化所体现的生态文化观、道德与社会伦理观、地方性知识所蕴含的价值在内涵和本质上却是相类的。不同民族的传统文化中都具有普遍性的内容和价值，由此可以见得民族传统文化的现代价值具有普遍意义，完全可以在人类社会重构。

第十二章　非物质文化遗产保护模式探讨

第一节　当代非物质文化遗产保护主要模式

进入21世纪，中国的经济实力和社会活力大大增强，尤其是伴随着民族传统文化的复兴，人民政府、社会团体和各界人士都开展了一系列文化抢救与保护工作。尽管这些工作并不能够完全在人口较少民族地区的文化保护中，特别是非物质文化遗产保护中达到预期目标，但也给以岌岌可危的人口较少民族文化保护工作提供了一些方案和保障。更重要的是，这些努力为人口较少民族今后的文化保护与发展探索出很多可资参考的路径，并且激发行为主体进行遗产概念的重新理解、反思与实践。目前在人口较少民族地区推行的非物质文化遗产保护，已经形成了一系列保护模式，最为突出和普遍的是“博物馆模式”和“产业化模式”，下面将分别进行分析阐述。

一、博物馆模式

世界大多数国家或民族社区都有用以保存贵重物品的特殊的建筑形式，即博物馆。2002年，国际博物馆协会亚太地区第七次大会在中国上海召开，大会以“博物馆、非物质文化遗产与全球化”为主题，探讨民族、地域和社区创造性、适应性与独特性的意义。探讨博物馆如何在保护非物质文化遗产中发挥积极作用，提出了语言、民间传统、地方性知识等在博物馆和遗产保护中的重要价值。会议关注了对非物质文化遗产的滥用，特别是商业化的滥用，建议博物馆应强调非物质文化遗产的重要性，担负起非物质文化遗产保护的责任。2006

年，中国国家博物馆举办了“中国非物质文化遗产保护成果展”，共展出约2000件实物和1500幅图片，并借助传承人的现场表演和电子媒介等形式将非物质文化遗产的“活态性”呈现给公众，引起了人们对非物质文化遗产及其相关保护工作的关注，轰轰烈烈的博物馆运动在一些地区，尤其是民族聚居区展开。

课题组在对鄂伦春族的田野调查中看到，几乎所有少数民族乡、民族村、猎民村或自治旗所在地都建有大小规模不同的民族博物馆：新生鄂伦春民族展览馆——“岭上人展览馆”、呼玛县白银纳鄂伦春族历史博物馆、漠河县鄂伦春族博物馆、阿里河镇鄂伦春族博物馆以及十八站鄂伦春民族乡展览馆。规模较大的鄂伦春族博物馆始建于1991年，位于阿里河镇中心地带，建筑面积2800多平方米，博物馆分设有“鲜卑民族博物馆”“鄂伦春民族博物馆”和“鄂伦春自治旗50年成就展馆”。“兴安之韵——模拟森林生态”展厅，展示模拟大兴安岭的自然环境及森林生态系统。“马背天骄——拓跋鲜卑历史足迹”展厅共展出文物198件套，根据拓跋鲜卑所经历的三个历史发展阶段，全面呈现了拓跋鲜卑民族从发祥兴安到驰骋草原，最后入主中原的历史全过程。“鄂伦春民族博物馆”馆内藏品三百余件套，藏品种类包括桦树皮制品、兽皮制品、动物标本以及其他木制品、布制品、骨器、石器、陶器、铜器、铁器等，以实物形式展示鄂伦春民族的起源、生产经济、生活方式、风俗礼仪、文化娱乐、宗教信仰等文化形态。“综合艺术”展览则展出了鄂伦春民族具有较高水平的艺术作品53幅。“沧桑巨变五十年——建旗五十周年成就”展厅，展出实物126件，图片380幅，介绍了鄂伦春自治旗建旗五十周年的社会文化变迁。博物馆在保护非物质遗产的物质形式的同时，定期举办特定主题的非物质文化，如博物馆对非物质文化遗产的实物进行收集、整理，长期保存和日常展览以及一些特定主题的遗产展，如手工艺展、用具展等，另外还有特别日期针对学生和社会团体的文化教育传承等活动。大部分到访民族博物馆的都是外地游客或学术研究者，也时常用于接待领导的参观活动之用，因此平日里少有人问津，可以见得博物馆对于非物质文化遗产的活态传承价值微乎其微。博物馆的性质和功能主要体现在四个方面，即征集、典藏、陈列和研究，因此物品被置入博物馆的前提是要从它的原生环境中脱离出来，成为孤立的文物，不再具有制造文化意义的场域和情境，由此失去了鲜活的生命。例如，鄂伦春民族博物馆中展示的桦皮船和民族手工艺品，能够显示出一种独特的民族技艺和制造技术，但是并不能透视出持有这种特殊技术的族群及其生活状态，以及这些物品所承载的民族情感或者地方性知识。

从19世纪中叶开始，多种主题类型的博览会在世界各地盛行，对异文化物品的展览实质上是在将其商品化和利益化。美国著名人类学家纳尔逊·格雷本（Nelson Graburn）认为："这种博物馆化的实践模式，在被遗产群体采纳应用的同时，为当地社会带来了经济利益，但同时也潜移默化地塑造了一种新的殖民主义模式。"[①] 传统博物馆在遗产保护，尤其是非物质文化遗产传承方面暴露了种种弊端，针对其显现的各种问题。自20世纪中叶开始的新博物馆运动带来了博物馆的新形态，如遗址博物馆、生态博物馆等，旨在进行文化遗产的整体性、原真性和活态性的传承和保护。中国对新型博物馆进行了很多尝试和努力，建设的遗址博物馆包括虢国博物馆、秦始皇兵马俑博物馆、洛阳古代艺术博物馆、周口店遗址博物馆、承德避暑山庄博物馆，等等。建设的生态博物馆包括贵州梭戛苗族生态博物馆、广西南丹里湖白裤瑶生态博物馆、云南西双版纳布朗族生态博物馆和内蒙古敖伦苏木蒙古族生态博物馆，等等。生态博物馆在世界各地已经建设落成三百余座，其中中国拥有16个，用以保护民族传统文化。所谓的"生态博物馆"，是指"将文化遗产和它周围的生态环境和社会环境当作一个有机整体来保护，它强调保护、保存、展示自然和文化遗产的真实性、完整性和原生性，以及人与遗产的活态关系。"

东兴京族生态博物馆位于广西壮族自治区东兴市江平镇，保护范围涵盖巫头、万尾、山心等三个村寨，博物馆占地面积17067平方米，于2009年建成并对外开放。馆舍建筑结合了中国传统建筑和京族园林建筑风格于一体，呈中堂二厢式两层建筑，展览以"大海是故乡——东兴京族文化陈列"为主题。内容包括：序厅；沧海桑田——历史溯源与变迁；靠海为生——传统生产与生活等7个部分，运用文字、图片、实物、场景、模型、多媒体音像等多种形式，展示了京族民族服饰、字喃风采、生产生活工具、哈节、独弦琴、居住环境、民间信仰、婚恋礼俗、地图资料等，较全面地反映了京族历史和生产生活概貌。2014年在原东兴京族生态博物馆的基础上又建设了东兴非物质文化遗产

① 彭兆荣主编：《文化遗产学十讲》，45页，昆明，云南教育出版社，2012。

馆，馆内包含民间艺术、历史文化传统技艺、特色美食、民俗舞蹈等几部分，呈现京族哈节、京族独弦琴艺术、京族鱼露制作技艺、京族服饰制作技艺、京族民歌等文化形态。[①] 这样类型的生态博物馆也可以理解为社区博物馆或村落博物馆，是把整个社区或村落以及其中的文化遗产，包括建筑等有形遗产和传统风俗等非物质文化遗产当作一个完整的整体进行保护。可以说生态博物馆在建构形式上一定程度上突破了传统博物馆的桎梏，是进行文化遗产保护的较好实践，尤其是它所提出和体现的工作理念对文化遗产的传承与保护具有一定的指导意义。但是也有很多人对此提出了质疑，尤其是针对非物质文化遗产的严重商业化、大规模旅游开发对民族文化的冲击以及伴随而来的文化展演的真实性等问题，我们应该积极理性地应对出现的各种问题，探索出更加完善的体系和模式。

在利用博物馆进行非物质文化遗产保护过程中，我们面对的主要问题是大多数博物馆的常态化形式还是进行非物质文化遗产的器物展演，而关于技艺和知识及其文化意义的传承仍旧缺乏，这些正是非物质文化遗产传承的核心和主体，到目前为止，还没有非常适当的模式。其次，博物馆里非物质文化遗产所附属的其他物质形态，包括服装、器具、饰物、仪式、舞蹈、景观等是遗产的重要载体。这些物化载体是一种文化符号，它们与民族形成、社会规范、身份标识等有密切关系，而且包含对宇宙、自然、时间、空间、巫术、宗教、禁忌、信仰等相关的传统认知。文化主体可以通过这些符号与民族传统，与族群历史，与祖先父辈相连，因此这些符号具有一定的象征意义和文化记忆功能，而这种民族认同感只对文化主体或文化持有人具有。但是日常进入博物馆的大都是游客或学术研究者，作为文化的他者，根本不能从文化主体的角度去认识和感受非物质文化遗产的真正内在的文化意义和价值。那么通过博物馆进行的非物质文化遗产传承，传承主体如何界定？也就是谁传承以及传给谁的问题，由此，关于博物馆与非物质文化遗产之间还有很多问题需要进一步探讨。

---

① 京族哈节、京族独弦琴艺术于2006年6月2日被列入国务院公布第一批国家级非物质文化遗产保护名录；京族鱼露制作技艺、京族服饰制作技艺、京族民歌被列入自治区级非物质文化遗产保护名录。

二、产业化模式

中国辽阔的土地孕育了不同的民族文化，不同族群创造了大量非物质文化遗产，为发展文化产业提供了丰富资源。“产业化”诞生于“产业”，“产业”这个概念是属于微观经济的细胞与宏观经济的单位之间的一个“集合概念”，通常指家产，如土地、房屋、工厂、农田等；“产业化”（Industrialization）则是“指某种产业在市场经济条件下，以行业需求为导向，以实现效益为目标，依靠专业服务和质量管理，形成的系列化和品牌化的经营方式和组织形式。”而非物质文化遗产产业化，可以理解为：“以非物质文化遗产为生产资源，经过市场运作，将非物质文化遗产与市场经济机制相结合，赋予非物质文化遗产一定的经济属性，进行文化产品生产与文化服务的经营性活动。”[①] 非物质文化遗产产业化主要有两种模式：一是将非物质文化遗产中的某些文化元素打造成物化的文化产品，使之具有地域、民族的艺术、美学等文化价值，形成市场上销售的商品，主要是大多数手工艺品、民族器物；二是利用非物质文化遗产资源，在其原生地，开发旅游业。这两种产业化模式在少数民族地区都很普遍和常见，在中国现代旅游热潮下，开发商通过兴建民俗村、风情园、古村落、度假村等工程项目，大力开发文化资源和文化产品，发展商业和旅游业，非物质文化遗产产业化呈现出蓬勃发展态势，并且这种态势持续高涨。

鄂伦春民族地区也积极利用文化遗产保护政策和文化产业开发商机，进行民族文化的挖掘和建设，试图通过这样的方式来发展当地经济，同时实现传统民族文化的保护传承。鄂伦春族文化产业也主要集中在民族旅游和民族工艺品制造这两方面，鄂伦春自治旗、民族乡、民族村大都建设有民族工艺品制作和销售中心，如鄂伦春自治旗的阿里河镇，塔河县的十八站民族乡和黑河地区的新生乡。当地人主要是利用桦树皮、兽皮（主要是狍皮）制作桦树皮工艺品、桦树皮画、桦树皮剪纸、根雕、狍皮衣服、狍皮手套等，售卖给博物馆等收藏机构以及游客。

① 秦奎伟：《科考知行录·格物致知篇》，271 页，北京，北京理工大学出版社，2019。

案例1：G（女）于1965年出生在黑龙江省塔河县十八站鄂伦春民族乡，从小跟随母亲学习制作衣服和生产生活用品，那时候制作出来的物品主要用于满足自家生活的需要。脱离狩猎生活以后，G仍然坚持制作，并且手艺越来越精湛，善于制作各种精美的桦树皮手工艺品，还对一些传统制作技术进行了创新，她设计制作的具有民族特色的首饰盒、茶叶盒、礼品盒等产品非常精美，尤其是她用桦树皮为哈尔滨某药材公司制作了几千件药品礼品盒非常受欢迎，她对自己的产品有了信心，也为自己的产品找到了市场和销路。在当地人看来，G是个成功的例子，便有些人跟着学起来做起来，在政府的支持下先后举办了几期民族工艺品制作培训班，教大家设计、打花和制作工艺，参加的人有鄂伦春族的，也有汉族和其他少数民族的，后来又建立了民族手工艺品制作厂，制作的人数最多时达到近50人，桦树皮工艺品的生产初步呈现了规模化、专业化、产业化的格局。G也成了小有名气的人，经常受邀参加各类展览会或者进行教习活动，获得了国家级、省级很多奖励和荣誉。G一直在坚持制作民族手工艺品，并对民族手工艺品的商品化、产业化进行了成功实践，在这个过程中也参与了民族文化的传承工作，是一个较为成功的案例。

案例2：M出生于黑龙江省黑河市逊克县新鄂鄂伦春民族乡，儿时看到父亲为乡亲们画神灵崇拜的像，便对绘画产生了兴趣，开始画动物、画森林等自己喜欢的事物，长大后考入了一所民族高等院校学习绘画。M将学到的绘画技能和民族手工艺结合了起来，她把鄂伦春族兽皮服饰镶嵌技艺和桦树皮的特点结合创造了桦树皮镶嵌画，桦树皮镶嵌画基本上保留了桦树皮的本身颜色、自然纹理，画面体现的内容也是以鄂伦春族的游猎生产生活场景、萨满文化以及英雄祖先或神话传说等为主，是极具地域和民族特色的艺术创作。M也因此成为黑龙江省第一批非物质文化遗产保护项目——桦树皮镶嵌画的传承人，多次在国内外举办个人画展，数十幅作品被国内外博物馆收藏，参加文化交流与展览活动，获得很多奖项和荣誉称号，还出版了个人画集。

在当地政府的支持下，M于2015年成立了“北方民族桦皮镶嵌艺术展厅”，展出了她二十几年精心制作的桦树皮镶嵌画200余幅，同时迎来了首批鄂伦春族学员，在此基础上建立了非物质文化遗产传承基地。

案例3：随着近现代旅游业的蓬勃兴起，黑龙江省十八站鄂伦春民族乡出资兴建了桦树皮工艺品加工厂，购进各类加工设备十余台，定期举办桦树皮制作培训班，动员鄂伦春族群众学习绘画、设计，让更多人掌握桦树皮手工制作技术，组织大家带着自己的制作品参加哈尔滨国际经济贸易洽谈会等各种类型博览会、展销会。乡政府还出资为鄂伦春民族桦树皮手工艺品申请了国家专利，注册了“小白桦”商标，并对大家的桦树皮制品免收税费。鄂伦春族村民S的桦树皮制品厂的规模不断扩大，已经发展成为一个有十几名员工，数台设备的小型加工厂，制作的桦树皮手工艺品已由原来的几十种增加到现在的近二百种。目前，十八站类似的加工厂已有3家，家庭作坊型经营业户8家，从业人员近百人，制作的手工艺品有各种类型的日用品，如盆、桶、篓、箱包、盒、文件夹、钱包以及婴儿摇篮、桦树皮船、斜仁柱模型和桦皮画，等等。在政府各项优惠政策的大力扶持下，很多加工厂都接到来自哈尔滨、吉林、长春、山海关等地的订单，其中**木业有限公司就签订了价值十五万元的桦树皮牙签盒订单。

课题组在呼玛县白银纳鄂伦春民族乡、黑河市新生鄂伦春民族乡、呼伦贝尔市鄂伦春自治旗阿里河镇、塔河县十八站鄂伦春民族乡调研看到，几乎每个民族乡镇都有政府扶持或出资兴建的桦树皮工艺品加工厂，也有部分村民在自己家里加工制造的，其中有鄂伦春族人，也有汉族人或是其他少数民族。他们从事制作主要以销售为主，有些在家庭销售，有些有自己的门市或小店铺，同时利用网上商城或个人微博进行展示宣传和产品的销售，因此在鄂伦春族生活地区，桦树皮制品的商品化态势十分明显。为了提高生产效率，制作者开始使用更便捷的工具和方法，用铁钉和胶水取代了木钉和松树油进行接连或粘合，用尼龙线代替鹿、犴、狍子筋或柳树条进行缝制。在狩猎民族传统社会中制作桦树皮用品是一种极其普遍常见的现象，几乎所有妇女都有这方面的手艺和技巧，并把技艺传授给女儿，在家庭内部完成文化传承。现在则是专业制作桦树皮用品的从业人员，体现了制作上的专门化和以师徒教习为主的传承方式，而且鄂伦春家庭中以桦树皮制品作为生活用品的现象已不多见，随着大量非实用性桦树皮艺术品开始出现，桦树皮制品呈现出从制作的实用性转向艺术性、审美性、装饰性的特点。桦树皮制品由传统的生产、生活用具演变成了展览品、工艺品、纪念品，随之在用途、制作工艺、技艺传承及文化价值等方面都发生了根本性的转变，民族工艺品最终实现了产业化和市场化。桦树皮工艺的传统文化在新时期构建的主要因素是政府政策的积极引导、保护和开发，国家和地方政府都给予了全力帮助和扶持，如兴建厂房、购买设备、招募工人、传授技艺、进行展览以及联系商家寻找销路，促成了现代桦树皮制品产业的形成。桦树皮制品产业的形成是在现代社会背景下，伴随着非物质文化遗产保护活动，现代博物馆建设以及旅游文化产业的兴起，并结合了现代设计理念、审美元素和工艺技术的创新型产品。如传统上用于生产生活的桦树皮船也出现了微型模型，供人们欣赏、收藏，这种微型桦树皮船属于旅游纪念品，契合了现代市场的需求，但已经失去了“物”的传统意义与价值，这样就会使桦树皮制品工艺文化的本身失去了民族文化的本体特征，存留下来的也仅仅是一些看得见的形制而已。

从目前来看，对桦树皮文化的保护传承主要体现在博物馆收藏展示和传承人传授技艺两个方面，黑龙江和内蒙古几乎所有博物馆，如十八站乡民族博物馆、白银纳鄂伦春族博物馆、内蒙古博物馆、鄂伦春博物馆、呼伦贝尔市民族博物馆、北方狩猎民族桦树皮文化博物馆、达斡尔族博物馆、鄂温克族博物馆等都收藏和展览了大量桦树皮制品。规模稍大的博物馆同时也采取了数字化保护传承方式，进行音视频、文字、图片的采集、整理，对制作过程进行拍摄记录。而对于传承人，他们会在家里或者自己的工作房制作一些成品，有些被博物馆收藏，有些被游客或外地人购买，偶尔应邀去给政府举办的培训班或者学校上课，平时也会参加一些文化交流活动，工艺品展示活动和商贸活动，也会主动收集国内外各地有关桦树皮工艺制品模型或者文字、图片资料，发挥着传承主体的作用。桦树皮文化的保护传承及其制品的产业化仿佛是在同一主体操纵下同时进行着，可以预测，随着人们对健康环境和生态认知的提升，桦树皮制品会成为紧俏工艺品和生活用具，又会进一步推进其产业化、商品化、市场化的进程，而桦树皮制品的文化价值也将由传统手工技艺和民族认同转化为文化和市场符号。

案例：课题组调查的各个民族乡镇都兴起了民族旅游项目，当地政府都有意识且十分重视通过民族文化来推动旅游业的发展，如大兴安岭推出的“鄂伦春原生态文化”，鄂伦春自治旗面向社会征集“鄂伦春自治旗旅游宣传主题口号、旅游形象标识”等活动。近年来，鄂伦春自治旗实施了“文化旅游兴旗”战略，推出的旅游项目有布苏里旅游山庄、嘎仙洞森林公园、达尔滨湖国家森林公园、阿里河国家森林公园、克一河国家森林公园等典型的自然资源景区；人文景观有鄂伦春民族文化、拓跋鲜卑历史文化、远古彩绘岩画等。同时也着重加强景区及旅游配套服务设施的建设，民俗旅游产品的开发、民族节庆品牌的打造、民族手工艺旅游纪念品的开发、民族歌舞诗剧的创作，发展壮大民间艺术团体，全力推进民族文化旅游产业的发展，随着旅游项目的发展，从事旅游周边服务业的人开始获得经济利润。

案例：新生鄂伦春民族乡位于黑龙江省黑河市西北部，是我国鄂伦春族主要聚居地之一，1992 年，黑河被国务院批准为沿边开放城市，黑河市政府开始着力把新生鄂伦春民族乡建设成为旅游区，成立了新生鄂伦春民族乡旅游公司，依托民族文化资源发展旅游业，开展鄂伦春民族风情游，重点开发民俗游、风情游、原始探密和民族手工业制品等项目。新生乡建有“鄂伦春民俗展览馆”，展示了鄂伦春族生活、生产的各种器物和日常生活用品，如皮衣、皮裤、皮靴、皮袜、皮被等狍皮制品，还有很多桦树皮制品以及猎刀、猎枪等。政府修建了图腾景区，野生动物饲养园、射击场、赛马场、风葬区以及山神像等，具体的旅游项目有鄂伦春民族风俗、狩猎、骑马、漂流、射箭、篝火晚会等。为了体验鄂伦春人真实的游猎生活，游客还可以选择狩猎活动，狩猎分为两种，即乘车狩猎和骑马狩猎，乘车狩猎可以节省时间，也可使游人免受狩猎途中疲劳之苦，可谓“现代化狩猎”方法；另外一种狩猎方式就是游客可以带着枪支、弹药、猎刀，以及野餐、夜宿等用品，骑着猎马体验真实的狩猎，猎马体型偏小、行动敏捷、速度快并且驮载力大。游客可以在山上品尝鄂伦春民族传统食物，如狍子肉、野猪肉、柳蒿芽、老山芹等，游客还可以在茨尔滨河大桥的射击靶场进行射击活动。这些旅游项目具有浓郁的地域特色和民族风情，并且尽量体现文化的本真性，游客对民族传统文化都很感兴趣，他们也希望品味到原真文化，除此之外，新生乡还建立了石头人景区，大石砬子景区和湖心岛景区，新生乡每年接待来自国内外旅游观光团队数十个，游客达万人。旅游业的发展也推动了种植业、养殖业、服务业及加工制造业等其他相关产业的开发建设。

一般认为狩猎经济一定是原始的，是没有发展前途的，但是当我们把特定的经济类型与特定的自然生态环境内在地联系起来的时候，就会得出一个既简单又令人惊讶的结论，即可能只有狩猎经济类型与森林生态系统最相适应，其他经济类型如畜牧、农耕和工业只能破坏森林生态系统。如果森林生态系统得到重建和恢复，那么与森林生态系统相关联、相契合的经济——狩猎经济也完全有可能得到重建和恢复。但是，此时的狩猎经济已不单纯，毕竟其他经济类型已镶嵌其中，而且各种经济类型之间的互相影响已经非常广泛且深刻。所以即使得到重建和恢复，狩猎经济也不会是原来的样子了，而是处在一个新的阶段上，具有一些新的特点，可能是狩猎规模和方式的改变。其实完全可以把狩猎作为一个旅游项目。狩猎旅游是以射猎动物为主，兼观光游憩、休闲度假于一体的特种旅游项目，狩猎旅游作为特种旅游的一种，越来越受到旅游消费群体的青睐。狩猎旅游以拥有大面积的天然场所，如草原、森林和丰富的动物资源为必要条件，大兴安岭幅员辽阔，物种繁多，资源丰富，可以说，在这里开展狩猎旅游具有得天独厚的自然优势。鄂伦春民族乡旅游设施、项目开发建设坚持多元投入，谁开发谁受益的原则，首先要建猎场驯养基地，驯养马鹿、梅花鹿、山鸡、兔子、野猪等动物，确保稳定的动物资源。狩猎手段可以采用弓、弩、夹等工具，游客可步行、骑马、或骑山地自行车，并配有导猎员。还应兴建具有鄂伦春族风情的猎人营地，设风情民居、住鄂家小院、品民族风味、游客还可以滑冰、滑雪、冬泳、垂钓，体验雪地足球，观萨满舞蹈，游客可以自己动手做冰灯，堆雪人，充分领略鄂伦春族特有的民俗、民风，努力营造出一个具有浓郁民族风情和良好生态的旅游环境，同时还需改善道路交通、通讯等基础条件。

这方面可以借鉴俄罗斯的做法，世界上任何一个国家都没有像俄罗斯那样广阔的狩猎场地和多样的狩猎动物，俄罗斯有2.96亿公顷的禁猎林区不是进行木材生产，其主要利用形式是业余狩猎，采集松子和药材。业余狩猎的目的不在于获取猎物，而是满足广大狩猎运动员狩猎运动的要求，同时也具有健身功能，俄罗斯狩猎运动员估计300万人。在其他经济发达国家，狩猎爱好者也相当可观，他们视狩猎为高尚的娱乐活动，不惜耗费巨资长途跋涉以从事狩猎旅游，为迎合此种需求，一些国家和地区专门开辟天然狩猎场，扎伊尔南部大草原即是著名的狩猎旅游者的乐园，纳米比亚境内的纳米布—诺克卢夫特天然狩猎场是世界上最大的狩猎场。由于各国政府都采取了保护野生动物资源的行政管理措施，规定严格猎期和猎取量，对盗猎者课以严厉惩罚，故这种有控制的狩猎活动不至于破坏天然狩猎场的生态平衡。业余狩猎如果发展起来，可以成为鄂伦春人经济收入的重要来源。鄂伦春族旅游开发绝不能以牺牲生态、破坏环境为代价，要树立科学的发展观，正确处理开发与保护的关系，走可持续发展的道路，坚持民族风情旅游与生态旅游、文化旅游紧密结合的发展方向，挖掘鄂伦春民族文化中丰富的营养，使狩猎旅游得以持续不断地健康发展。

旅游是一种产业，从本质上来说也是一种生产方式，非物质文化遗产与旅游相契合的一个重要前提，就是旅游需要一定的特色文化以吸引旅游者，而非物质文化遗产正好就是特色文化，因此，被作为旅游开发的地方非物质文化遗产项目最为常见，尤其是在少数民族地区。在数次田野调查过程中，我们看到民族文化的旅游事业确实在一定程度上带动了地方经济发展，唤醒了民众对民族传统文化的关注和行动，也增强了民族认同感，但同时旅游产业带来的民俗风情园、民俗度假村、民俗旅游点也在进行着民族文化的过度消费，存在着文化遗产和民族工艺品商业化、市场化的事实。脱离了族群和民族文化背景的非物质文化遗产，文化内涵和文化功能也已经发生了根本的变化，这种现象在节日庆典类、表演类、手工技艺生产类以及民俗类的非物质文化遗产项目中最为常见，民族文化的传承与创新也随之失去了本真的价值与意义。事实证明，非物质文化遗产保护面临的最大问题，是在以为进行的非物质文化遗产保护进程中对非物质文化遗产的篡改和过度消费。

第二节　文化生态位：非物质文化遗产保护模式探讨

从联合国教科文组织关于遗产概念的引入到中国的遗产实践，面对非物质文化遗产的保护与承继，我们做了很多努力和尝试，尽管这些工作在不断地激发人们关于保护和发展之间关系的论辩，引发了学者们对文化遗产“政治建构”诟病话题的争议，但毫无疑问，这些措施对于多数非物质文化遗产来说是非常及时、必要并且具有深远历史和文化意义的，更重要的是引发了人们对遗产，对传统，对民族文化的关注、了解、实践和反思。总体来看，这一系列的举措和作为，都在为遗产尤其是非物质文化遗产探寻生存发展的空间，即遗产的“生态位”。

“生态位”（ecological niche）是传统生态学中的一个基本概念，由美国鸟类学家约瑟夫·格林内尔（Joseph Grinnell）于1917年提出，该理论的主体内容是指：“在生物群落或生态系统中，每一个物种都拥有自己的角色和地位，即占据一定的空间，发挥一定的功能。自然生态系统中的物种或种群首先只有生活在适宜的环境中才能得以延续。”后有学者指出生态位理论适用于所有生命现象，其中包括生物界，如动物、植物、微生物等，也包括人类，如集团、社会、国家。自20世纪中叶以来，对于“生态位”概念的运用已远超生态学、生物学的范畴，被广泛引入社会科学研究的各个领域，涉及市场营销、旅游资源评估、城市群协调发展等话题的讨论。有学者由“生态位”概念生发出“文化生态位”理论，用来阐释分析文化现象、文化机制、文化结构以及文化功能等文化研究论题。“文化生态位”具体指：“文化赖以生存和发展的自然、经济与社会空间环境，及其在人类文化发展过程中的功能和历史地位。每种文化在自己的文化生态位上都表现出各自的存在价值、存在方式和发展水平。”关联到非物质文化遗产的讨论，“文化生态位”则意指非物质文化遗产生存的生态系统，首先是生态环境，包括自然环境和社会环境，自然环境指生态环境、生物环境和资源环境等；社会环境则指文化、观念、道德、政策等，非物质文化遗产的生成和传承都需要有自己适宜的特殊环境——文化生态位。还应该包括非物质文化遗产整合利用外界资源以及适应环境发展的元素和能力。

非物质文化遗产的生态环境是建构文化生态位的前提和基础，主要指非物质文化遗产生存地域条件和自然环境空间，这一生态环境决定了非物质文化遗产按传统方式进行的文化活动本身的存在。鄂伦春人生存的大小兴安岭的自然环境是狩猎文化产生和成长的土壤，鄂伦春人丰富的民间口头文学，如神话传说、英雄故事、民歌、笑话等都来源于他们的生产生活，而利用树皮制造各种生产、生活用具也是与原始的渔猎、游牧生活相适应的。他们的歌声、他们的舞蹈是对山林、对土地、对树木、对动物和整个大自然的感受与回应，是山林环境的产物，这是发自内心的感受，也是他们生活的需要，并进而形成了鄂伦春人的民族精神和文化性格。赋予鄂伦春人无限情感的是辽阔的自然空间，是自然环境赋予了人和文化无限的生命力，因此非物质文化遗产是有生命的。世界各地的文化遗产都依托于特定的生态环境和社会环境而产生，非物质文化遗产都来自人民的生产和生活方式，是特殊历史语境下族群共同体创造和实践的产物，所以被称为“活态文化”，产生于特定的自然条件和历史背景，不同类型的遗产因此具有自身的特殊性和独一无二性。

非物质文化遗产要突破环境的桎梏获得新的生命力，获得生存和发展，必须要寻找新的文化生态位，作为非物质文化遗产发展最根本的生态位因素是其自身的文化资源，即文化内涵和文化特色。在现代文化语境下，基于生态位理论，非物质文化遗产只有提升和丰富自身的文化资源内涵，从而拓展生态位空间，建构新的生存机制，而获得新的生存文化生态位的较好途径是与现代文化元素相结合，增强非物质文化遗产适应现代环境的能力，将非物质文化遗产融入到社会发展中。对于非物质文化遗产而言，在与现代文化元素相结合，扩展自身生态位的过程中，需要考量非物质文化遗产资源所具有的禀赋特点，所蕴含的民族智慧、地方性知识，所彰显的民族特色，可能结合的当代文化元素的融合度，借用或扩展的生态位空间适宜度，以及非物质文化遗产的可能受众指数，还要考量非物质文化遗产的生命力、传播力、影响力、传承力，总之，非物质文化遗产需要在自身的发展中不断积累优势资源，提升文化生态位指标，增强自身生存发展能力。

口头传统和表现形式、表演艺术、社会实践、仪式、节庆活动、有关自然界和宇宙的知识和实践以及传统手工艺等各种类型的非物质文化遗产都生成于特定的生态环境下，来源于人类的生产生活实践活动，同时能够满足人们生产生活需要。文化的产生与延续具有一定的逻辑关系，并秉持着一套价值体系，包括道德价值、使用价值、艺术价值、审美价值、体验价值，反映了一定时期文化所具有的功能。作为关键性生态位因子，文化价值直接导致了非物质文化遗产生存与发展的空间及其可能，因此在当代社会背景下非物质文化遗产能否存活下去，首先取决于非物质文化遗产文化生态位的内部价值因素，即是指其内涵要素在文化生态系统中所具有的文化功能及其与其他文化因子之间的关系和作用。如何赋予非物质文化遗产的文化因子满足受众需求新的价值是我们应该思考的问题，当下，大多数民族地区努力为非物质文化遗产寻找适应现代生存环境的新的文化生态位，通过将其与博物馆、学校教育、文化产业、现代传媒、旅游等现代活跃的文化元素相结合。例如将非物质文化遗产文化因子融入到旅游产业的开发之中，成为旅游文化符号，实现非物质文化遗产文化生态位的扩充。北方民族将兽皮、桦树皮、鱼皮等制品所承载的价值从传统的实用转向艺术和审美，创制了工艺品、艺术品、装饰品等，使渔猎民族的传统技艺在当代社会找到了生存发展的空间。非物质文化遗产也与现代传媒介质相结合，出现了档案、视频、录像、数字博物馆等，为非物质文化遗产扩展了生存空间和发展路径。将非物质文化遗产资源融入现代生活，不失为目前促进非物质文化遗产保护与传承的有力举措，附带的“主体性”“本真性”“创造性”等问题的讨论则是操作问题，而并非路径问题。其实质是在为非物质文化遗产建构新的文化符号和文化认同的范畴，包括地方、区域、族群、民众以至国家认同，这些不同层面的认同，从个人的、地方的，直到民族的、国家的、人类的。通过对非物质文化遗产特质和价值的重构，能够使非物质文化遗产超越自身和环境的限制，拥有并适应新的文化生态位，获得新的生存发展空间和可能。

参考文献

一、翻译著作

[1][法]爱弥儿·涂尔干，马塞尔·莫斯.原始分类.汲喆，译.上海：上海人民出版社，2005.

[2][英]埃里克·霍布斯鲍姆.民族与民族主义.李金梅，译.上海：上海人民出版社，2006.

[3][英]E.霍布斯鲍姆，T.兰格.传统的发明.顾杭，庞冠群，译.南京：译林出版社，2004.

[4][英]恩斯特·乔治·拉文斯坦.俄国人在黑龙江.北京：商务印书馆，1974.

[5][俄]弗·克·阿尔谢尼耶夫.在乌苏里的莽林中.黑龙江大学俄语系翻译组，译.北京：商务印书馆，1977.

[6][俄]格·瓦·麦利霍夫.满洲人在东北（十七世纪）.黑龙江省哲学社会科学研究所第三室，译.北京：商务印书馆，1976.

[7][美]哈里斯.文化唯物主义.张海洋，王曼萍，译.北京：华夏出版社，1989.

[8][德]哈拉尔德·韦尔策.社会记忆：历史、回忆、传承.季斌，王立君，白锡堃，译.北京：北京大学出版社，2007.

[9][俄]杰烈维扬科.黑龙江沿岸的部落.林树山，姚凤，译.长春：吉林文史出版社，1987.

[10][英]拉德克利夫－布朗.社会人类学方法.夏建中，译.北京：华夏出版社，2002.

[11][美]罗纳托·罗萨尔多.伊隆戈人的猎头：一项社会与历史的研究

（1883—1974）.张经纬，黄向春，黄瑜，译.北京：北京大学出版社，2012.

［12］［美］马歇尔·萨林斯.文化与实践理性.赵丙祥，译.上海：上海人民出版社，2002.

［13］［法］莫里斯·哈布瓦赫.论集体记忆.毕然，郭金华，译.上海：上海人民出版社，2002.

［14］［英］迈拉·沙克利.游客管理：世界文化遗产管理案例分析.张晓萍，何昌邑，译.昆明：云南大学出版社，2004.

［15］［法］皮埃尔·布迪厄.实践与反思.李猛，李康，译.北京：中央编译出版社，2004.

［16］［美］斯图尔德.文化变迁的理论.张恭启，译.台北：远流出版事业股份有限公司，1989.

［17］［美］斯沃茨.文化与权力——布尔迪厄的社会学.陶东风，译.上海：上海译文出版社，2006.

［18］［俄］史禄国.北方通古斯的社会组织，吴有刚，赵复兴，孟克，译.呼和浩特：内蒙古人民出版社，1984.

［19］［美］威廉·A.哈维兰.文化人类学：人类的挑战.陈相超，冯然，等，译.北京：机械工业出版社，2014.

［20］［日］永田珍馨.使马鄂伦春族.赵复兴，译.呼和浩特：内蒙古文化出版社，1999.

二、中文著作

［1］安学斌.少数民族非物质文化遗产研究——以云南巍山彝族扫歌为例.北京：民族出版社，2008.

［2］包贵荣，等.民族自治地方少数民族非物质文化遗产的法律保护研究——以蒙古族为例.北京：民族出版社，2010.

［3］陈万怀.宁波非物质文化遗产创意产业化研究.杭州：浙江大学出版社，2017.

［4］陈其南.文化的轨迹.沈阳：春风文艺出版社，1987.

［5］方允璋.图书馆与非物质文化遗产.北京：北京图书馆出版社，2006.

［6］费孝通．乡土中国．北京：生活·读书·新知三联书店，1985.

［7］方铁，何星亮．民族文化与全球化．北京：民族出版社，2006.

［8］冯骥才．守望民间：中国民间文化遗产抢救工程．北京：西苑出版社，2002.

［9］黄淑娉，龚佩华．文化人类学理论方法研究．广州：广东高等教育出版社，2004.

［10］和少英．社会—文化人类学初探．昆明：云南民族出版社，2003.

［11］黄应贵．物与物质文化．台北：台北中研院，2004.

［12］黄应贵．人观、意义与社会．台北："中研院"民族学研究所，1993.

［13］贾银忠．中国少数民族非物质文化遗产教程．北京：民族出版社，2008.

［14］蒋万来．传承与秩序——我国非物质文化遗产保护的法律机制．北京：知识产权出版社，2016.

［15］林继富．民间叙事与非物质文化遗产．北京：中国社会出版社，2012.

［16］李荣启．非物质文化遗产保护研究文集．北京：文化艺术出版社，2016.

［17］李亦园．文化与行为．台北：台湾商务印书馆，1966.

［18］林惠祥．文化人类学．北京：商务印书馆，1991.

［19］林耀华．民族学通论．北京：中央民族大学出版社，1997.

［20］卢勋，李根蟠．民族与物质文化史考略．北京：民族出版社，1991.

［21］蓝姆路·卡造．吉拉米代部落猎人的身体经验与地方知识．寿丰："国立"东华大学原住民民族学院，2013.

［22］李菲．身体的隐匿·非物质文化遗产知识反思．北京：民族出版社，2017.

［23］穆伯祥．少数民族非物质文化遗产的知识产权保护模式研究．北京：知识产权出版社，2016.

［24］孟悦，罗钢．物质文化读本．北京：北京大学出版社，2008.

［25］马振．非物质文化遗产的旅游生产性场域研究．北京：九州出版社，2018.

［26］纳日碧力戈．现代背景下的族群建构．昆明：云南教育出版社，2000.

［27］普丽春．少数民族非物质文化遗产的教育传承研究——以云南省为例．

北京：民族出版社，2010.

［28］彭兆荣 . 岭南走廊：帝国边缘的政治和地理 . 昆明：云南教育出版社，2009.

［29］庞朴 . 文化的民族性与时代性 . 北京：中国和平出版社，1988.

［30］祁庆富 . 民族文化遗产：第一辑 . 北京：民族出版社，2004.

［31］石奕龙，郭志超 . 文化理论与族群研究 . 合肥：黄山书社，2004.

［32］宋俊华，王开桃 . 非物质文化遗产保护研究 . 广州：中山大学出版社，2013.

［33］宋俊华，比尔・艾伟（Bill Ivey），黄永林 . 文化对话——中美非物质文化遗产论坛 . 广州：中山大学出版社，2017.

［34］谭东丽 . 少数民族非物质文化遗产的法律保护研究 . 长春：吉林大学出版社，2018.

［35］唐力行 . 国家、地方、民众的互动与社会变迁 . 北京：商务印书馆，2004.

［36］王文章，张旭 . 文化认同与国际合作——中国成都国际非物质文化遗产节・非物质文化遗产保护国际论坛论文集 . 杭州：浙江人民出版社，2009.

［37］王执中 . 经济——中国非物质文化遗产蓝皮书 2017. 北京：经济日报出版社，2017.

［38］汪欣 . 中国非物质文化遗产保护十年：2003—2013 年 . 北京：知识产权出版社，2015.

［39］王铭铭 . 村落视野中的文化与权力：闽台三村五论 . 北京：生活・读书・新知三联书店，1997.

［40］王明珂 . 华夏边缘：历史记忆与族群认同 . 北京：社会科学文献出版社，2006.

［41］王建台，姜颖 . 布农族的狩猎：历史、空间与权力 . 南投："国史馆"台湾文献馆，2012.

［42］向云驹 . 人类口头和非物质遗产 . 银川：宁夏人民教育出版社，2004.

［43］向云驹 . 世界非物质文化遗产 . 银川：宁夏人民出版社，2006.

［44］杨正文，金艺风 . 非物质文化遗产保护东亚经验 . 北京：民族出版社，

2013.

[45] 于海广 . 中国的世界非物质文化遗产 . 济南：山东画报出版社，2011.

[46] 叶春生；中山大学中国非物质文化遗产研究中心 . 中国非物质文化遗产：第 9 辑 . 广州：中山大学出版社，2005.

[47] 周耀林，戴旸，程齐凯 . 非物质文化遗产档案管理理论与实践 . 武汉：武汉大学出版社，2013.

[48] 朱祥贵，黄利红，陈秀平，等 . 非物质文化遗产保护模式创新实证研究——宜昌长阳土家族自治县为例 . 厦门：厦门大学出版社，2014.

[49] 庄孔韶 . 银翅——中国的地方社会与文化变迁 . 北京：生活 · 读书 · 新知三联书店，2000.

[50] 中国人民大学中国历史教研室 . 明清社会经济形态的研究 . 上海：上海人民出版社，1957.

[51] 赵光远 . 民族与文化 . 南宁：广西人民出版社，1990.

三、地方性文献与史料

[1] 宝音朝克图 . 清代北部边疆卡伦研究 . 北京：中国人民大学出版社，2005.

[2] 波 · 少布 . 黑龙江民族历史与文化 . 北京：中央民族学院出版社，1993.

[3] 白兰 . 鄂伦春族 . 北京：民族出版社，1991.

[4] 成崇德 . 18 世纪的中国与世界 · 边疆民族卷 . 沈阳：辽海出版社，1999.

[5] 柴少敏 . 葛德鸿传——一个鄂伦春人的足迹 . 呼和浩特：内蒙古远方出版社，1997.

[6]（清）鄂尔泰 . 清太祖实录 . 呼和浩特：内蒙古文化出版社，1989.

[7]（清）方式济撰 . 龙沙纪略 . 哈尔滨：黑龙江人民出版社，1985.

[8] 方衍 . 清实录中的黑龙江少数民族史料汇编 . 黑龙江省新闻出版局，黑龙江省民族研究所，1992.

[9] 方衍 . 黑龙江古代民族关系史 . 哈尔滨：黑龙江人民出版社，1999.

[10] 郭建斌，韩有峰 . 鄂伦春族——黑龙江黑河市新生村调查 . 昆明：云南大学出版社，2004.

[11] 何青花 . 金色的森林 . 北京：民族出版社，2002.

［12］何群．环境与小民族生存：鄂伦春文化变迁．北京：社会科学文献出版社，2006.

［13］《河南省非物质文化遗产牧野论坛文集》编委会．守望与传承——河南省非物质文化遗产牧野论坛文集．郑州：河南大学出版社，2012.

［14］黑龙江省政协文史资料委员会．山岭上的鄂伦春人．哈尔滨：黑龙江人民出社，1989.

［15］黑龙江省地方志编纂委员会．黑龙江省志·民族志．哈尔滨：黑龙江人民出版社，1998.

［16］黑龙江省档案馆，黑龙江省民族研究所．黑龙江少数民族（1903—1931）（档案史料选编）．哈尔滨：黑龙江人民出版社，1985.

［17］郝建恒，侯育成，等，译．历史文献补编——十七世纪中俄关系文件选译．北京：商务印书馆，1989.

［18］韩狄．清代八旗索伦部研究：以东北地区为中心．北京：中国社会科学出版社，2011.

［19］库玛尔路鄂伦春族档案材料．黑龙江省民族研究所藏．

［20］恪冬．沙俄与东北．长春：吉林文史出版社，1985.

［21］吕光天，古清务．贝加尔湖地区和黑龙江流域各族与中原的关系史．哈尔滨：黑龙江教育出版社，1998.

［22］吕光天．北方民族原始社会形态研究．银川：宁夏人民出版社，1981.

［23］（后晋）刘昫，张昭远，贾纬，等．旧唐书·北狄传．北京：中华书局，1975.

［24］刘民声，孟宪章，步平．十七世纪沙俄侵略黑龙江流域史资料．哈尔滨：黑龙江教育出版社，1998.

［25］刘晓春．鄂伦春历史的自白．呼和浩特：内蒙古远方出版社，2003.

［26］逯广斌，韩有峰，都永浩．鄂伦春族 40 年．北京：中央民族大学出版社，1994.

［27］内蒙古少数民族历史调查组．托札敏奴图克和黑龙江省呼玛县十八站鄂伦春族社会历史补充调查报告．呼和浩特：内蒙古历史研究所，1963.

［28］内蒙古少数民族社会历史调查组．鄂伦春族社会历史调查．呼和浩特：

内蒙古人民出版社，1984.

［29］（清）历朝官修．清太宗实录．台北：华文书局，1985.

［30］（清）历朝官修．清高宗实录．台北：华文书局．

［31］（清）历朝官修．清实录．北京：中华书局，1985.

［32］彭兆荣．寂静与躁动：一个深山里的族群．杭州：浙江人民出版社，2000.

［33］秋浦．鄂伦春人．北京：人民出版社，1956.

［34］秋浦．鄂伦春社会的发展．上海：上海人民出版社，1978.

［35］任国英．满－通古斯语族诸民族物质文化研究．沈阳：辽宁民族出版社，2001.

［36］宋兆麟．最后的捕猎者．济南：山东画报出版社，2001.

［37］孙进己．东北民族源流．哈尔滨：黑龙江人民出版社，1989.

［38］塔河县十八站鄂伦春民族乡迎庆定居四十周年筹备办公室．四十年巨变——塔河县十八站鄂伦春民族乡四十年发展史料．1993.

［39］吴文衔，张泰湘，魏国忠．黑龙江古代简史．哈尔滨：北方文物杂志社，1987.

［40］王玉．鄂伦春族现代化研究．北京：民族出版社，1993.

［41］（清）徐世昌，等．东三省政略．长春：吉林文史出版社，1989.

［42］（清）徐宗亮．黑龙江述略．哈尔滨：黑龙江人民出版社，1985.

［43］（清）英和．卜魁集．哈尔滨：黑龙江人民出版社，1997.

［44］（清）杨宾，等．龙江三纪．哈尔滨：黑龙江人民出版社，1985.

［45］杨荆楚．东北渔猎民族现代化道路探索．北京：民族出版社，1994.

［46］郁永浩．鄂伦春族：游猎·定居·发展．北京：中央民族大学出版社，1993.

［47］杨学探．清代民族关系史．长春：吉林文史出版社，1991.

［48］于学斌．鄂伦春族游猎生活．哈尔滨：黑龙江美术出版社，2003.

［49］（清）赵尔巽，柯劭忞．清史稿．北京：中华书局，1977.

［50］张嘉宾，卢贵子．黑龙江流域的通古斯人．哈尔滨：哈尔滨出版社，2003.

［51］周喜峰．清朝前期黑龙江民族研究．北京：中国社会科学出版社，2007.

[52] 张泰湘 . 黑龙江古代简志 . 哈尔滨：黑龙江人民出版社，1989.

[53] 郑东日 . 鄂伦春族社会变迁 . 延吉：延边人民出版社，1985.

四、外文著作

[1] Appadurai, Arjun. The Social Life of Things: Commodities in Cultural Perspective, Cambridge, UK: Cambridge University Press, 1988.

[2] Douglas, M. Purity and Danger. London and NewYork: Routledge, 2002.

[3] Feilden, B.M. & Jokilehto, J. Management Guidelines for World Cultural Heritage Sites. Rome: ICCROM. 1993.

[4] Geertz, Clifford. Local Knowledge: Further Essays in Interpretive Anthropology. Princeton University Press, 1983.

[5] Geertz, Clifford. Negara: The Theatre State in Nineteenth-Century Bali. Princeton University Press, 1980.

[6] Geertz, Clifford. The Interpretation of Cultures: Selected Essays. New York: Basic Books, 1973.

[7] Herzfeld, Michael. Cultural Intimacy: Social Poeticsin the Nation-State. New York: Routledge, 2005.

[8] Haviland, William A. Cultural Anthropology: The Human Challenge. Cengane Learning, 2011.

[9] Heidegger, M. Introduction to Matephysics. New Haven: Yale University Press, 2001.

[10] Harris, Marvin. The Origins of Cultures, N.Y: Random House, 1977.

[11] Hsu, F. Under the Ancestors' Shadow: Chinese Culture and Personality. New York: Columbia University Press, 1948.

[12] Latour, Bruno. From Realpolitic to Dingpolitico, in Latour, Bruno & Peter Weibel (ed.), Making Things Public: Atmospheres of Democracy. Cambridge, Massachusetts. London: The MIT Press, 2005.

[13] Leach, Edmund. Political Systems of Highland Burma, London School of Economics Monographs on Social Anthropology, London: Bell, 1954.

[14] Mintz, Sidney. Sweetness and Power: The Place of Sugar in Modern World,

Penguin Books USA lnc, 1986.

[15] Malinowski, Bronislaw. Argonauts of the Western Pacific: An Account of Native Enterprise and Adventure in the Archipelagoes of Melanesian New Guinea. London: Routledge, 1922.

[16] UNESCO. Operational Guidelines for the Implementation of the World Heritage Convention. Paris: UNESCO. 1977.

[17] Ong, Aihwa. Flexible Citizenship: The Cultural Logics of Transnationality. Durham, Durham: Duke University Press, 1999.

[18] Sahlins, Marshall. Islands of History. Chicago: University of Chicago Press, 1987.

[19] Sahlins, Marshall. What Kinship Is and Is Not. Chicago: The University of Chicago Press, 2013.

[20] Spencer, Jonathan. Anthropology, Politics and the State. Cambridge: Cambridge University Press, 2007.

[21] Strathern, Marilyn. The Gender of the Gift: Problems with Women and Problems Society in Melanesia. Berkeley: University of California Press, 1988.

[22] Sahlins, Marshall. Stone Age Economics. London: Tavistock Publications, 1972.

[23] Sahlins, Marshall. The Use and Abuse of Biology: An Anthropological Cristique of Sociobiology, London: Tavistock Publications, 1976.

[24] Scott, James. Seeing Like a State: How Certain Schemes to Improve the Human Conditions Have Failed. New Haven: Yale University Press. 1998.

[25] White, Leslie A. The Evolution of Culture: The Development of Civilization to the Fall of Rome, New York: Mc. Graw Hill, 1959.

[26] Wolf, Eric R. Europe and the People without History. Berkeley: University of California Press, 1982.

[27] Wolf, Eric. Peasants, Englewood Cliffs. N.J.: Prentice Hall, 1966.

[28] Yan, Yunxiang. The Flow of Gifts: Reciprocity and Social Networks in a Chinese Village. Stanford: Stanford University Press, 1996.